英文 A++ 會考系列

國中教育會考、全民英檢初級、統一入學測驗

U0092762

透過看圖看故事，輕鬆學會常用 2000 單字！

輕鬆讀出

國中必備

Build Vocabulary through Reading

字彙力

Susan M. Swier 著

第一本融合圖像式記憶與情境式學習的國中單字書。

將 2000 單字分為 11 個主題，搭配 60 則精采圖文小故事。

背單字不靠死記！透過逐步加深記憶，奠定扎實單字基礎！

★ 附隨堂評量

三民書局

國家圖書館出版品預行編目資料

Build Vocabulary through Reading 輕鬆讀出國中必備
字彙力／Susan M. Swier著.——初版四刷.——臺北
市: 三民，2023
　　面；　公分.——（英文會考A++系列）

4712780666692　（平裝）
1. 英語教學 2. 詞彙 3. 中等教育

524.38　　　　　　　　　　　108006682

Build Vocabulary through Reading
輕鬆讀出國中必備字彙力

作　　　者	Susan M. Swier
內頁繪圖	黃郁菱 (BaoBuDe)　李吳宏
發 行 人	劉振強
出 版 者	二民書局股份有限公司
地　　　址	臺北市復興北路 386 號 (復北門市)
	臺北市重慶南路一段 61 號 (重南門市)
電　　　話	(02)25006600
網　　　址	三民網路書店 https://www.sanmin.com.tw
出版日期	初版一刷 2019 年 5 月
	初版四刷 2023 年 7 月
書籍編號	S806680
	4712780666692

序

在國中教育會考的能力等級中，精熟程度分為 A、A+ 和 A++。其中最優秀的 A++，字母排序第一，兩個加號並列，可謂精中之精、熟上加熟，是許多人夢寐以求、朝思暮想的目標。

「英文會考 A++」書系，從名稱看來，好像是一套鼓勵追分的英文學習叢書，當然也是有這種務實的取向，但不僅於此。本書系所謂的「會考」，期許的不只是在國中會考取得高分，而是在學習的方法和格局上有所突破，也就是真的理解考試，不被考試局限、進而超越考試；而「A++」的雙重加號，除了打氣加油、表現加分，更要能力加值、視野加深，這是我們企圖傳達的理念。

豐富的知識能夠催生信心，活潑的設計用以強化動機，縝密的方法可望倍增效率，詳細的練習意在充實經驗。「英文會考 A++」系列，以做中學、學中做、理論與實踐循環並行的原則，幫助你全面提升，成為英文會考贏家中的贏家。

Build Vocabulary through Reading is unique in that it uses a natural context to introduce all 2000 basic English words that junior high school students in Taiwan are required to learn. Rather than just memorizing a list of words or example sentences, learners can see how the words are used in real life. Many students simply memorize words and definitions, but are lost when it comes to using them in a conversation. By seeing the words as part of a story or article, learners get a better sense of how to use the language as a whole.

As much as possible, the words have been grouped into categories, such as family, clothing, food, household items or occupations. Not all words, especially those that express more abstract ideas, fit so neatly into sections, so I've had to be more creative to fit those into the texts. The chapters have themes, and learners can either work through the book from the beginning or choose the sections that they find most relevant.

There are a wide variety of texts in the book, which should appeal to learners with a range of different interests. The earliest stories are fun and easy to follow, focusing on everyday life. As the book progresses, more difficult words are gradually added as texts become a bit more complex. Some stories are designed to appeal to the imagination, such as fairy tales or detective stories. Others are in the form of magazine articles or advertisements. Many are set in practical situations in a conversational format so learners can get an idea of how they would need to use the language in their daily lives.

Each story is followed by a short set of exercises to give learners further examples and a chance to practice what they have learned. If they complete the entire book, they should have a thorough understanding of how to use all 2000 words.

I hope this book brings Taiwanese students a greater confidence in using English and that it encourages them to read more English texts, from newspapers to novels!

《輕鬆讀出國中必備字彙力》是一本特別的單字書，它以自然的情境來介紹國中基本單字2000。讀者不是只背單字表或單字例句，而是能夠看見這些單字在現實生活中的用法。很多學生只是記住單字字義，但真的要在對話中運用所學到的單字時就沒有把握了。透過在故事或文章裡遇到單字，讀者能夠真正掌握語言的使用。

本書的單字盡可能依主題分類，例如家庭、衣服、食物、家居物件或職業。並非所有單字都有明顯的主題，尤其是那些表達抽象含意的字彙，所以我發揮創意把它們寫進故事中。本書每個篇章都有主題，讀者可以將書從頭讀到尾，也可以選自己最感興趣的部分先讀。

書中的文體豐富多樣，能夠吸引具有不同興趣的讀者。書中前幾篇章的故事有趣且簡單，主要關於日常生活。越往後面的篇章，故事越複雜，文字難度也越高。有些故事能激發想像力，例如童話故事或偵探故事。有些則是以報章雜誌或廣告的形式。而很多故事是設定在現實的情境，並以對話的形式呈現，讓讀者知道能如何在日常生活情境中運用英文。

每一篇故事都附有練習題，提供讀者更多單字運用的例子以及練習機會。如果讀完整本書，讀者將徹底瞭解如何運用基本2000單字。

我希望本書能加深臺灣學生使用英文的信心，也希望透過本書鼓勵臺灣學生增加英文閱讀量，能讀英文報紙甚至英文小說！

Susan M. Swier

使用說明

單字總是背了就忘，忘了再背又再忘？
本書透過 60 則圖文小故事，加上四段式記憶，
讓你輕鬆培養單字基礎！

STEP 1 聲音記憶

先看看單字表，並於「三民・東大音檔網」下載電子朗讀音檔，跟著音檔將單字大聲唸出來，記住正確**發音**及**拼字**！唯有在自己腦海中儲存了單字音檔，之後才能順利將單字應用在閱讀、聽力及口說上！

電子朗讀音檔下載方式：
1. 請先輸入網址或掃描 QR code 進入「三民・東大音檔網」
   https://elearning.sanmin.com.tw/Voice/
2. 輸入本書書名即可找到音檔。請再依提示下載音檔。
   也可點擊「英文」進入英文專區查找音檔後下載。

＊若無法順利下載音檔，可至「常見問題」查看相關問題。
＊若有音檔相關問題，請點擊「聯絡我們」，將盡快為你處理。

※ 單字表詞性符號

n. 名詞	v. 動詞	adj. 形容詞	adv. 副詞	prep. 介系詞	conj. 連接詞
pron. 代名詞	phr. 片語	art. 冠詞	det. 限定詞	int. 嘆詞	aux. 助動詞

STEP 2 圖像記憶

仔細看圖，搭配單字表找找看圖中隱含的單字。圖像將直接加深你對**字義**的印象。圖中的小數字就是對應單字表的標號喔！圖像也預示著接下來要閱讀的故事內容。

STEP 3 情境記憶

閱讀故事，透過上下文來理解單字含意並掌握道地**用法**，比看例句更有效！故事的情境將促使建立單字的長期記憶。書末解析含故事中譯，可對照閱讀。

STEP 4 應用記憶

透過練習題**實際應用**單字，驗收學習成效同時加強記憶。A 大題閱讀測驗，培養閱讀理解能力；B 大題字彙填空，檢驗拼字記憶；C 大題仿會考單題，含看圖題及對話題，提升單字應用能力。本書另附有隨堂評量夾冊，含 15 回練習題。

Contents

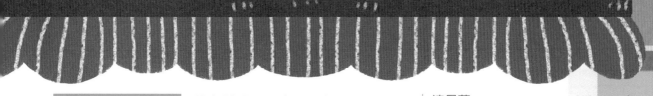

Picture Credits

All pictures in this publication are authorized for use by BaoBuDe, Wuhung Lee, and Shutterstock.

Chapter 1
家與生活

Unit ❶

Meet My Family 認識我的家人

★ 單字焦點：
人物、特徵

看看下方單字表，這些單字你認識嗎？

❶ **family** [ˋfæməlɪ] n. 家庭；家人

❷ **introduce** [ˌɪntrəˋdjus] v. 介紹

❸ **relative** [ˋrɛlətɪv] n. 親戚，親屬

❹ **describe** [dɪˋskraɪb] v. 描述

❺ **grandfather** [ˋgrænˌfɑðɚ] (grandpa) n. 祖父；外祖父

❻ **grandmother** [ˋgrænˌmʌðɚ] (grandma) n. 祖母；外祖母

❼ **old** [old] adj. 老的

❽ **daughter** [ˋdɔtɚ] n. 女兒

❾ **mother** [ˋmʌðɚ] (mom) n. 母親

❿ **aunt** [ænt] n. 阿姨；姑姑；舅媽

⓫ **granddaughter** [ˋgrænˌdɔtɚ] n. 孫女；外孫女

⓬ **grandson** [ˋgrænˌsʌn] n. 孫子；外孫

⓭ **brother** [ˋbrʌðɚ] n. 兄弟

⓮ **cousin** [ˋkʌzn̩] n. 堂／表兄弟姊妹

⓯ **parent** [ˋpɛrənt] n. 父母

⓰ **tall** [tɔl] adj. 高的

⓱ **slender** [ˋslɛndɚ] adj. 纖瘦的

⓲ **father** [ˋfɑðɚ] (dad) n. 父親

⓳ **short** [ʃɔrt] adj. 矮的

⓴ **chubby** [ˋtʃʌbɪ] adj. 圓圓胖胖的

㉑ **nice** [naɪs] adj. 好心的；友善的

㉒ **elder** [ˋɛldɚ] adj. 年長的

㉓ **sister** [ˋsɪstɚ] n. 姊妹

㉔ **niece** [nis] n. 侄女；外甥女

㉕ **nephew** [ˋnɛfju] n. 侄子；外甥

㉖ **kind** [kaɪnd] adj. 友善的

㉗ **uncle** [ˋʌŋkl̩] n. 叔叔；姨丈；舅舅

㉘ **husband** [ˋhʌzbənd] n. 丈夫

㉙ **wife** [waɪf] n. 妻子

㉚ **son** [sʌn] n. 兒子

㉛ **young** [jʌŋ] adj. 年輕的

㉜ **shy** [ʃaɪ] adj. 害羞的

㉝ **cute** [kjut] adj. 可愛的

㉞ **friendly** [ˋfrɛndlɪ] adj. 友善的

㉟ **school** [skul] n. 學校

㊱ **alike** [əˋlaɪk] adj. 相像的；相似的

㊲ **be** [ˋbi] (am, are, is, was, were, been) v. 是

PICTURE

找找看下方圖中隱含了哪些單字的意思呢？

Hi, I'm Karen. This **is** my **family**. I'll **introduce** you to my **relatives**. Let me **describe** them to you:

These **are** my **grandfather** and my **grandmother**. They are very **old**. They have two **daughters**—my **mother** and my **aunt**. They have one **granddaughter** and two **grandsons**—me, my **brother** and my **cousin**.

These are my **parents**. My mother is **tall** and **slender**. My **father** is **short** and **chubby**. They are very **nice**.

This is my mom's **elder sister** Aunt Mary. I am her **niece**. My brother is her **nephew**. She is very **kind** to us.

This is my **Uncle** Jim. He is my aunt's **husband**. He loves his **wife** very much. They have one **son**—my cousin Andrew.

This is my brother Kevin and me. My brother is **young**, only five years old. He is **shy** and doesn't talk much. Everyone likes him because he is **cute**.

This is my cousin Andrew. He is **friendly**. We always go to **school** together. We are both thirteen years old. Do you think we look **alike**?

EXERCISES

現在請透過下列練習題來幫助你加強記憶單字。

🧁 A. 閱讀測驗

1. What is NOT true about Aunt Mary?

   (A) Andrew is her son.

   (B) Uncle Jim is her husband.

   (C) She is kind to Karen.

   (D) She is younger than Karen's mother.

2. Karen's grandparents have two _____.

   (A) grandsons　(B) granddaughters　(C) nieces　(D) sons

🧁 B. 字彙填空

_____ 1. Andrew is _____ and is happy to talk to anyone.

_____ 2. My mother's mother is my _____.

_____ 3. People in the same family often look _____.

_____ 4. Karen is the _____ sister in her family.

_____ 5. The old man brought his baby _____ to the park.

grandmother　elder　grandson　alike　friendly

🧁 C. 字彙選擇

1. Look at the picture. What does the boy look like?

   (A) Tall.　(B) Chubby.　(C) Old.　(D) Short.

2. My sister's son is my _____.

   (A) father　(B) uncle　(C) nephew　(D) cousin

3. Ben: Do you visit _____ on Chinese New Year?

   Kim: Yes, I go see my aunt, uncle and cousins.

   (A) sisters　(B) relatives　(C) parents　(D) brothers

4. My aunt is my uncle's _____.

   (A) husband　(B) daughter　(C) wife　(D) son

5. Sally: Do you like my cat?

   Peter: Yes, it's so _____!

   (A) shy　(B) cute　(C) young　(D) slender

Unit ❷
New Clothes 新衣

VOCABULARY Track 02

看看下方單字表，這些單字你認識嗎？

❶ **clothes** [kloz] n. 衣服

❷ **color** [ˋkʌlɚ] n. 顏色

❸ **pink** [pɪŋk] n. 粉紅色
adj. 粉紅色的

❹ **dress** [drɛs] n. 洋裝

❺ **price** [praɪs] n. 價格

❻ **cost** [kɔst] v. 花費

❼ **yes** [jɛs] (yeah) adv. 是的

❽ **Japan** [dʒəˋpæn] n. 日本

❾ **skirt** [skɝt] n. 裙子

❿ **small** [smɔl] adj. 小的

⓫ **medium** [ˋmidɪəm] adj. 中的

⓬ **size** [saɪz] n. 尺寸

⓭ **white** [hwaɪt] n. 白色 adj. 白色的

⓮ **blouse** [blaʊs] n. 女裝襯衫

⓯ **blue** [blu] n. 藍色 adj. 藍色的

⓰ **sweater** [ˋswɛtɚ] n. 毛衣

⓱ **shirt** [ʃɝt] n. 襯衫

⓲ **jacket** [ˋdʒækɪt] n. 夾克

⓳ **pair** [pɛr] n. 一條 (褲子)；一對

⓴ **pants** [pænts] n. 褲子

㉑ **brown** [braʊn] n. 棕色
adj. 棕色的

㉒ **green** [grin] n. 綠色 adj. 綠色的

㉓ **yellow** [ˋjɛlo] n. 黃色 adj. 黃色的

㉔ **jeans** [dʒinz] n. 牛仔褲

㉕ **hole** [hol] n. 洞

㉖ **large** [lɑrdʒ] adj. 大的

㉗ **red** [rɛd] n. 紅色 adj. 紅色的

㉘ **shoe(s)** [ʃuz] n. 鞋子

㉙ **wear** [wɛr] v. 穿

㉚ **black** [blæk] n. 黑色 adj. 黑色的

㉛ **hat** [hæt] n. 帽子

㉜ **money** [ˋmʌnɪ] n. 錢

㉝ **spot** [spɑt] n. 斑點；汙漬

㉞ **cash** [kæʃ] n. 現金

㉟ **credit card** [ˋkrɛdɪt kɑrd]
n. 信用卡

PICTURE 找找看下方圖中隱含了哪些單字的意思呢？

Tom, Sue, and their mother are shopping for clothing.

Mom: Tom and Sue, you need some new **clothes**. What **color** do you like?

Sue: **Pink**! Look at this pink **dress**. I like it!

Mom: Oh! Look at the **price**. It **costs** too much.

Sue: **Yes**, I know. It's made in **Japan**. How about the pink **skirt**?

Mom: It looks too **small**. You need a **medium size**. You can also try on the **white blouse** and the **blue sweater**.

Sue: Thanks, Mom.

Mom: What do you need, Tom?

Tom: I need a **shirt**, a **jacket**, and a **pair** of **pants**.

Mom: The **brown** pants, the **green** shirt, and this **yellow** jacket look great. Go try these on.

Tom: I also want a new pair of **jeans**. Look at my jeans now. They have a **hole** in them.

Mom: Yes, I see. And I think you need a **large** size now.

Sue: Mom, all these clothes fit, and I found these **red shoes**. Can I get them? I want to **wear** them to school.

Mom: **Black** shoes would be better for school.

Sue: How about this red **hat** then? It's cute, and I like red too. I'll use my own **money**!

Mom: OK, that's fine. It's a nice hat.

Tom: Look at my clothes. Do they fit?

Mom: They look good . . . oh, there's a **spot** on that shirt. Here's another green shirt. That's everything you need.

Clerk: Would you like to use **cash** or **credit card**?

Mom: Credit card, please.

EXERCISES

現在請透過下列練習題來幫助你加強記憶單字。

🧁 A. 閱讀測驗

1. What does Tom NOT need?

　　(A) A shirt.　　　(B) A jacket.　　　(C) A sweater.　　　(D) A pair of jeans.

2. Sue wants a _____ hat.

　　(A) red　　　　　(B) pink　　　　　(C) black　　　　　(D) blue

🧁 B. 字彙填空

_____ 1. I will use my _____ because I don't have much cash.

_____ 2. What _____ do you wear, small or medium?

_____ 3. That shirt gets dirty easily because it is _____.

_____ 4. Which _____ would you like, red or blue?

_____ 5. I need a new _____ of pants.

| white | pair | credit card | size | color |

🧁 C. 字彙選擇

1. Look at the picture. What does the girl have?

　　(A) A jacket.　　(B) A hat.　　(C) A skirt.　　(D) A shirt.

2. I don't like the _____ of this blouse. Do you have a

　　blue one?

　　(A) price　　　　(B) color　　　(C) cash　　　(D) hole

3. There's a _____ on this shirt. I'll try to clean it.

　　(A) spot　　　　(B) hole　　　　(C) hat　　　　(D) pair

4. Claire: Do you like this dress?

　　Sally: _____, it's very nice.

　　(A) No　　　　　(B) Not at all　　　(C) Please　　　(D) Yes

5. Clerk: What _____ do you need?

　　Customer: I need a small one.

　　(A) spot　　　　(B) money　　　(C) pair　　　(D) size

Unit ❸

My Town 我的城鎮

⭐ 單字焦點：
交通、地點

看看下方單字表，這些單字你認識嗎？

❶ **train** [tren] n. 火車

❷ **train station** [ˋtren ͵steʃən]
n. 火車站

❸ **railroad** [ˋrel͵rod] n. 鐵路

❹ **drive** [draɪv] v. 開車

❺ **traffic** [ˋtræfɪk] n. 交通

❻ **ride** [raɪd] v. 騎

❼ **scooter** [ˋskutɚ] n. 小型摩托車

❽ **motorcycle** [ˋmotɚ͵saɪkl̩]
n. 摩托車

❾ **bicycle** [ˋbaɪ͵sɪkl̩] (bike) n. 腳踏車

❿ **factory** [ˋfæktrɪ] n. 工廠

⓫ **row** [ro] n. 排

⓬ **convenience store**
[kənˋvinjəns ͵stor] n. 便利商店

⓭ **far** [fɑr] adj. 遠的

⓮ **beyond** [bɪˋjɑnd] prep. 越過，
遠於

⓯ **block** [blɑk] n. 街區

⓰ **fast food restaurant**
[͵fæst ˋfud ͵rɛstərənt] n. 速食店

⓱ **drugstore** [ˋdrʌg͵stor] n. 藥妝店

⓲ **police station** [pəˋlis ͵steʃən] n.
警察局

⓳ **post office** [ˋpost ͵ɔfɪs] n. 郵局

⓴ **church** [tʃɝtʃ] n. 教堂；教會

㉑ **market** [ˋmɑrkɪt] n. 市場

㉒ **over** [ˋovɚ] prep. 在…上方

㉓ **stream** [strim] n. 小溪

㉔ **zoo** [zu] n. 動物園

㉕ **culture center** [ˋkʌltʃɚ ͵sɛntɚ] n.
文化中心

㉖ **along** [əˋlɔŋ] prep. 沿著

㉗ **park** [pɑrk] n. 公園

㉘ **tree** [tri] n. 樹

㉙ **flower** [ˋflauɚ] n. 花

㉚ **lake** [lek] n. 湖

㉛ **woods** [wʊdz] n. 森林

㉜ **root** [rut] n. 根

㉝ **rock** [rɑk] n. 石頭

㉞ **bug** [ˋbʌg] n. 小蟲子

㉟ **think** [θɪŋk] v. 思考

㊱ **stay** [ste] v. 停留

PICTURE 找找看下方圖中隱含了哪些單字的意思呢？

Unit ❸

Welcome to my hometown. Many people come here by **train**. There's an old **train station** here. I just live near the **railroad** line.

Not many people **drive** cars here, so there is not much **traffic**. Most people **ride scooters** or **motorcycles**. I like to ride my **bicycle**.

My town is small. There is one **factory**, and many people work there. I live in a long **row** of houses. The **convenience store** is not **far** from my home. Next to the convenience store is a **police station**. Just **beyond** the police station is a **block** with a **drug store** and a **fast food restaurant**. There are also a **post office**, a **market**, and a **church** in the town.

Beyond the church, you can go **over** a **stream** and go to the **zoo** and the **culture center**. There are lots of activities at the culture center. I take art classes there.

If you walk **along** the stream, you come to a **park**. There's a big **lake**, and there are beautiful **trees** and **flowers**. There are also **woods** just beyond the park. The trees have big **roots**. It's fun to walk in the woods, but be careful of **rocks** and **bugs**!

If you visit my town, **I think** you'll want to **stay**!

EXERCISES

現在請透過下列練習題來幫助你加強記憶單字。

🧁 A. 閱讀測驗

1. How do most people travel around the town?

(A) By train.　　　　　　　　(B) By car.

(C) By scooters and motorcycles.　(D) On foot.

2. Where does the writer live?

(A) Near the zoo.　　　　　　(B) Near the railroad line.

(C) Near the culture center.　　(D) Near the woods.

🧁 B. 字彙填空

_____ 1. You can mail a letter at the _____.

_____ 2. There are many animals in the _____.

_____ 3. Don't pick the _____; just look at it.

_____ 4. You can take a _____ from the station.

_____ 5. I got a burger from a _____.

train　　post office　　fast food restaurant　　flower　　zoo

🧁 C. 字彙選擇

1. Look at the picture. Where is the bridge?

(A) It is along the stream.　(B) It is under the stream.

(C) It is over the stream.　(D) It is beyond the stream.

2. You can ask for help at the _____. The officers can tell you where to go.

(A) park　　(B) market　　(C) drugstore　　(D) police station

3. Some people go to the _____ to pray on Sundays.

(A) factory　　(B) church　　(C) train station　(D) convenience store

4. The zoo is just _____ this street.

(A) around　　(B) under　　(C) over　　(D) beyond

5. This is a nice place. I want to _____ here for a long time.

(A) think　　(B) ride　　(C) cost　　(D) stay

Unit ④

My Home 我的家

Track 04

VOCABULARY

看看下方單字表，這些單字你認識嗎？

❶ **home** [hom] n. 家

❷ **house** [haʊs] n. 房子

❸ **balcony** [`bælkənɪ] n. 陽臺

❹ **roof** [ruf] n. 屋頂

❺ **door** [dor] n. 門

❻ **hall** [hɔl] n. 大廳；玄關

❼ **room** [rum] n. 房間

❽ **ceiling** [`silɪŋ] n. 天花板

❾ **floor** [flor] n. 地板

❿ **furniture** [`fɝnɪtʃɚ] n. 家具

⓫ **living room** [`lɪvɪŋ͵rum] n. 客廳

⓬ **sofa** [`sofə] n. 沙發

⓭ **armchair** [`ɑrm͵tʃɛr] n. 扶手椅

⓮ **curtain** [`kɝtn̩] n. 窗簾

⓯ **bookcase** [`bʊk͵kes] n. 書架

⓰ **wall** [wɔl] n. 牆壁

⓱ **upstairs** [ʌp`stɛrz] adv. 往樓上；在樓上

⓲ **stairs** [stɛrz] n. 樓梯

⓳ **bed** [bɛd] n. 床

⓴ **closet** [`klɑzɪt] n. 衣櫥

㉑ **bedroom** [`bɛd͵rum] n. 臥室

㉒ **bathroom** [`bæθ͵rum] n. 浴室

㉓ **bath** [bæθ] n. 洗澡

㉔ **apartment** [ə`pɑrtmənt] n. 公寓 (一個樓層)

㉕ **downstairs** [daʊn`stɛrz] adv. 往樓下；在樓下

㉖ **basement** [`besmənt] n. 地下室

㉗ **building** [`bɪldɪŋ] n. 建築物

㉘ **window** [`wɪndo] n. 窗戶

㉙ **keep** [kip] v. 保持

㉚ **clean** [klin] adj. 乾淨的

㉛ **kitchen** [`kɪtʃɪn] n. 廚房

㉜ **garden** [`gɑrdn̩] n. 花園

㉝ **study** [`stʌdɪ] n. 書房

㉞ **dining room** [`daɪnɪŋ͵rum] n. 飯廳

㉟ **yard** [jɑrd] n. 院子

㊱ **garage** [gə`rɑʒ] n. 車庫

找找看下方圖中隱含了哪些單字的意思呢？

*Katie is visiting Mike's **home**.*

Katie: This is your **house**? It looks crazy! It's upside down. There's a **balcony**, but no one can stand on it!

Mike: Yes, and the **roof** is on the ground. There is a **door** in the roof. Come on into the **hall**. There are a lot of **rooms** in the house.

Katie: We're walking on the **ceiling**, and the **floor** is above us. Is all the **furniture** upside down?

Mike: Not all of it. This is the **living room**. You can sit on the **sofa** or in the **armchair**. They're not upside down. Neither are the **curtains**.

Katie: The **bookcases** are upside down. And so are the pictures on the **wall**!

Mike: Look **upstairs**. The **stairs** look funny too, and there're an upside down **bed** and **closet** in the **bedroom**!

Katie: I see! How about the **bathroom**? How do you take a **bath**?

Mike: That's no problem. You see! The bathroom looks normal.

Katie: My house isn't as interesting. I live in an **apartment**. You have to go **downstairs** to get to it. It's in the **basement** of the **building**.

Mike: The basement? Do you have any **windows**?

Katie: No, I don't, but I like the place. I **keep** it very **clean**. I have my own **kitchen**, and there is a nice **garden** outside. I like to sit there and read and eat. The garden is my **study** and **dining room**.

Mike: That's nice. My house doesn't have a big **yard**. The **garage** fills up most of the yard.

Katie: I hope you don't have an upside down car in it!

EXERCISES

現在請透過下列練習題來幫助你加強記憶單字。

🧁 A. 閱讀測驗

1. What is NOT upside down in Mike's home?

   (A) The roof.　　　　　　　　(B) The bed.

   (C) The sofa.　　　　　　　　(D) The ceiling.

2. Katie uses the garden as her _____.

   (A) kitchen　　　　　　　　(B) study and dining room

   (C) bedroom and bathroom　　(D) garage

🧁 B. 字彙填空

_____ 1. The books are on the _____.

_____ 2. Light comes in through the _____.

_____ 3. You have to go _____ to get to the basement.

_____ 4. I like sitting in the _____. It's comfortable.

_____ 5. There are many apartments in this _____.

| downstairs | bookcase | building | armchair | window |

🧁 C. 字彙選擇

1. Look at the picture. Where is the cat?

   (A) On the floor.　　(B) On the ceiling.

   (C) In the window.　(D) On the stairs.

2. There are two pictures on this _____.

   (A) wall　　　(B) yard　　　(C) home　　　(D) bath

3. This store sells _____. They have beds, sofas and bookcases.

   (A) gardens　(B) apartments　(C) furniture　(D) houses

4. Let's sit and watch TV in the _____.

   (A) roof　　　(B) living room　(C) floor　　　(D) bath

5. The shirt is _____. I've washed it.

   (A) clean　　(B) chubby　　(C) kind　　　(D) young

Unit ⑤

Where Is My Book? 我的書在哪？

Track 05

**單字焦點：
家具、位置**

看看下方單字表，這些單字你認識嗎？

① **dictionary** [ˋdɪkʃənˏɛrɪ] n. 字典

② **forget** [fɚˋgɛt] v. 忘記
(forget-forgot-forgotten)

③ **backpack** [ˋbækˏpæk] n. 背包

④ **somewhere** [ˋsʌmˏhwɛr]
adv. 在某處

⑤ **suggest** [səgˋdʒɛst] v. 建議

⑥ **check** [tʃɛk] v. 檢查

⑦ **not** [ˋnɑt] adv. 不

⑧ **neither** [ˋniðɚ] adv. 也不

⑨ **drawer** [ˋdrɔɚ] n. 抽屜

⑩ **desk** [dɛsk] n. 書桌

⑪ **on** [ɑn] prep. 在⋯上面

⑫ **shelf** [ʃɛlf] n. 架子　複 shelves

⑬ **above** [əˋbʌv] prep. 在⋯之上

⑭ **such** [sʌtʃ] adj. 如此的

⑮ **needle** [ˋnidl̩] n. 針

⑯ **cover** [ˋkʌvɚ] v. 覆蓋

⑰ **only** [ˋonlɪ] adv. 只

⑱ **notebook** [ˋnotˏbʊk] n. 筆記本

⑲ **under** [ˋʌndɚ] prep. 在⋯下面

⑳ **dresser** [ˋdrɛsɚ] n. 衣櫃

㉑ **diary** [ˋdaɪərɪ] n. 日記

㉒ **between** [bɪˋtwin] prep. 在⋯之間

㉓ **table** [ˋtebl̩] n. 桌子

㉔ **below** [bɪˋlo] prep. 在⋯之下

㉕ **chair** [tʃɛr] n. 椅子

㉖ **couch** [kaʊtʃ] n. 沙發

㉗ **either** [ˋiðɚ] adv. 也

㉘ **lamp** [læmp] n. 燈

㉙ **carpet** [ˋkɑrpɪt] n. 地毯

㉚ **tub** [tʌb] n. 浴缸

㉛ **into** [ˋɪntu] prep. 進入

㉜ **own** [on] adj. 自己的

㉝ **microwave** [ˋmaɪkrəˏwev]
n. 微波爐

㉞ **refrigerator** [rɪˋfrɪdʒəˏretɚ]
n. 冰箱

㉟ **fridge** [frɪdʒ] n. 冰箱

㊱ **beside** [bɪˋsaɪd] prep. 在⋯旁邊

PICTURE　找找看下方圖中隱含了哪些單字的意思呢？

Julie: Jeff, where's my **dictionary**? I **forget** where I put it. It's a big red book. I brought it home in my **backpack**.

Jeff: It must be **somewhere** in the house. I haven't seen it. I **suggest** you **check** in your room.

Julie: It's **not** there. It's **neither** in the **drawers** of my **desk** nor **on** the **shelves above** my desk.

Jeff: Your room is **such** a mess! It's like [1]looking for a **needle** in a haystack. Maybe some clothes are **covering** it on the floor.

Julie: I looked. I **only** found a **notebook under** the **dresser**, and my old **diary** was **between** the bed and the wall.

Jeff: Maybe it's here in the living room.

Julie: It isn't on the **table** or **below** the **chairs**.

Jeff: On the **couch**?

Julie: It's not there, **either**.

Jeff: I'll turn on the **lamp**. Look! The corner of the **carpet** is up.

Julie: There's nothing under the carpet.

Jeff: How about the **tub** in the bathroom?

Julie: That's silly! I wouldn't take a bath with a dictionary!

Jeff: I'm hungry. I'm going **into** the kitchen to get a snack. Do you want anything?

Julie: I'll get my **own** snack, thanks. I'll make something in the **microwave**.

Jeff: Let's see . . . what's in the **refrigerator**? Julie, your dictionary is in the **fridge**! It's **beside** a box of chocolates!

註[1]："looking for a needle in a haystack"字面上的意思是「在乾草堆中找針」，其實就是中文所說的「大海撈針」。

EXERCISES

現在請透過下列練習題來幫助你加強記憶單字。

🧁 A. 閱讀測驗

1. Julie's diary was _____.

(A) between the wall and the bed　　　(B) under some clothes

(C) in the refrigerator　　　(D) in the microwave

2. What did Julie find under the carpet?

(A) A notebook.　(B) Her dictionary.　(C) A needle.　(D) Nothing.

🧁 B. 字彙填空

_____ 1. The boy sits on the _____ to watch TV.

_____ 2. The cat hides _____ the bed.

_____ 3. You can take a bath in the _____.

_____ 4. Look up! The bird is _____ your head.

_____ 5. Put the drink in the _____ to get cold.

| above | refrigerator | under | couch | tub |

🧁 C. 字彙選擇

1. Look at the picture. What is the girl doing?

(A) Looking for a notebook.

(B) Covering her backpack.

(C) Putting a notebook in a backpack.

(D) Forgetting her notebook.

2. I can't see the fish because it went _____ the water.

(A) above　　(B) below　　(C) over　　(D) between

3. Leo: Did you borrow it from the library?　Kim: No, it's my _____ book.

(A) on　　(B) such　　(C) only　　(D) own

4. I keep my clothes in the _____.

(A) dresser　　(B) shelf　　(C) refrigerator　(D) chair

5. William: Is my book on the table?　Jenny: I don't know. Let me _____.

(A) suggest　　(B) stay　　(C) keep　　(D) check

23

Unit ❻

The Printer Is Broken! 印表機壞了！

Track 06

看看下方單字表，這些單字你認識嗎？

❶ **printer** [ˋprɪntɚ] n. 印表機

❷ **air conditioner** [ˋɛrkənˌdɪʃənɚ] n. 冷氣

❸ **break** [brek] v. 弄壞；損壞
broken [ˋbrokən] adj. 損壞的

❹ **repair** [rɪˋpɛr] n. 修理 v. 修理

❺ **salesman** [ˋsɛlzmən] n. 售貨員；推銷員

❻ **useful** [ˋjusfəl] adj. 有用的

❼ **anything** [ˋɛnɪˌθɪŋ] n. 任何事物

❽ **other** [ˋʌðɚ] adj. 其他的

❾ **file** [faɪl] n. 檔案

❿ **any** [ˋɛnɪ] adj. 任何的

⓫ **without** [wɪðˋaut] prep. 沒有

⓬ **seem** [sim] v. 似乎

⓭ **heater** [ˋhitɚ] n. 暖氣

⓮ **from** [ˋfrɑm] prep. 從

⓯ **already** [ɔlˋrɛdɪ] adv. 已經

⓰ **through** [θru] prep. 通過；穿過

⓱ **tube** [tjub] n. 管子

⓲ **insect** [ˋɪnsɛkt] n. 昆蟲

⓳ **upper** [ˋʌpɚ] adj. 較高的

⓴ **part** [part] n. 部分

㉑ **a.m.** [ˋeˋɛm] adj. 早上

㉒ **p.m.** [ˋpiˋɛm] adj. 下午

㉓ **much** [mʌtʃ] n. 多；adj. 很多的

㉔ **charge** [tʃardʒ] v. 收費

㉕ **bill** [bɪl] n. 帳單

㉖ **hard** [ˋhard] adj. 困難的

㉗ **fix** [fɪks] v. 修理

㉘ **mechanic** [məˋkænɪk] n. 技師

㉙ **damage** [ˋdæmɪdʒ] v. 損壞

㉚ **owner** [ˋonɚ] n. 擁有者

㉛ **vendor** [ˋvɛndɚ] n. 小販

㉜ **sharp** [ʃarp] adj. 尖銳的

㉝ **hammer** [ˋhæmɚ] n. 錘子

㉞ **appear** [əˋpɪr] v. 出現

㉟ **while** [hwaɪl] conj. 當…的時候

㊱ **flat tire** [flæt ˋtaɪr] n. 爆胎

找找看下方圖中隱含了哪些單字的意思呢？

*Jason found his **printer**, his **air conditioner** and his truck are **broken**. He is now going to **repair** shops.*

1

Mr. Fox: Good morning, what can I do for you?

Jason: It's this printer. I just bought it from a **salesman**. He said the printer was very **useful**. But it is broken! It can't print **anything**!

Mr. Fox: Have you tried to print anything with the printer?

Jason: Yes, some pictures of ice cream and **other files**.

Mr. Fox: Let's try to print them again. Oh! There isn't **any** ink in the printer! A printer can't work **without** ink.

2

Jason: My air conditioner **seems** like a **heater** now. There is hot air coming **from** it.

Mr. Gray: I **already** looked **through** this **tube**. **Insects** ate the **upper part** of the tube. I'll repair it. You can pick it up between 11 **a.m.** and 6 **p.m.** tomorrow.

Jason: How **much** will you **charge** me?

Mr. Gray: Your **bill** is $600.

Jason: So much money!

Mr. Gray: The tube is **hard** to **fix**.

3

Ms. Owen: How can I help you?

Jason: Are you a **mechanic**? The truck was **damaged**.

Ms. Owen: What happened to your truck?

Jason: It's not my truck. I'm not the **owner**. I'm an ice cream **vendor**. I borrowed this ice cream truck from my friend.

Ms. Owen: OK. Did you run over something **sharp**?

Jason: A **hammer appeared** on my way **while** I was driving.

Ms. Owen: I see. Let me fix the **flat tire**.

EXERCISES

現在請透過下列練習題來幫助你加強記憶單字。

Unit ❻

🧁 A. 閱讀測驗

1. What is the problem with the air conditioner?

　(A) There is an insect in it.　　　(B) It can't be a heater.

　(C) The tube is broken.　　　(D) No air comes out of it.

2. What do we know about Jason?

　(A) He has a truck.　　　(B) He sells ice cream.

　(C) He is a mechanic.　　　(D) His printer was damaged.

🧁 B. 字彙填空

_____ 1. A bug is a small _____.

_____ 2. The microwave is _____. Can you fix it?

_____ 3. It's cold, so I will turn on the _____.

_____ 4. The dog doesn't have an _____. I want to take it home.

_____ 5. The question is _____. I don't know the answer.

| broken | owner | insect | hard | heater |

🧁 C. 字彙選擇

1. Look at the picture. Who is this?

　(A) A salesman.　　(B) A mechanic.

　(C) A teacher.　　(D) A vendor.

2. The _____ doesn't work. I can't print anything.

　(A) air conditioner　　(B) heater　　(C) printer　　(D) refrigerator

3. Be careful with that knife! It's _____.

　(A) sharp　　　(B) useful　　(C) hard　　(D) nice

4. We have to pay the _____. It is $300.

　(A) tube　　　(B) damage　　(C) charge　　(D) bill

5. Kelly: What time do you go to school in the morning?

　Peter: I go to school at 8 _____.

　(A) upper　　　(B) other　　(C) a.m.　　(D) p.m.

Chapter 2
食物

Unit 7

At the Market 在市場

Track 07

VOCABULARY

★ 單字焦點：
數字、錢、飲食

看看下方單字表，這些單字你認識嗎？

❶ **buy** [baɪ] v. 買
  (buy-bought-bought)

❷ **fruit** [frut] n. 水果

❸ **vegetable** [`vɛdʒtəbl̩] n. 蔬菜

❹ **onion** [`ʌnjən] n. 洋蔥

❺ **potato** [pə`teto] n. 馬鈴薯

❻ **carrot** [`kærət] n. 紅蘿蔔

❼ **strawberry** [`strɔ,bɛrɪ] n. 草莓

❽ **banana** [bə`nænə] n. 香蕉

❾ **apple** [`æpl̩] n. 蘋果

❿ **six** [sɪks] n. 六

⓫ **dollar** [`dɑlɚ] n. 元

⓬ **expensive** [ɪk`spɛnsɪv] adj. 貴的

⓭ **cheap** [tʃip] adj. 便宜的

⓮ **lantern** [`læntɚn] n. 燈籠

⓯ **three** [θri] n. 三

⓰ **five** [faɪv] n. 五

⓱ **seven** [`sɛvən] n. 七

⓲ **two** [tu] n. 二

⓳ **one** [`wʌn] n. 一

⓴ **kilogram** [`kɪlə,græm] n. 公斤

㉑ **four** [for] n. 四

㉒ **mango** [`mæŋgo] n. 芒果

㉓ **count** [kaʊnt] v. 數數

㉔ **eight** [et] n. 八

㉕ **nine** [naɪn] n. 九

㉖ **ten** [tɛn] n. 十

㉗ **eleven** [ɪ`lɛvən] n. 十一

㉘ **twelve** [twɛlv] n. 十二

㉙ **thirteen** [θɝ`tin] n. 十三

㉚ **fourteen** [for`tin] n. 十四

㉛ **fifteen** [fɪf`tin] n. 十五

㉜ **sixteen** [sɪks`tin] n. 十六

㉝ **seventeen** [,sɛvən`tin] n. 十七

㉞ **eighteen** [e`tin] n. 十八

㉟ **nineteen** [naɪn`tin] n. 十九

㊱ **twenty** [`twɛntɪ] n. 二十

㊲ **piece** [pis] n. 片；件；張(紙)

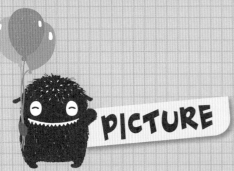

PICTURE 找找看下方圖中隱含了哪些單字的意思呢？

*Jenny goes to the market to **buy** some **fruits** and **vegetables**. This is her list:*

VEGETABLES	FRUITS
1 pumpkin	1 kg of **strawberries**
3 **onions**	4 **bananas**
5 **potatoes**	6 **apples**
7 **carrots**	

Jenny: Excuse me, how much is the pumpkin?

Mr. Rose: It's **six dollars**.

Jenny: Six dollars? That's **expensive**!

Mr. Rose: No, it's **cheap**. It's a big pumpkin!

Jenny: OK, I want the pumpkin. I'm going to make a pumpkin **lantern**. I also want **three** onions, **five** potatoes, and **seven** carrots.

Mr. Rose: That will be **two** dollars for the onions, two dollars for the potatoes, and three dollars for the carrots.

After Jenny gets the vegetables, she goes to the fruit stand.

Jenny: I want **one kilogram** of strawberries, six apples, and **four** bananas.

Ms. Stone: OK. They are seven dollars.

*Suddenly, someone runs into the fruit stand with a bicycle. Some **mangoes** fall down. Jenny helps pick them up.*

Ms. Stone: Oh my goodness! Let me **count** . . . **eight**, **nine**, **ten**, **eleven**, **twelve**, **thirteen**, **fourteen**, **fifteen**, **sixteen**, **seventeen**, **eighteen**, **nineteen**, **twenty** mangoes. I think that's all of them. Thank you for helping! You can have one mango for free!

Jenny: Thanks, but the mangoes don't look very good.

Mr. Rose: They taste good! And you can make a potato mango salad.

Jenny: Potato mango salad? Is it hard to make?

Mr. Rose and **Ms. Stone:** No, it's [2]a **piece** of cake!

註[2]：此處的"a piece of cake"「一片蛋糕」是一句英文諺語，意思是「很簡單」。

EXERCISES

現在請透過下列練習題來幫助你加強記憶單字。

A. 閱讀測驗

1. What does Jenny NOT need to buy?

    (A) Strawberries.　　　　　(B) Mangoes.

    (C) Bananas.　　　　　　　(D) Onions.

2. How much are Jenny's fruits?

    (A) Two dollars.　　　　　(B) Six dollars.

    (C) Seven dollars.　　　　(D) Sixteen dollars.

Unit
7

B. 字彙填空

_____ 1. A potato is a _____. It is not a fruit.

_____ 2. Let me _____ from 1 to 10. One, two, three. . . .

_____ 3. I can't _____ the dress. It's too expensive.

_____ 4. These bananas are only one _____. They are cheap.

_____ 5. I want to eat a _____ of cake.

| buy | piece | count | vegetable | dollar |

C. 字彙選擇

1. Look at the picture. How many carrots are there?

    (A) Three.　　(B) Four.　　(C) Five.　　(D) Twelve.

2. Let's _____ how many strawberries there are.

    (A) make　　(B) buy　　(C) count　　(D) take

3. Linda: How many people are in your class?

    Will: _____. Ten boys and ten girls.

    (A) Seventeen　　(B) Eighteen　　(C) Nineteen　　(D) Twenty

4. The pumpkin is US$10. It is _____.

    (A) hard　　(B) small　　(C) expensive　　(D) nice

5. Do you want to _____ some vegetables for dinner?

    (A) buy　　(B) count　　(C) sell　　(D) bill

Unit ❽

Eating Out 外出用餐

Track 08

★ 單字焦點：
飲食、餐具

看看下方單字表，這些單字你認識嗎？

❶ **menu** [ˋmɛnju] n. 菜單

❷ **customer** [ˋkʌstəmɚ] n. 顧客

❸ **like** [laɪk] v. 喜歡
   would like 想要

❹ **salad** [ˋsæləd] n. 沙拉

❺ **soup** [sup] n. 湯

❻ **rush** [rʌʃ] v. 匆忙，趕著

❼ **waiter** [ˋwetɚ] n. 男服務生

❽ **water** [ˋwɑtɚ] n. 水

❾ **order** [ˋɔrdɚ] v. 點餐

❿ **main** [men] adj. 主要的

⓫ **dish** [dɪʃ] n. 菜肴；盤子

⓬ **hamburger** [ˋhæmbɝgɚ] n. 漢堡

⓭ **French fries** [ˋfrɛntʃ fraɪz] (fries)
   n. 薯條

⓮ **drink** [drɪŋk] v. 喝
   (drink-drank-drunk)

⓯ **coffee** [ˋkɑfi] n. 咖啡

⓰ **tea** [ti] n. 茶

⓱ **ice** [aɪs] n. 冰塊

⓲ **straw** [strɔ] n. 吸管

⓳ **horrible** [ˋhɔrəbl̩] adj. 可怕的；
   糟透的

⓴ **glass** [glæs] n. 玻璃杯；玻璃

㉑ **dirty** [ˋdɝti] adj. 髒的

㉒ **really** [ˋriəli] adv. 非常

㉓ **sorry** [ˋsɔri] adj. 抱歉

㉔ **waitress** [ˋwetrɪs] n. 女服務生

㉕ **food** [fud] n. 食物

㉖ **meal** [mil] n. 餐

㉗ **terrible** [ˋtɛrəbl̩] adj. 糟糕的

㉘ **eat** [it] v. 吃 (eat-ate-eaten)

㉙ **fork** [fɔrk] n. 叉子

㉚ **cockroach** [ˋkɑkˏrotʃ] n. 蟑螂

㉛ **plate** [plet] n. 盤子

㉜ **dessert** [dɪˋzɝt] n. 甜點

㉝ **cake** [kek] n. 蛋糕

㉞ **ice cream** [ˋaɪsˋkrim] n. 冰淇淋

㉟ **hungry** [ˋhʌŋgrɪ] adj. 餓的

㊱ **complain** [kəmˋplen] v. 抱怨

㊲ **manager** [ˋmænɪdʒɚ] n. 經理

找找看下方圖中隱含了哪些單字的意思呢？

Ariel and Sophia are at a restaurant. They are reading **menus**.

Ariel: I'm a regular **customer** here. I **like** the **salad** and the **soup**. What would you like to eat?

Sophia: I have no idea. I need more time to read the menu.

Ariel: OK. There's no need to **rush**.

Five minutes later. . . .

Waiter: Here is your **water**. Are you ready to **order**?

Sophia: Yes, for the **main dish**, I want a **hamburger** and **French fries**.

Ariel: I just want a soup and salad.

Waiter: And what would you like to **drink**?

Sophia: I'd like **coffee**, please.

Ariel: And I'll have **tea** with **ice** . . . and with a **straw** in it.

Ten minutes later. . . .

Waiter: Here are your drinks.

Ariel: Oh! This is **horrible**! My **glass** is **dirty**.

Waiter: I'm **really sorry** about that.

Waitress: Here is your **food**. We hope you enjoy your **meal**.

Ariel: It looks **terrible** too! I can't **eat** this. The **fork** is dirty!

Sophia: Ah—! A **cockroach** is on my **plate**!

Waitress: I'm so sorry. Do you want a free **dessert**—**cake** or **ice cream**?

Sophia: NO! I'm not **hungry** anymore. I just want to **complain** to your **manager**!

EXERCISES

現在請透過下列練習題來幫助你加強記憶單字。

A. 閱讀測驗

1. What does Ariel order?

    (A) Soup, French fries, and tea.　　(B) Soup, salad, and tea.

    (C) A hamburger, salad, and coffee.　　(D) French fries and coffee.

2. Sophia says she is not hungry because _____.

    (A) she ate too much　　(B) she doesn't like dessert

    (C) she sees a cockroach　　(D) she wants to lose weight

B. 字彙填空

_____ 1. I'm _____. Let's go to a restaurant.

_____ 2. Don't _____. You still have time.

_____ 3. I'd like to _____ a salad.

_____ 4. Please wash the plate. It is _____.

_____ 5. For the _____ dish, I want a hamburger.

rush	hungry	main	dirty	order

C. 字彙選擇

1. Look at the picture. What is the man doing?

    (A) He is eating the food.　　(B) He is drinking water.

    (C) He is complaining about the coffee.　　(D) He is cooking.

2. The food is _____! Don't go to that restaurant again.

    (A) great　　　(B) good　　　(C) terrible　　　(D) nice

3. Pam: What do you want to do for a summer job, Jason?

    Jason: I want to be a _____ in a restaurant.

    (A) vendor　　(B) customer　　(C) waitress　　(D) waiter

4. I don't need a _____. I'll just drink from the glass.

    (A) straw　　(B) plate　　(C) menu　　(D) fork

5. Kathy: Why don't you have some cake?

    Tom: I don't really _____ sweet foods.

    (A) complain　　(B) rush　　(C) like　　(D) drink

Unit ❾

I Love Spaghetti 我愛義大利麵

★ 單字焦點：
烹飪、飲食、餐具

Track 09

看看下方單字表，這些單字你認識嗎？

❶ **spaghetti** [spə`gɛti] n. 義大利麵

❷ **yummy** [`jʌmɪ] adj. 好吃的

❸ **lunch** [lʌntʃ] n. 午餐

❹ **dinner** [`dɪnɚ] n. 晚餐

❺ **pack** [pæk] n. 一包

❻ **noodle** [`nudḷ] n. 麵條

❼ **meat** [mit] n. 肉

❽ **beef** [bif] n. 牛肉

❾ **shrimp** [ʃrɪmp] n. 蝦子

❿ **seafood** [`si,fud] n. 海鮮

⓫ **tomato** [tə`meto] n. 番茄

⓬ **spoon** [spun] n. 湯匙

⓭ **cream** [krim] n. 鮮奶油

⓮ **salt** [sɔlt] n. 鹽

⓯ **pepper** [`pɛpɚ] n. 胡椒粉

⓰ **butter** [`bʌtɚ] n. 奶油

⓱ **item** [`aɪtəm] n. 項目；
一件(物品)

⓲ **fill** [fɪl] v. 裝滿，使充滿

⓳ **pot** [pɑt] n. 鍋子

⓴ **boil** [bɔɪl] v. 煮沸；燒開

㉑ **knife** [naɪf] n. 刀

㉒ **slice** [slaɪs] v. 切片

㉓ **measure** [`mɛʒɚ] v. 測量

㉔ **amount** [ə`maunt] n. 量；總額

㉕ **spread** [sprɛd] v. 塗抹；展開

㉖ **add** [æd] v. 添加

㉗ **pan** [pæn] n. 平底鍋

㉘ **bowl** [bol] n. 碗

㉙ **taste** [test] v. 品嚐；吃起來

㉚ **loaf** [lof] n. 一條(麵包)

㉛ **bread** [brɛd] n. 麵包

㉜ **watermelon** [`watɚ,mɛlən]
n. 西瓜

㉝ **papaya** [pə`paɪə] n. 木瓜

㉞ **guava** [`gwɑvə] n. 芭樂

㉟ **pineapple** [`paɪn,æpḷ] n. 鳳梨

㊱ **tangerine** [,tændʒə`rin] n. 橘子

PICTURE　　找找看下方圖中隱含了哪些單字的意思呢？

Unit
9

I'm Oliver. I love **spaghetti**. It's **yummy**. I like to cook it for **lunch** or **dinner** for my family. Here is my recipe(食譜).

Oliver's Spaghetti Recipe

What I Need

- 1 **pack** of spaghetti **noodles**
- some **meat** (**beef**, **shrimp** or other **seafood**)
- 3 **tomatoes**
- 1 onion
- 2 **spoons** of **cream**
- 1 spoon of **salt**
- 1 spoon of **pepper**
- some **butter**

How I Make It

1. Prepare all the **items** on the list above.
2. Cook spaghetti noodles: **Fill** a **pot** with water and **boil** the water. Then cook the noodles in the boiling water.
3. Make the sauce(醬料): Use a **knife** to **slice** the onion and tomatoes. **Measure** the right **amounts** of cream, salt, and pepper. **Spread** some butter on the meat. **Add** the onion, tomatoes, cream, salt, pepper, and meat in a **pan**. Then cook them for one hour.
4. Mix the noodles with the sauce in **bowls**.

Spaghetti **tastes** good. My family and I like to eat it with a **loaf** of **bread**. After we finish it, we eat some fruit like **watermelon**, **papaya**, **guava**, **pineapple**, or **tangerines**. It is a wonderful meal for us.

EXERCISES

現在請透過下列練習題來幫助你加強記憶單字。

🧁 A. 閱讀測驗

1. What does Oliver NOT need to make spaghetti?

   (A) Noodles.   (B) Meat.

   (C) Guava.   (D) Salt.

2. What does Oliver use to slice the onion and tomatoes?

   (A) A knife.   (B) A bowl.

   (C) A pan.   (D) A spoon.

Unit ❾

🧁 B. 字彙填空

_____ 1. Use this _____ to cut the fruit.

_____ 2. We eat soup with a _____.

_____ 3. What kind of _____ do you want, beef or chicken?

_____ 4. The bread _____ good. I like it.

_____ 5. The water _____. It is very hot.

| boils | knife | meat | spoon | tastes |

🧁 C. 字彙選擇

1. Look at the picture. What is the man doing?

   (A) He is slicing bread.   (B) He is eating fruit salad.

   (C) He is tasting soup.   (D) He is filling up the pot.

2. _____ is a kind of seafood.

   (A) Shrimp   (B) Beef   (C) Butter   (D) Meat

3. Please add the right _____ of salt. Don't add too much.

   (A) pack   (B) amount   (C) item   (D) loaf

4. Joe: What time are we eating _____, Mom?

   Mom: At about 7 p.m. We'll have hamburgers.

   (A) breakfast   (B) lunch   (C) afternoon tea (D) dinner

5. Tim doesn't want to go to _____ restaurants because he doesn't like fish.

   (A) spaghetti   (B) pepper   (C) fast food   (D) seafood

Unit ❿

Let's Bake Cookies! 來烤餅乾！

單字焦點：
飲食、烹飪、數量

看看下方單字表，這些單字你認識嗎？

❶ **bake** [bek] v. 烤，烘焙

❷ **cookie** [`kukɪ] n. 餅乾

❸ **easy** [`izɪ] adj. 容易的

❹ **ready** [`rɛdi] adj. 準備好的

❺ **begin** [bɪ`gɪn] v. 開始
(begin-began-begun, beginning)

❻ **egg** [ɛg] n. 雞蛋

❼ **cup** [kʌp] n. 杯子

❽ **flour** [flaʊr] n. 麵粉

❾ **gram** [græm] n. 公克

❿ **sugar** [`ʃʊgɚ] n. 糖

⓫ **more** [mor] pron. 更多 adj. 更多
的 adv. 更

⓬ **oil** [ɔɪl] n. 油

⓭ **a little** [ə `lɪtl̩] phr. 一些，少許(+
不可數名詞)

⓮ **step** [stɛp] n. 步驟；腳步

⓯ **delicious** [dɪ`lɪʃəs] adj. 好吃的

⓰ **a** [ə] / **an** [ən] art. 一個

⓱ **want** [wɑnt] v. 想要

⓲ **sweet** [swit] adj. 甜的

⓳ **mix** [mɪks] v. 混合

⓴ **some** [`sʌm] pron. 一些 adj. 一些
的 (+ 可數或不可數名詞)

㉑ **nut** [nʌt] n. 堅果

㉒ **chocolate** [`tʃɑklət] n. 巧克力

㉓ **milk** [mɪlk] n. 牛奶

㉔ **tip** [tɪp] n. 祕訣

㉕ **a few** [ə `fju] phr. 一些，少許 (+
可數名詞)

㉖ **roll** [rol] v. 滾動

㉗ **ball** [bɔl] n. 球

㉘ **oven** [`ʌvən] n. 烤箱

㉙ **smell** [smɛl] v. 聞

㉚ **watch** [wɑtʃ] v. 觀看 n. 手錶

㉛ **burn** [bɝn] v. 燒焦；燃燒

㉜ **snack** [snæk] n. 點心

㉝ **enjoy** [ɪn`dʒɔɪ] v. 享受；喜歡

㉞ **fresh** [frɛʃ] adj. 新鮮的

㉟ **share** [ʃɛr] v. 分享

找找看下方圖中隱含了哪些單字的意思呢？

Baking cookies is **easy**! Are you **ready**? Let's **begin**!

> 1 **egg**
> 2 **cups** of **flour** (240 **grams**)
> 1 cup of **sugar** (200 grams or **more**)
> 1/2 cup of **oil** (114 grams)
> **a little** butter

Follow these **steps** to make **delicious** cookies.

Step 1—Put the butter, sugar, oil, and egg in **a** bowl. Add more sugar if you **want** the cookies to taste **sweet**er. Then add the right amount of flour and **mix** them all together. You can also add **some nuts**, or **chocolate**.

★**Tip**: Measure the flour correctly. If you add too much flour, the cookies will be too dry.

Step 2—Put the bowl in the refrigerator for **a few** hours.

Step 3—Take the bowl from the refrigerator. **Roll** the dough(麵團) into small **balls** and press them flat.

Step 4—Put the cookies in the **oven** for 10–12 minutes. They will **smell** good. **Watch** them to make sure they don't **burn**.

Now you have a delicious **snack**! They taste good with a drink of **milk**.

Enjoy your **fresh** cookies or **share** them with your friends!

EXERCISES

現在請透過下列練習題來幫助你加強記憶單字。

🧁 A. 閱讀測驗

1. What do you NOT need to put in the cookies?

　(A) Flour.　　(B) Oil.　　(C) Sugar.　　(D) Salt.

2. Why should you watch the cookies when baking them?

　(A) Because they smell good.　　(B) Because they might burn.

　(C) Because they are ready.　　(D) Because they are sweet.

🧁 B. 字彙填空

＿＿＿＿＿ 1. The chocolate tastes ＿＿＿＿.

＿＿＿＿＿ 2. Emma likes to ＿＿＿＿ TV.

＿＿＿＿＿ 3. The cookies ＿＿＿＿ delicious.

＿＿＿＿＿ 4. I'm ＿＿＿＿. Let's go right now.

＿＿＿＿＿ 5. Tomorrow is Daniel's birthday. I'm going to ＿＿＿＿ a cake for him.

smell	sweet	bake	watch	ready

🧁 C. 字彙選擇

1. Look at the picture. What is the cook cutting?

　(A) Nuts.　　(B) Cups.　　(C) Sugar.　　(D) Milk.

2. James: I want to make some cookies. How do I ＿＿＿＿?

　Sally: Put the butter, sugar, oil, and egg in a bowl first.

　(A) share　　(B) begin　　(C) want　　(D) roll

3. Penny ＿＿＿＿ eating cakes. She feels happy whenever she eats them.

　(A) cooks　　(B) mixes　　(C) enjoys　　(D) burns

4. It's ＿＿＿＿ to make fruit salad. It just takes a few minutes.

　(A) some　　(B) hard　　(C) easy　　(D) more

5. Sarah: The eggs smell bad.

　Beth: Yes, they are not ＿＿＿＿.

　(A) easy　　(B) fresh　　(C) baked　　(D) old

Unit ⑪

Pen Pals 筆友

單字焦點：
飲食、假期、節日

看看下方單字表，這些單字你認識嗎？

❶ **America** [ə`mɛrəkə] n. 美國

❷ **Thanksgiving** [‚θæŋks`gɪvɪŋ] n. 感恩節

❸ **next** [nɛkst] adj. 下一個

❹ **celebrate** [`sɛlə‚bret] v. 慶祝

❺ **chicken** [`tʃɪkən] n. 雞肉

❻ **pumpkin** [`pʌmpkɪn] n. 南瓜

❼ **last** [læst] adj. 最後的；最近的

❽ **Halloween** [‚hælo`in] n. 萬聖節

❾ **party** [`pɑrtɪ] n. 派對

❿ **candy** [`kændɪ] n. 糖果

⓫ **Christmas** [`krɪsməs] n. 聖誕節

⓬ **spend** [spɛnd] v. 花費；度過
(spend-spent-spent)

⓭ **gift** [gɪft] n. 禮物

⓮ **do** [du] v. 做 (do-did-done)

⓯ **custom** [`kʌstəm] n. 習俗

⓰ **have** [hæv] v. 有 (have-had-had)

⓱ **Taiwan** [taɪ`wɑn] n. 臺灣

⓲ **write** [raɪt] v. 寫
(write-wrote-written)

⓳ **postcard** [`post‚kɑrd] n. 明信片

⓴ **agree** [ə`gri] v. 同意

㉑ **Chinese New Year**
[`tʃaɪniz `nju jɪr] n. 中國新年

㉒ **eve** [iv] n. 前夕

㉓ **wash** [wɑʃ] v. 洗

㉔ **sweep** [swip] v. 清掃

㉕ **midnight** [`mɪd‚naɪt] n. 午夜

㉖ **dumpling** [`dʌmplɪŋ] n. 水餃

㉗ **vinegar** [`vɪnɪgɚ] n. 醋

㉘ **soy sauce** [sɔɪ `sɔs] n. 醬油

㉙ **saucer** [`sɔsɚ] n. 小碟子

㉚ **fish** [fɪʃ] n. 魚肉

㉛ **rice** [raɪs] n. 米飯

㉜ **bun** [bʌn] n. 小圓麵包；包子

㉝ **chopsticks** [`tʃɑp‚stɪks] n. 筷子

㉞ **wok** [wok] n. 鍋子

㉟ **Lantern Festival**
[`læntɚn `fɛstəvl̩] n. 元宵節

㊱ **hang** [hæŋ] v. 掛

PICTURE 找找看下方圖中隱含了哪些單字的意思呢？

Dear Jenny,

    Do you like holidays? I like holidays because they are a lot of fun. In **America**, it will be **Thanksgiving next** week. I **celebrate** by having a big meal with my family. We eat turkey (it tastes like **chicken**), potatoes, bread, vegetables, and my favorite—**pumpkin** pie!

    Last month was **Halloween**. I went to a **party**, and we cut faces into pumpkins and got lots of **candy**. That was a fun day too. But my favorite day of all is **Christmas**! On Christmas, we **spend** time with family, have a Christmas tree and get **gifts**. What do you **do** on holidays? What **customs** do you **have** in **Taiwan**?

    Write soon!

Paul

Dear Paul,

    Thanks for the **postcard**. I **agree** that it's fun to celebrate holidays. My favorite holiday is **Chinese New Year**. I get red envelopes from my parents, grandparents, aunts and uncles. On Chinese New Year's **Eve**, we **wash** everything and **sweep** all the floors. Then we stay up until **midnight** and eat **dumplings**. We put **vinegar** and **soy sauce** in saucers and eat dumplings with them. They're delicious! We also eat **fish**, **rice**, and **buns**. We eat our food with **chopsticks** and cook it in a **wok**.

    Two weeks after Chinese New Year is the **Lantern Festival**. We **hang** beautiful lanterns made from paper. I'll send you a picture of them.

    Write soon!

Jenny

現在請透過下列練習題來幫助你加強記憶
單字。

🧁 A. 閱讀測驗

1. Paul's favorite holiday is _____.

(A) Halloween　　　　　　　(B) Thanksgiving

(C) Lantern Festival　　　　(D) Christmas

2. What does Jenny NOT do on Chinese New Year?

(A) Get red envelopes.　　　(B) Eat turkey.

(C) Stay up until midnight.　(D) Eat dumplings and fish.

🧁 B. 字彙填空

_____ 1. How do we _____ holidays?

_____ 2. It's already _____! It's time to sleep.

_____ 3. We should _____ the dirty floor.

_____ 4. The sweet _____ is delicious!

_____ 5. I _____ five aunts and four uncles.

| midnight | candy | have | celebrate | sweep |

🧁 C. 字彙選擇

1. Look at the picture. What are they eating?

(A) Candy.　(B) Chicken.　(C) Fish.　(D) Dumplings.

2. Do you eat with a fork or with _____?

(A) knife　　(B) chopsticks (C) wok　　(D) saucer

3. Helen likes to learn about the _____ in other countries.

(A) bun　　　　(B) postcard　　(C) gifts　　　(D) customs

4. Ben: Where will you _____ Chinese New Year?

Kelly: At my grandparents' house.

(A) spend　　　(B) take　　　(C) do　　　　(D) hang

5. Kate: What will we eat with the meat and vegetables?

Faith: Let's eat white _____.

(A) party　　　(B) vinegar　　(C) soy sauce　(D) rice

Unit ⑫

Food Fair 美食展

VOCABULARY

✦ 單字焦點：
飲食

看看下方單字表，這些單字你認識嗎？

① **breakfast** [`brɛkfəst] n. 早餐

② **brunch** [brʌntʃ] n. 早午餐

③ **supper** [`sʌpɚ] n. 晚餐

④ **cafeteria** [ˌkæfə`tɪrɪə] n. 自助餐廳

⑤ **fast food** [`fæst ˌfud] n. 速食

⑥ **pizza** [`pitsə] n. 披薩

⑦ **burger** [`bɝgɚ] n. 漢堡

⑧ **hot dog** [`hɑt ˌdɑg] n. 熱狗

⑨ **ketchup** [`kɛtʃəp] n. 番茄醬

⑩ **pork** [pork] n. 豬肉

⑪ **sandwich** [`sændwɪtʃ] n. 三明治

⑫ **napkin** [`næpkɪn] n. 餐巾

⑬ **diet** [`daɪət] n. 節食

⑭ **right** [raɪt] adj. 對的

⑮ **tofu** [`tofu] n. 豆腐

⑯ **lettuce** [`lɛtɪs] n. 萵苣

⑰ **milkshake** [`mɪlkʃek] n. 奶昔

⑱ **grape** [grep] n. 葡萄

⑲ **peach** [pitʃ] n. 桃子

⑳ **pear** [pɛr] n. 梨子

㉑ **doughnut** [`donət] n. 甜甜圈

㉒ **toast** [tost] n. 烤土司

㉓ **jam** [dʒæm] n. 果醬

㉔ **cereal** [`sɪrɪəl] n. 麥片

㉕ **hot** [hɑt] adj. 熱的

㉖ **steak** [stek] n. 牛排

㉗ **Japanese** [dʒæpə`niz]
adj. 日本的

㉘ **instant noodle** [`ɪnstənt nudl̩] n.
泡麵

㉙ **liquid** [`lɪkwɪd] n. 液體
adj. 液體的

㉚ **soft drink** [sɔft `drɪŋk] n. 冷飲(不
含酒精)

㉛ **cola** [`kolə] n. 可樂

㉜ **juice** [dʒus] n. 果汁

㉝ **beer** [bɪr] n. 啤酒

㉞ **bitter** [`bɪtɚ] adj. 苦的

㉟ **sour** [saur] adj. 酸的

㊱ **pie** [paɪ] n. 派

PICTURE

找找看下方圖中隱含了哪些單字的意思呢？

Enjoy different foods for **breakfast**, **brunch**, lunch, and **supper**!

When: July 5–12 from 9 a.m. to 7 p.m.

Where: Lakeside School **Cafeteria**

Tickets: $100 online, $200 at the door

You can try:

Fast Food Fun

We have **pizza**, **burgers**, **hot dogs** with **ketchup**, BBQ **pork sandwiches** (you'll need a **napkin** for these), and French fries here. They're delicious!

Healthy Circle

Do we have good food for someone on a **diet**? That's **right**, we do! You can try healthy **tofu** and **lettuce** salad. You can also have a yummy **milkshake** made with **grapes**, **peaches**, and **pears**.

Great Brunch

This place has **doughnuts**, **toast** with **jam**, fried eggs, and many different kinds of **cereal**.

Five Star Suppers

Try **hot**, fresh recipes made by famous cooks, including **steak**, chicken, **Japanese** food and . . . **instant noodles**? Right, one cook really won a prize for instant noodles with egg and cheese!

Liquid Land

Here are **soft drinks** including **cola** and **juice**. There are also many kinds of **beer** and wine in **bitter** and **sour** flavors for teachers only.

Dreamy Desserts

Have a piece of apple, strawberry or chocolate **pie**! Enjoy cake and ice cream. There are lots of sweet foods here.

EXERCISES

現在請透過下列練習題來幫助你加強記憶單字。

A. 閱讀測驗

1. The food fair is in a _____.

   (A) restaurant　　　　　　　　(B) cafeteria

   (C) park　　　　　　　　　　　(D) shopping center

2. What surprising food did a cook win a prize for?

   (A) Healthy milkshakes.　　　　(B) Steak.

   (C) Chicken.　　　　　　　　　(D) Instant noodles.

B. 字彙填空

_____ 1. I want to eat a piece of _____.

_____ 2. What flavor _____ do you want to drink?

_____ 3. People who don't eat meat often eat _____ instead.

_____ 4. A _____ is round and has a hole in it.

_____ 5. Put some milk in the bowl of _____.

| cereal | doughnut | pie | tofu | milkshake |

C. 字彙選擇

1. Look at the picture. What are they picking?

   (A) Pears.　(B) Peaches.　(C) Lettuce.　(D) Grapes.

2. I like _____ like hamburgers and French fries.

   (A) customs　(B) gifts　　(C) vinegar　(D) fast food

3. Mike: Do you like the coffee?

   Penny: No, I don't. It's too _____.

   (A) bitter　　(B) yummy　　(C) delicious　　(D) salty

4. Water is _____, but ice is solid(固體).

   (A) sweet　　(B) sour　　(C) liquid　　(D) right

5. It's 7 p.m. It's time for _____.

   (A) breakfast　(B) brunch　(C) lunch　(D) supper

Chapter 3
學校

Unit 13

My Week 我的一週生活

單字焦點：學校、星期

看看下方單字表，這些單字你認識嗎？

❶ **Monday** [ˋmʌnde] n. 週一

❷ **Tuesday** [ˋtjuzde] n. 週二

❸ **Wednesday** [ˋwɛnzde] n. 週三

❹ **Thursday** [ˋθɝzde] n. 週四

❺ **Friday** [ˋfraɪde] n. 週五

❻ **wake** [wek] v. 醒來；叫醒

❼ **many** [ˋmɛnɪ] adj. 很多的

❽ **class** [klæs] n. 課；班級

❾ **day** [de] n. 天

❿ **morning** [ˋmɔrnɪŋ] n. 早上

⓫ **everyone** [ˋɛvrɪ,wʌn] (everybody) pron. 每個人

⓬ **math** [mæθ] (mathematics) n. 數學

⓭ **bell** [bɛl] n. 鐘

⓮ **geography** [dʒiˋɑgrəfɪ] n. 地理

⓯ **Chinese** [tʃaɪˋniz] n. 中文

⓰ **PE** [ˏpi ˋi] (physical education) n. 體育課

⓱ **friend** [frɛnd] n. 朋友

⓲ **noon** [nun] n. 中午

⓳ **English** [ˋɪŋglɪʃ] n. 英文

⓴ **afternoon** [ˏæftɚˋnun] n. 下午

㉑ **teacher** [ˋtitʃɚ] n. 老師

㉒ **chalk** [tʃɔk] n. 粉筆

㉓ **sentence** [ˋsɛntəns] n. 句子

㉔ **revise** [rɪˋvaɪz] v. 修改

㉕ **science** [ˋsaɪəns] n. 科學

㉖ **history** [ˋhɪstrɪ] n. 歷史

㉗ **learn** [lɝn] v. 學習

㉘ **list** [lɪst] n. 表；清單

㉙ **music** [ˋmjuzɪk] n. 音樂

㉚ **practice** [ˋpræktɪs] v. 練習 n. 訓練

㉛ **homework** [ˋhom,wɝk] n. 功課

㉜ **night** [naɪt] n. 夜晚

㉝ **evening** [ˋivnɪŋ] n. 傍晚

㉞ **review** [rɪˋvju] v. 溫習；回顧

㉟ **everything** [ˋɛvrɪ,θɪŋ] pron. 全部

㊱ **daily** [ˋdelɪ] adj. 每天的 adv. 每天

㊲ **lesson** [ˋlɛsn̩] n. 課

㊳ **Saturday** [ˋsætɚde] n. 週六

㊴ **Sunday** [ˋsʌnde] n. 週日

PICTURE　找找看下方圖中隱含了哪些單字的意思呢？

My Week

Monday, **Tuesday**, **Wednesday**,
Thursday and **Friday**
I **wake** up and go to school
Many classes every **day**

In the **morning**
Everyone has **math** class
I don't think it's boring
I hope I will pass

The **bell** rings, and it's time for **geography**
After that, we have **Chinese** and **PE**
I eat lunch with my **friend** at **noon**
English class is in the **afternoon**

The **teacher** writes words with **chalk**
I write a **sentence** in my book
And I **revise** the sentence
Before I let the teacher take a look

Then it's **science** and **history**
I **learn** long **lists** of things
I have **music** on Friday at four
I **practice** a lot the day before

I do **homework** at **night** or in the **evening**
I need to **review everything**
Daily lessons take a lot of time each weekday
But **Saturday** and **Sunday**, it's time to play!

EXERCISES

現在請透過下列練習題來幫助你加強記憶單字。

🧁 A. 閱讀測驗

1. When does the speaker have music lessons?

   (A) Monday.　　　　　　　(B) Friday.

   (C) Thursday.　　　　　　(D) Every day.

2. What does the speaker do at night or in the evening?

   (A) Plays with friends.　　(B) Takes more lessons.

   (C) Watches TV.　　　　　(D) Does homework.

🧁 B. 字彙填空

_____ 1. We don't have to go to school on _____ and Sunday.

_____ 2. Read the first _____ in the book.

_____ 3. We _____ a lot at school.

_____ 4. I _____ up at six o'clock every day.

_____ 5. I like to play with my _____.

friend	wake	learn	Saturday	sentence

🧁 C. 字彙選擇

1. Look at the picture. What class is this?

   (A) Science.　(B) Math.　(C) Geography.　(D) PE.

2. Mom: Are you ready for school?

   Ben: Yes, I have _____ in my backpack.

   (A) classes　　　(B) lessons

   (C) everyone　　(D) everything

3. Most people eat lunch at _____.

   (A) morning　(B) afternoon　(C) night　　(D) noon

4. I made a _____ of things I need to buy.

   (A) day　　　(B) list　　　(C) geography　(D) bell

5. Crystal _____ the piano every day.

   (A) revises　(B) makes　　(C) practices　(D) goes

Unit ⓮

A Letter to Grandma 給奶奶的一封信

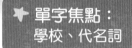

單字焦點：
學校、代名詞

看看下方單字表，這些單字你認識嗎？

❶ **dear** [dɪr] adj. 親愛的

❷ **semester** [səˋmɛstɚ] n. 學期

❸ **I** [aɪ] (me, my, mine, myself) pron. 我

❹ **junior high school** [ˋdʒunjɚ ˋhaɪskul] n. 國中

❺ **anyone** [ˋɛnɪˏwʌn] (anybody) pron. 任何人

❻ **classmate** [ˋklæsˏmet] n. 同學

❼ **he** [ˋhi] (him, his, himself) pron. 他

❽ **class leader** [klæs ˋlidɚ] n. 班長

❾ **we** [ˋwi] (us, our, ours, ourselves) pron. 我們

❿ **talk** [tɔk] v. 講話

⓫ **usually** [ˋjuʒʊəlɪ] adv. 通常

⓬ **gym** [dʒɪm] n. 體育館

⓭ **study** [ˋstʌdɪ] v. 讀書

⓮ **library** [ˋlaɪˏbrɛrɪ] n. 圖書館

⓯ **both** [boθ] adv. 都 pron. 兩者

⓰ **biology** [baɪˋɑlədʒɪ] n. 生物

⓱ **it** [ˋɪt] (it, its, itself) pron. 它

⓲ **board** [bord] n. 板子

⓳ **she** [ˋʃi] (her, hers, herself) pron. 她

⓴ **student** [ˋstjudn̩t] n. 學生

㉑ **emphasize** [ˋɛmfəˏsaɪz] v. 強調

㉒ **exam** [ɪgˋzæm] n. 考試

㉓ **classroom** [ˋklæsˏrum] n. 教室

㉔ **they** [ðe] (them, their, theirs, themselves) pron. 他們

㉕ **nobody** [ˋnoˏbɑdɪ] pron. 沒有人

㉖ **certain** [ˋsɝtn̩] adj. 肯定的

㉗ **answer** [ˋænsɚ] v. 回答 n. 答案

㉘ **discuss** [dɪˋskʌs] v. 討論

㉙ **each** [itʃ] adj. 每個 pron. 各個

㉚ **behave** [bɪˋhev] v. 表現；守規矩

㉛ **ask** [æsk] v. 問

㉜ **punish** [ˋpʌnɪʃ] v. 處罰

㉝ **you** [ju] (you, your, yours, yourself, yourselves) pron. 你；你們

㉞ **present** [ˋprɛzn̩t] n. 禮物

PICTURE　找找看下方圖中隱含了哪些單字的意思呢？

Unit 14

Dear Grandma,

The new **semester** just started. **I** am in **junior high school** now. On my first day of school, I didn't know **anyone**. But now I know all my **classmates**, and I have a new friend! His name is John. **He** is the **class leader**. **We talk** a lot, and we **usually** play sports in the **gym** and **study** in the **library** together.

Both John and I like **biology** class. **It** is interesting. We play biology **board** games in class! We like the teacher Ms. Black, too. **She** is nice to all her **students**, and she **emphasized** that learning can be fun. "Learn for fun, not for **exams**!" says Ms. Black. She also keeps some insects in the **classroom**. **They** are small and cute!

Ms. Black likes to **ask** questions. When **nobody** is **certain** about the **answer**, she lets us **discuss** it. **Each** of us **behaves** well in her class, and she never **punishes** us. Don't **you** think she is a cool teacher?

Love,
Tom

P.S. I'll visit you and bring you a **present** next weekend.

EXERCISES

現在請透過下列練習題來幫助你加強記憶
單字。

🧁 A. 閱讀測驗

1. What does Tom do in the library?

   (A) He plays sports.　　　　　(B) He talks to his friends.

   (C) He studies with John.　　　(D) He asks questions.

2. Tom will see his Grandma _____.

   (A) This weekend.　(B) Next weekend.　(C) Today.　(D) Tomorrow.

🧁 B. 字彙填空

_____ 1. The teacher will _____ us if we don't behave well.

_____ 2. I need to _____ the teacher a question.

_____ 3. We need to get ready for the _____ next week.

_____ 4. We learn about plants and animals in _____ class.

_____ 5. My brother and I will _____ go to the party.

biology	punish	both	ask	exam

🧁 C. 字彙選擇

1. Look at the picture. What is the teacher writing on?

   (A) A book.　　(B) A board.

   (C) A table.　　(D) A piece of paper.

2. We need to _____ harder before the exam.

   (A) behave　　(B) talk　　(C) take　　(D) study

3. Penny: Where are your brothers?

   Cindy: _____ are at the park.

   (A) We　　　　(B) You　　　　(C) They　　　　(D) He

4. Mike: Where is the PE class?

   Jill: It's in the _____.

   (A) present　　(B) gym　　(C) closet　　(D) library

5. These are my _____. We're all in class A.

   (A) students　　(B) answers　　(C) class leaders　(D) classmates

Unit
⓮

Unit ⑮

Life of a Genius 天才的一生

★ 單字焦點：
學校、人物、職業

看看下方單字表，這些單字你認識嗎？

❶ **crazy** [`krezɪ] adj. 瘋狂的

❷ **genius** [`dʒinjəs] n. 天才

❸ **born** [bɔrn] adj. 出生的

❹ **childhood** [`tʃaɪld,hʊd] n. 小時候

❺ **intelligent** [ɪn`tɛlədʒənt] adj. 聰明的

❻ **expect** [ɪk`spɛkt] v. 預期

❼ **famous** [`feməs] adj. 有名的

❽ **scientist** [`saɪəntɪst] n. 科學家

❾ **elementary school**
　[,ɛlə`mɛntərɪ ,skul] n. 小學

❿ **succeed** [sək`sid] v. 成功

⓫ **teenager** [`tin,edʒɚ] n. 青少年

⓬ **textbook** [`tɛkst,bʊk] n. 課本

⓭ **boring** [`borɪŋ] adj. 無趣的

⓮ **read** [rid] v. 閱讀
　(read-read-read)

⓯ **book** [bʊk] n. 書

⓰ **hard-working** [,hɑrd`wɝkɪŋ] adj. 努力的

⓱ **chemistry** [`kɛmɪstrɪ] n. 化學

⓲ **physics** [`fɪzɪks] n. 物理

⓳ **senior high school**
　[,sinjɚ`haɪ ,skul] n. 高中

⓴ **fail** [fel] v. 不及格；失敗

㉑ **adult** [ə`dʌlt] n. 成年人

㉒ **university** [,junə`vɝsətɪ] n. 大學

㉓ **married** [`mærɪd] adj. 結婚的；已婚的

㉔ **limit** [`lɪmɪt] v. 限制 n. 限度

㉕ **curious** [`kjʊrɪəs] adj. 好奇的

㉖ **matter** [`mætɚ] n. 物質；事情

㉗ **mass** [mæs] n. 質量；大量

㉘ **motion** [`moʃən] n. 移動；運動

㉙ **energy** [`ɛnɚdʒɪ] n. 能量；精力

㉚ **method** [`mɛθəd] n. 方法

㉛ **question** [`kwɛstʃən] n. 問題

㉜ **interested** [`ɪntərɪstɪd] adj. 有興趣的

㉝ **idea** [aɪ`diə] n. 主意，想法

㉞ **listen** [`lɪsn̩] v. 聽

㉟ **base** [bes] n. 基礎

㊱ **knowledge** [`nɑlɪdʒ] n. 知識

㊲ **problem** [`prɑbləm] n. 困難；問題

㊳ **invent** [ɪn`vɛnt] v. 發明

PICTURE　找找看下方圖中隱含了哪些單字的意思呢？

Albert Einstein was a **crazy genius**. He was **born** in Germany in 1879. From **childhood**, he was very **intelligent**, but no one **expected** him to become a **famous scientist**. In fact, when Einstein was in **elementary school**, his teachers thought he was not smart and would never **succeed** in anything.

When Einstein was a **teenager**, he thought **textbooks** were **boring**. He liked to **read books** on his own. He was **hard-working** in math, **chemistry**, and **physics**. In **senior high school**, he got good grades in many subjects. He **failed** one exam though.

When he was an **adult**, he met a woman at **university** and they were **married** in 1903. He did not spend much time with his family. He did not want his family life to **limit** his work.

Einstein was **curious** about **matter**, **mass**, **motion** and **energy**, and he used scientific **methods** to find answers to his **questions**. Many scientists were **interested** in his **ideas** and liked to **listen** to him. His ideas became a **base** of **knowledge** and helped scientists solve **problems** and **invent** many things.

EXERCISES

現在請透過下列練習題來幫助你加強記憶
單字。

🧁 A. 閱讀測驗

1. What did Einstein like to do when he was a teenager?

(A) Watch TV.　　　　　　　　(B) Read comics.

(C) Read textbooks.　　　　　　(D) Read books on his own.

2. Einstein's ideas are important because _____.

(A) he likes to talk about them　　(B) he is famous

(C) scientists use them to invent things　　(D) they are old

🧁 B. 字彙填空

_____ 1. Study hard, or you will _____ the exam.

_____ 2. Einstein was a _____. He was very smart.

_____ 3. I won't let anyone _____ my dreams.

_____ 4. Take out your _____ when the class starts.

_____ 5. If you don't work hard, you will not _____.

succeed	fail	limit	genius	textbook

🧁 C. 字彙選擇

1. Look at the picture. What can you say about it?

(A) They are curious.　　(B) They are bored.

(C) They are students.　　(D) They are married.

2. Clara: Do you like this movie?　Eric: No, I don't. I think it's _____.

(A) intelligent　(B) boring　　(C) born　　(D) hard-working

3. Rose is 12 years old now. She will be a _____ next year.

(A) adult　　(B) child　　(C) genius　　(D) teenager

4. Tim: Are you _____ in science?

Helen: Yes, I am. I like chemistry and physics.

(A) interested　(B) boring　　(C) crazy　　(D) famous

5. I'm tired. I have to eat to get enough _____.

(A) motion　　(B) mass　　(C) energy　　(D) matter

Unit ⓰

Special Days 特別的日子

★ 單字焦點：
節日、月分、飲食

看看下方單字表，這些單字你認識嗎？

① **special** [ˋspɛʃəl] adj. 特別的

② **calendar** [ˋkæləndɚ] n. 日曆

③ **holiday** [ˋhɑləˏde] n. 假期；節日

④ **January** [ˋdʒænjuˏɛrɪ] n. 一月

⑤ **New Year's Eve** [ˏnju jɪrs ˋiv] n.
新年前夕

⑥ **New Year's Day** [ˏnju jɪrz ˋde]
n. 新年

⑦ **February** [ˋfɛbruˏɛrɪ] n. 二月

⑧ **Valentine's Day**
[ˋvælənˏtaɪnz ˏde] n. 情人節

⑨ **marvelous** [ˋmɑrvḷəs] adj. 令人驚
嘆的

⑩ **March** [mɑrtʃ] n. 三月

⑪ **April** [ˋeprəl] n. 四月

⑫ **Easter** [ˋistɚ] n. 復活節

⑬ **Mother's Day** [ˋmʌðɚzˏde]
n. 母親節

⑭ **month** [mʌnθ] n. 月

⑮ **May** [me] n. 五月

⑯ **June** [dʒun] n. 六月

⑰ **Dragon-boat Festival**
[ˋdrægənbot ˏfɛstɚvl] n. 端午節

⑱ **colorful** [ˋkʌlɚfəl] adj. 彩色的

⑲ **July** [dʒuˋlaɪ] n. 七月

⑳ **festival** [ˋfɛstəvl] n. 節慶

㉑ **great** [gret] adj. 很好的

㉒ **August** [ˋɔgəst] n. 八月

㉓ **Father's Day** [ˋfɑðɚzˏde]
n. 父親節

㉔ **September** [sɛpˋtɛmbɚ] n. 九月

㉕ **Teacher's Day** [ˋtitʃɚzˏde]
n. 教師節

㉖ **formal** [ˋfɔrml] adj. 正式的

㉗ **Moon Festival** [ˋmun ˋfɛstəvl] n.
中秋節

㉘ **October** [ɑkˋtobɚ] n. 十月

㉙ **moon cake** [ˋmunˏkek] n. 月餅

㉚ **together** [təˋgɛðɚ] adv. 一起

㉛ **other** [ˋʌðɚ] adj. 其他的

㉜ **Double Tenth Day**
[ˋdʌbḷ tɛnθˏde] n. 雙十節

㉝ **national** [ˋnæʃənḷ] adj. 國家的

㉞ **November** [noˋvɛmbɚ] n. 十一月

㉟ **December** [dɪˋsɛmbɚ] n. 十二月

PICTURE 找找看下方圖中隱含了哪些單字的意思呢？

 **STORY** 學會了單字，來閱讀故事吧！

Special Days

There are **special** days all through the year

Look at the **calendar**, which **holiday** is near?

January has **New Year's Eve** and **New Year's Day**

No school or work, we can play!

February is **Valentine's Day**, candy and a heart

Make a pink card, it's **marvelous** art!

In **March** or **April** comes **Easter** with eggs and a bunny.

Do you think the Easter bunny's ears look funny?

Mother's Day is in the **month** of **May**

What can you do for your mom on this day?

In **June**, it's the **Dragon-boat Festival**.

Colorful boats and rice dumplings make it special.

In **July** there are no **festivals**, but there's no school

Have a **great** time, go swimming in a pool

On the eighth of **August** it's **Father's Day**, a time for Dad.

Do something nice to make him glad!

In **September**, school starts again and it's **Teacher's Day**.

Wear **formal** clothes and thank your teacher for what she does each day!

The **Moon Festival** is in September or **October**

Eat **moon cakes** with family, have fun **together**

There's one **other** October holiday—

Double Tenth Day is our **national** day!

In America, Thanksgiving is in **November**.

Christmas and pretty trees come in **December**.

There are special days all through the year.

Look at the calendar, which holiday is near?

EXERCISES

現在請透過下列練習題來幫助你加強記憶
單字。

🧁 A. 閱讀測驗

1. What makes the Dragon-boat Festival special?

   (A) Boats and rice dumplings.　　(B) Moon cakes and boats.

   (C) Pretty trees and bunnies.　　(D) Eggs and dumplings.

2. Easter is in _____.

   (A) April or May　(B) March or April　(C) May or June　(D) June or July

🧁 B. 字彙填空

_____ 1. The third month of the year is _____.

_____ 2. I got a heart-shaped card on _____.

_____ 3. There are about 30 days in each _____.

_____ 4. There is no school in July and _____.

_____ 5. We eat _____ on the Moon Festival.

| August | March | Valentine's Day | month | moon cake |

🧁 C. 字彙選擇

1. Look at the picture. What is this?

   (A) A week.　(B) A holiday.　(C) A calendar.　(D) A festival.

2. A holiday is a _____ day.

   (A) school　　(B) month　　(C) formal　　(D) special

3. Ben: What are you doing in _____?

   Pam: I'm traveling with my family because it's summer vacation.

   (A) July　　　(B) May　　　(C) September　(D) December

4. The rainbow is _____.

   (A) other　　　(B) intelligent　(C) colorful　　(D) national

5. Lucy: What will you do on _____?

   Jeff: I will stay up late to see the countdown to midnight.

   (A) New Year's Eve　　　(B) New Year's Day

   (C) Dragon-boat Festival　(D) Moon Festival

Unit
16

Unit 17

An Exchange Student 交換生

看看下方單字表，這些單字你認識嗎？

❶ **abroad** [ə`brɔd] adv. 在國外

❷ **travel** [`trævl] n. 旅行 v. 旅行

❸ **difference** [`dɪfərəns] n. 差異

❹ **culture** [`kʌltʃɚ] n. 文化

❺ **alphabet** [`ælfə,bɛt] n. 一套字母

❻ **language** [`læŋgwɪdʒ] n. 語言

❼ **habit** [`hæbɪt] n. 習慣

❽ **gesture** [`dʒɛstʃɚ] n. 手勢；姿勢

❾ **guide** [gaɪd] n. 指南，手冊

❿ **memory** [`mɛmərɪ] n. 記憶；記性

⓫ **mistake** [mɪ`stek] n. 錯誤

⓬ **impolite** [,ɪmpə`laɪt] adj. 不禮貌的

⓭ **alarm clock** [ə`lɑrm,klɑk] n. 鬧鐘

⓮ **campus** [`kæmpəs] n. 校園

⓯ **locker** [`lɑkɚ] n. 置物櫃

⓰ **restroom** [`rɛst,rum] n. 洗手間

⓱ **tear** [tɪr] n. 淚水

⓲ **drop** [drɑp] v. 滴落，掉下

⓳ **glasses** [`glæsɪz] n. 眼鏡

⓴ **exit** [`ɛgzɪt] n. 出口

㉑ **explain** [ɪk`splen] v. 解釋

㉒ **principal** [`prɪnsəpḷ] n. 校長

㉓ **blackboard** [`blæk,bord] n. 黑板

㉔ **ruler** [`rulɚ] n. 尺

㉕ **sheet** [ʃit] n. 一張(紙)

㉖ **cheerleader** [`tʃɪr,lidɚ] n. 啦啦隊

㉗ **cheer** [tʃɪr] v. 歡呼，加油

㉘ **hate** [het] v. 討厭

㉙ **dodge ball** [`dɑdʒ,bɔl] n. 躲避球

㉚ **exercise** [`ɛksɚ,saɪz] n. 運動

㉛ **softball** [`sɔft,bɔl] n. 壘球

㉜ **soccer** [`sɑkɚ] n. 足球

㉝ **store** [stor] n. 商店

㉞ **final** [`faɪnḷ] adj. 最後的

㉟ **record** [`rɛkɚd] n. 記錄；成績單

㊱ **support** [sə`port] v. 支持 n. 支持

PICTURE　找找看下方圖中隱含了哪些單字的意思呢？

Dear Sophia,

I'm having a good time studying **abroad**. I love **travel** and I am learning a lot. There are many **differences** in the **culture** here in America. I need to use a different **alphabet** and **language**, start new **habits** and even use some different hand **gestures**! I read a **guide** to help me remember. I have a good **memory**! I don't want to make a **mistake** or do anything **impolite**.

I was nervous on my first day. I woke up before my **alarm clock** went off. The school **campus** is big. When I got to the school, I couldn't find my **locker** or the **restroom**! **Tears** filled my eyes and **dropped** onto my **glasses**. I started to walk to the **exit**. Then a girl came and **explained** where everything is. Her name is Jenny. We went to listen to the **principal** give a talk. Then we sat next to each other in class. When the teacher wrote on the **blackboard**, she lent me her pen, **ruler** and a **sheet** of paper to take notes.

I am a **cheerleader** now. It's fun to jump and **cheer**. I **hate** sports like **dodge ball**, but I like this kind of **exercise**. We cheer for **softball** and **soccer** games.

How are you? Are you busy helping your parents in their **store** and studying for **final** exam next month? I know you want to have good grades on your **record**. I miss you and my other friends and family. Your letters all **support** me when I miss home.

Love,
Laura

EXERCISES

現在請透過下列練習題來幫助你加強記憶
單字。

🧁 A. 閱讀測驗

1. What does Laura like to do for exercise?

　(A) Dodge ball.　(B) Soccer.　(C) Softball.　(D) Cheerleading.

2. What do Sophia's parents do?

　(A) They are teachers.　　　　(B) They keep a store.

　(C) They are cheerleaders.　　(D) They are doctors.

Unit ⑰

🧁 B. 字彙填空

_____ 1. Where is the _____? I want to leave the building.

_____ 2. This is not correct. There's a _____.

_____ 3. The _____ jumped and shouted.

_____ 4. I just need one _____ of paper to write on.

_____ 5. The loud _____ woke me up.

| cheerleader | exit | mistake | sheet | alarm clock |

🧁 C. 字彙選擇

1. Look at the picture. What is the girl doing?

　(A) Finding the exit.　(B) Putting books in her locker.

　(C) Taking books to class.　(D) Making a gesture.

2. Helen can't see without her _____.

　(A) glasses　(B) ruler　(C) tears　(D) records

3. Our school is beautiful. There are many trees in the _____.

　(A) campus　(B) restroom　(C) restaurant　(D) store

4. The _____ gave a talk to the teachers and students.

　(A) soccer　(B) culture　(C) principal　(D) gesture

5. Molly: What is the _____ between the shirts?

　Greg: They are not the same color.

　(A) habit　(B) alphabet　(C) guide　(D) difference

Unit 18

Exam Tips 考試技巧

★ 單字焦點：
學校

看看下方單字表，這些單字你認識嗎？

❶ **pass** [pæs] v. 及格，通過；經過

❷ **test** [tɛst] n. 測驗

❸ **some** [`sʌm] adj. 一些

❹ **vocabulary** [və`kæbjə,lɛrɪ] n. 字彙

❺ **underline** [,ʌndə`laɪn] v. 畫底線

❻ **understand** [,ʌndə`stænd] v. 了解 (understand-understood-understood)

❼ **pencil** [`pɛnsl̩] n. 鉛筆

❽ **define** [dɪ`faɪn] v. 定義，解釋

❾ **spell** [spɛl] v. 拼字

❿ **draw** [drɔ] v. 畫 (draw-drew-drawn)

⓫ **picture** [`pɪktʃə] n. 圖片

⓬ **crayon** [`kreən] n. 蠟筆

⓭ **marker** [`markə] n. 麥克筆

⓮ **number** [`nʌmbə] n. 數字

⓯ **minus** [`maɪnəs] prep. 減

⓰ **plus** [plʌs] prep. 加

⓱ **link** [lɪŋk] v. 使相關聯 n. 連結

⓲ **say** [se] v. 說 (say-said-said)

⓳ **aloud** [ə`laʊd] adv. 出聲地

⓴ **repeat** [rɪ`pit] v. 重複

㉑ **several** [`sɛvərəl] adj. 幾個，一些

㉒ **page** [pedʒ] n. 頁

㉓ **quiz** [kwɪz] n. 小考

㉔ **mark** [mark] v. 做記號；批改 n. 記號

㉕ **pen** [pɛn] n. 原子筆

㉖ **total** [`totl̩] n. 總數

㉗ **speak** [spik] v. 講，說

㉘ **conversation** [,kanvə`seʃən] n. 對話

㉙ **error** [`ɛrə] n. 錯誤

㉚ **workbook** [`wɝk,bʊk] n. 作業簿

㉛ **correct** [kə`rɛkt] adj. 正確的

㉜ **pencil box** [`pɛnsl̩ ,baks] n. 鉛筆盒
pencil case [`pɛnsl̩ ,kes] n. 筆袋

㉝ **eraser** [ɪ`resə] n. 橡皮擦

㉞ **paper** [`pepə] n. 紙

PICTURE 找找看下方圖中隱含了哪些單字的意思呢？

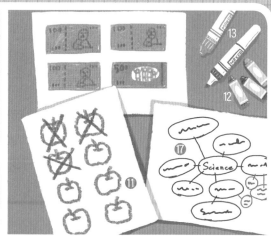

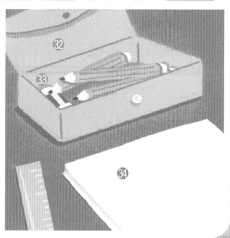

Do you want to **pass** your next **test**? Here are **some** tips to help you do well!

1. For English **vocabulary**, **underline** words you don't **understand** with a **pencil** when you read. Look up the words in the dictionary, try to memorize how to **define** them, and write the words to learn how to **spell** them.

2. **Draw pictures** with **crayons** or **markers**. You can use this for many classes. For example, in math, use pictures for **numbers**:

    8 **minus** 3 is 5.

    300 **plus** 500 is 800.

   You can also draw things from history or science or English words you want to remember. Use lines to show how pictures **link** to each other.

3. **Say** things **aloud**. **Repeat** things you need to know **several** times.

4. Study with a friend. Look at the **pages** you need to study and give each other a **quiz**. **Mark** each other's answers with a red **pen** and write the **total** at the top of the page.

5. For a **speaking** test, practice having a **conversation** with your friends.

6. Learn from your **errors**. Look at the answers to the homework in your **workbook** and pay attention to which answers are **correct**.

7. Make sure you're ready on the day of your test. Bring your **pencil box**, **eraser**, and extra **paper**.

EXERCISES

現在請透過下列練習題來幫助你加強記憶單字。

A. 閱讀測驗

1. You can use your old workbook pages to _____.

(A) underline new words　　　　(B) practice speaking

(C) learn from your errors　　　(D) take a quiz

2. What do you need to bring when you have a test?

(A) A picture.　(B) A pencil case.　(C) A crayon.　(D) A marker.

B. 字彙填空

_____ 1. Good, your answer is _____.

_____ 2. How can we _____ these two different ideas together?

_____ 3. Seven _____ five is twelve.

_____ 4. Seven _____ five is two.

_____ 5. I couldn't hear you clearly. Can you _____ that again?

link　　repeat　　minus　　plus　　correct

C. 字彙選擇

1. Look at the picture. What is the teacher doing?

(A) Reading a book.　　(B) Marking a test.

(C) Writing a letter.　　(D) Drawing a picture.

2. I don't _____ this story. Can you explain it?

(A) pass　　(B) say　　(C) read　　(D) understand

3. Kevin: How do you _____ "cat"?

Laura: C-A-T.

(A) say　　　(B) speak　　(C) spell　　　(D) read

4. I need _____ because I wrote the wrong word.

(A) a pencil　　(B) a pencil case　(C) an eraser　　(D) a pen

5. Student: What do we need to do on the listening test?

Teacher: Listen to this _____ and answer the questions.

(A) paper　　　(B) conversation　(C) vocabulary　(D) page

Chapter 4
運動與
休閒嗜好

Unit ⑲

A Rainy Day 下雨天

單字焦點：
天氣、興趣

VOCABULARY

看看下方單字表，這些單字你認識嗎？

❶ **rainy** [`renɪ] adj. 下雨的

❷ **windy** [`wɪndɪ] adj. 多風的

❸ **outside** [aut`saɪd] adv. 在外面；在室外

❹ **wet** [wɛt] adj. 濕的

❺ **activity** [æk`tɪvətɪ] n. 活動

❻ **weather** [`wɛðɚ] n. 天氣

❼ **hide** [haɪd] v. 躲，隱藏

❽ **the** [ðə] det. 這

❾ **rain** [`ren] v. 下雨 n. 雨

❿ **inside** [`ɪn`saɪd] adv. 在裡面；在室內

⓫ **hobby** [`habɪ] n. 嗜好

⓬ **novel** [`navl̩] n. 小說

⓭ **anywhere** [`ɛnɪ,hwɛr] adv. 任何地方

⓮ **computer game** [kəm`pjutɚ,gem] n. 電腦遊戲

⓯ **get** [gɛt] v. 得到 (get-got-gotten)

⓰ **new** [nju] adj. 新的

⓱ **player** [`pleɚ] n. 玩家；運動員

⓲ **shoot** [ʃut] v. 射擊 (shoot-shot-shot)

⓳ **these** [ðiz] pron. 這些

⓴ **game** [gem] n. 遊戲；比賽

㉑ **card** [kard] n. 卡片；紙牌

㉒ **chess** [tʃɛs] n. 西洋棋

㉓ **puzzle** [`pʌzl̩] n. 拼圖；謎

㉔ **excellent** [`ɛksl̩ənt] adj. 非常好的

㉕ **since** [sɪns] conj. 自從

㉖ **besides** [bɪ`saɪdz] adv. 此外

㉗ **this** [ðɪs] pron. 這個

㉘ **move** [muv] v. 移動

㉙ **common** [`kamən] adj. 普通的

㉚ **movie** [`muvɪ] n. 電影

㉛ **those** [ðoz] pron. 那些

㉜ **though** [ðo] (although) conj. 雖然

㉝ **own** [on] v. 擁有

㉞ **lucky** [`lʌkɪ] adj. 幸運的

㉟ **comic** [`kamɪk] n. 漫畫

PICTURE　找找看下方圖中隱含了哪些單字的意思呢？

Ryan: It's **rainy** and **windy outside**! It's too **wet** to play. What **activity** can we do in this **weather**?

Mark: We can play **hide** and seek! It's easier to hide in **the rain**!

Ryan: I want to stay **inside**. My **hobby** is reading **novels**. I can do that **anywhere**.

Mark: How about playing **computer games**? I just **got** a **new** one!

Ryan: Is that one where the **players shoot** each other? I don't like that.

Mark: OK, maybe one of **these games** on the shelf. **Cards**? **Chess**? A **puzzle**?

Ryan: A puzzle is an **excellent** idea! I haven't done a puzzle **since** last year.

Mark: Really? I don't think puzzles are fun. **Besides**, **this** puzzle has so many pieces. It will take hours to do. Let's play chess.

Ryan: I don't know how to **move** the pieces. It's a **common** game, but I can't play.

Mark: How about a **movie**? We can pick one of **those** on the table.

Ryan: That's a good idea! **Although** I love movies, my family doesn't **own** a TV. You're **lucky** to have one. How about this movie? It's based on my favorite **comic**!

Mark: Sure, I like that movie too!

EXERCISES

現在請透過下列練習題來幫助你加強記憶
單字。

A. 閱讀測驗

1. Ryan's hobby is _____.

   (A) playing computer games　　　(B) watching TV

   (C) playing chess　　　(D) reading novels

2. What do Ryan and Mark decide to do together on the rainy day?

   (A) Play a puzzle.　　　(B) Watch a movie.

   (C) Play hide and seek.　　　(D) Read comics.

B. 字彙填空

_____ 1. You are _____. You won the prize!

_____ 2. I like playing chess. It's a fun _____.

_____ 3. What is the _____ like today? Is it cold?

_____ 4. Let's eat popcorn and watch a _____.

_____ 5. I'm _____ because I didn't have an umbrella.

activity	weather	lucky	wet	movie

C. 字彙選擇

1. Look at the picture. What is the weather like?

   (A) It is rainy.　　　(B) It is sunny.

   (C) It is snowy.　　　(D) It is windy.

2. Mom: You need to stop playing that _____ right now.

   Mike: But I'm winning! I'll do my homework ten minutes later.

   (A) computer game　　(B) card　　　(C) comic　　　(D) novel

3. The boys were playing soccer _____ the weather was bad.

   (A) since　　　(B) besides　　(C) although　　(D) because

4. Let's play a game. You three _____, and I'll find you.

   (A) seek　　　(B) hide　　　(C) move　　　(D) jump

5. Let's play _____ because it is a very cold day.

   (A) outside　　　(B) anywhere　(C) inside　　　(D) abroad

Unit
⑲

Unit ⓴

School Sports Day 學校運動會

VOCABULARY Track 20

看看下方單字表，這些單字你認識嗎？

❶ **year** [`jɪr] n. 年

❷ **sports** [sports] n. 運動

❸ **yesterday** [`jɛstəde] adv. 昨天

❹ **quite** [kwaɪt] adv. 相當，很

❺ **fan** [fæn] n. 粉絲，迷

❻ **win** [wɪn] v. 贏

❼ **however** [hau`ɛvə] adv. 不過，然而

❽ **very** [`vɛrɪ] adv. 很，非常

❾ **team** [tim] n. 隊；組

❿ **T-shirt** [`ti,ʃɝt] n. T恤

⓫ **coach** [kotʃ] n. 教練

⓬ **score** [skor] n. 分數

⓭ **stopwatch** [`stap,watʃ] n. 碼錶

⓮ **rule** [rul] n. 規則

⓯ **race** [res] n. 競賽；賽跑

⓰ **playground** [`ple,graund] n. 遊樂場

⓱ **seesaw** [`si,sɔ] n. 翹翹板

⓲ **slide** [slaɪd] n. 溜滑梯

⓳ **speed** [spid] n. 速度

⓴ **lose** [luz] v. 輸；失去

㉑ **but** [bʌt] conj. 但是

㉒ **contact lens** [`kantækt,lɛns] n. 隱形眼鏡

㉓ **grass** [græs] n. 草

㉔ **rope** [rop] n. 繩子

㉕ **movement** [`muvmənt] n. 動作

㉖ **play** [ple] v. 玩

㉗ **Frisbee** [`frɪzbi] n. 飛盤

㉘ **baseball** [`bes`bɔl] n. 棒球

㉙ **basketball** [`bæskɪt,bɔl] n. 籃球

㉚ **twice** [twaɪs] adv. 兩次

㉛ **finally** [`faɪnḷɪ] adv. 最後

㉜ **sneakers** [`snikəz] n. 運動鞋

㉝ **balloon** [bə`lun] n. 氣球

㉞ **winner** [`wɪnə] n. 獲勝者

㉟ **loser** [`luzə] n. 輸者

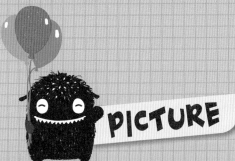

PICTURE　找找看下方圖中隱含了哪些單字的意思呢？

Unit
20

STORY 學會了單字，來閱讀故事吧！

This **year's** school **sports** day was held at Green Park **yesterday**. It was **quite** an exciting day for the students and their **fans**. Class B **won**; **however**, everyone did **very** well. There were four **teams**, Class A, Class B, Class C and Class D. Each team wore different colored **T-shirts**. **Coach** Lee kept the **score** with his **stopwatch** and told everyone the **rules**.

The first game was a **race** around the **playground**. At the end, each person had to jump on the **seesaw** and then go down the **slide**. Brian was the fastest at first. He had great **speed** and no one thought he would **lose**, **but** one of his **contact lenses** fell out in the **grass**! He had to stop and look for it.

Another game was a tug of war(拔河). Two teams each pulled on one end of a **rope**. With one **movement**, one team pulled the other team onto the ground! The teams also **played Frisbee** and some more common sports, including **baseball** and **basketball**. In baseball, Katie from Class B hit a home run **twice**!

Finally, at the end of the day, everyone took off their **sneakers** and had a water **balloon** fight. There were no **winners** and **losers** in that game. Everyone just had fun playing with water!

EXERCISES

現在請透過下列練習題來幫助你加強記憶單字。

A. 閱讀測驗

1. Which team was the winner?

(A) Class A.　　(B) Class B.　　(C) Class C.　　(D) Class D.

2. Brian stopped because _____.

(A) his speed was too fast　　　(B) he jumped on the seesaw

(C) he didn't want to run　　　(D) he lost a contact lens

B. 字彙填空

_____ 1. Brian ran very fast. _____, he did not win.

_____ 2. The _____ teaches the PE class.

_____ 3. The children wanted to go to the park, _____ it was raining.

_____ 4. They ran a _____ around the park.

_____ 5. There are swings and a slide on the _____.

playground	but	race	coach	however

Unit 20

C. 字彙選擇

1. Look at the picture. Who are these people?

(A) They are players.　　(B) They are fans.

(C) They are losers.　　(D) They are winners.

2. My grandfather liked to watch _____ on TV.

(A) seesaw　　　(B) contact lens

(C) baseball　　　(D) balloon

3. I've played this game _____. This will be my third time to play it.

(A) once　　(B) twice　　(C) never　　(D) usually

4. The _____ is 5-2 now. Team A is going to win.

(A) stopwatch　(B) speed　　(C) movement　(D) score

5. It took a long time, but I _____ learned to play the game well.

(A) very　　(B) finally　　(C) however　　(D) quite

Unit ㉑

Getting to Know Each Other 認識彼此

VOCABULARY Track 21

看看下方單字表，這些單字你認識嗎？

❶ **hi** [haɪ] int. 嗨

❷ **cook** [kʊk] v. 煮飯

❸ **sing** [sɪŋ] v. 唱歌

❹ **hike** [haɪk] v. 健行

❺ **favorite** [ˋfevrɪt] adj. 最喜愛的

❻ **animal** [ˋænəml̩] n. 動物

❼ **cat** [kæt] n. 貓

❽ **kitten** [ˋkɪtn̩] n. 小貓

❾ **meet** [mit] v. 見面

❿ **pet** [pɛt] n. 寵物

⓫ **fun** [fʌn] adj. 好玩的 n. 樂趣

⓬ **dance** [dæns] v. 跳舞

⓭ **roller skate** [ˋrolɚ ˏsket]
(rollerblade) v. 溜直排輪

⓮ **table tennis** [ˋtebl̩ ˏtɛnɪs] n. 桌球

⓯ **hello** [hɛˋlo] int. 哈囉

⓰ **often** [ˋɔfən] adv. 常常

⓱ **run** [rʌn] v. 跑

⓲ **mountain climbing**
[ˋmauntn̩ ˏklaɪmɪŋ] n. 爬山

⓳ **climb** [klaɪm] v. 攀爬

⓴ **with** [wɪθ] prep. 跟…一起

㉑ **snake** [snek] n. 蛇

㉒ **mouse** [maʊs] n. 老鼠

㉓ **alive** [əˋlaɪv] adj. 活的

㉔ **interesting** [ˋɪntərɪstɪŋ]
adj. 有趣的

㉕ **dog** [dɔg] n. 狗

㉖ **parrot** [ˋpærət] n. 鸚鵡

㉗ **fish** [fɪʃ] n. 魚

㉘ **bark** [bɑrk] v. (狗)吠叫

㉙ **tail** [tel] n. 尾巴

㉚ **rub** [rʌb] v. 擦；撫摸

㉛ **wing** [wɪŋ] n. 翅膀

㉜ **drama** [ˋdrɑmə] n. 戲劇

㉝ **laugh** [læf] v. 笑

㉞ **sail** [sel] v. 航行

PICTURE 找找看下方圖中隱含了哪些單字的意思呢？

Unit
㉑

Teacher: Rachel, Henry, John and Lisa, you're in one group. Take a few minutes to get to know each other.

Lisa: **Hi**, I'm Lisa. I like **cooking**, **drawing**, **singing** and **hiking**. My **favorite animal** is a **cat**, and I have a **kitten** at home. I'm happy to **meet** you.

Rachel: I love cats, too! But I don't have one because I can't have **pets** in my apartment. I think cooking is **fun**, too. I also like **dancing**, **roller skating** and **table tennis**. I'm Rachel, by the way.

Henry: **Hello**, I'm Henry. I like table tennis, too, Rachel. I love to exercise and I **often** go **running**. This summer, I went **mountain climbing with** my family. That was exciting! And I have a pet **snake**. It will eat a **mouse** that is still **alive**!

Lisa: That's horrible!

Henry: Well, cats eat mice too if they can catch them.

Lisa: I guess that's true.

John: Hi, I'm John.

Lisa: John, can you tell us anything **interesting** about you?

John: I love animals and I have a **dog**, a **parrot** and a **fish**. The dog doesn't **bark** much, and he wags his **tail** when you **rub** his head. The parrot can talk. Its **wings** are blue and green. I love **drama** and I like to act in funny plays to make people **laugh**. I also like **sailing** on the lake. . . .

Rachel: Eee . . . eee . . . eee . . . ! It's a snake! Did you bring your pet to class, Henry?

EXERCISES

現在請透過下列練習題來幫助你加強記憶
單字。

A. 閱讀測驗

1. Lisa's favorite animal is a _____.

　(A) dog　　　　(B) cat　　　　(C) parrot　　　　(D) fish

2. What might Henry have brought to school?

　(A) A snake.　(B) A dog.　　(C) A kitten.　(D) A mouse.

B. 字彙填空

_____ 1. A baby cat is called a _____.

_____ 2. I'm Sarah. Nice to _____ you.

_____ 3. We _____ when we hear a funny joke.

_____ 4. Why do you say _____ to that stranger?

_____ 5. My favorite _____ is a dog.

hello　　meet　　animal　　kitten　　laugh

C. 字彙選擇

1. Look at the picture. What is she doing?

　(A) She is running a race.

　(B) She is singing a song.

　(C) She is climbing a mountain.

　(D) She is dancing to music.

2. Carol: What _____ do you have?　　Matt: I have a cat.

　(A) fish　　　　(B) parrot　　　(C) hobby　　　(D) pet

3. I like _____ different kinds of food.

　(A) running　　(B) singing　　(C) climbing　　(D) cooking

4. Sally: What's that noise?

　Dan: It's the dog. He _____ when he sees people.

　(A) barks　　　(B) rubs　　　　(C) climbs　　　(D) sails

5. To go _____, you wear shoes with wheels on them.

　(A) roller skating(B) dancing　　(C) running　　(D) sailing

Unit 22

Breaking a Record 破紀錄

單字焦點：
運動、興趣、測量、
數字、時間

看看下方單字表，這些單字你認識嗎？

❶ **golf** [gɔlf] n. 高爾夫球

❷ **tennis** [ˋtɛnɪs] n. 網球

❸ **football** [ˋfʊtˌbɔl] n. 足球

❹ **volleyball** [ˋvɑlɪˌbɔl] n. 排球

❺ **badminton** [ˋbædmɪntən]
   n. 羽毛球

❻ **weight** [wet] n. 重量

❼ **hundred** [ˋhʌndrəd] n. 一百

❽ **meter** [ˋmitɚ] n. 公尺

❾ **fifty** [ˋfɪftɪ] n. 五十

❿ **second** [ˋsɛkənd] n. 秒；第二

⓫ **height** [haɪt] n. 高度

⓬ **foot** [fʊt] n. 腳；英尺　複 feet

⓭ **inch** [ɪntʃ] n. 英寸

⓮ **ninety** [ˋnaɪntɪ] n. 九十

⓯ **centimeter** [ˋsɛntəˌmitɚ] n. 公分

⓰ **mile** [maɪl] n. 英里

⓱ **distance** [ˋdɪstəns] n. 距離

⓲ **minute** [ˋmɪnɪt] n. 分鐘

⓳ **forty** [ˋfɔrtɪ] n. 四十

⓴ **time** [taɪm] n. 時間

㉑ **eighty** [ˋetɪ] n. 八十

㉒ **age** [edʒ] n. 年齡

㉓ **sixty** [ˋsɪkstɪ] n. 六十

㉔ **hour** [aʊr] n. 小時

㉕ **seventy** [ˋsɛvəntɪ] n. 七十

㉖ **swim** [swɪm] v. 游泳

㉗ **thirty** [ˋθɝtɪ] n. 三十

㉘ **ski** [ski] v. 滑雪

㉙ **high** [haɪ] adj. 高的

㉚ **yard** [jɑrd] n. 碼；院子

㉛ **put** [pʊt] v. 放

㉜ **future** [ˋfjutʃɚ] n. 未來

㉝ **clock** [klɑk] n. 時鐘

㉞ **soon** [sun] adv. 很快地

PICTURE　找找看下方圖中隱含了哪些單字的意思呢？

Unit
㉒

Many people play sports such as **golf**, **tennis**, **football**, **volleyball** and **badminton** just for fun or to lose **weight**. But a few play sports to become the best in the world. Here are a few amazing records.

The fastest man in the world—Usain Bolt is known as the fastest man in the world. His record for running a **hundred meters** is nine point **fifty**-eight **seconds**. People say his **height** helps him go faster—he is six **feet**, five **inches** tall (One hundred **ninety**-five **centimeters**).

The fastest **mile**—For a longer **distance**, the men's record for one mile is three **minutes**, **forty**-three seconds. The women's record **time** is four minutes, twelve seconds.

Fastest for his **age**—When Ed Whitlock was **eighty**-five years old, he ran the fastest mile for someone of his age, seven minutes and eighteen seconds. When he was **sixty**-eight, he set a marathon(馬拉松) record of two **hours** and fifty-one minutes. At **seventy**-five, he ran a 5 km race in eighteen minutes, forty-five seconds.

Swimming records—In swimming, the men's record for 1,500 meters is fourteen minutes and **thirty**-one seconds. The women's record is fifteen minutes and nineteen seconds.

Ski jumping—There are records for skiing too. Skiers jump off a **high** ramp(坡道) and see how far they can go. The men's record is 273 **yards** (250 meters) and the women's record is 218 yards (200 meters).

Do you want to **put** your name in the records in the **future**? Try racing against a **clock** and you will get faster **soon**!

EXERCISES

現在請透過下列練習題來幫助你加強記憶單字。

A. 閱讀測驗

1. Usain Bolt can run 100 meters in _____.

　(A) 9.58 seconds　　　　　　　(B) 9 minutes, 58 seconds

　(C) 958 seconds　　　　　　　(D) 90.58 seconds

2. The men's record for swimming 1,500 meters is _____.

　(A) 14 hours, 31 minutes　　　(B) 14 minutes, 31 seconds

　(C) 14.31 seconds　　　　　　(D) 14 minutes, 41 seconds

B. 字彙填空

_____ 1. I like _____ down a snowy mountain.

_____ 2. What do you want to do in the _____?

_____ 3. Seventy minus ten is _____.

_____ 4. The _____ between the two places is five miles.

_____ 5. One and a half minutes is _____ seconds.

| ninety | distance | future | skiing | sixty |

C. 字彙選擇

1. Look at the picture. What are they playing?

　(A) Volleyball.　　(B) Badminton.

　(C) Football.　　(D) Tennis.

2. Cindy can jump very _____!

　(A) high　(B) tall　(C) slow　(D) heavy

3. Please wait for us. We will be there _____.

　(A) often　　(B) soon　　(C) quite　　(D) however

4. Jim: How long is half _____?

　Alice: It's thirty minutes.

　(A) an inch　(B) a mile　(C) a second　(D) an hour

5. The winner was four _____ faster than the second place runner.

　(A) centimeters　(B) feet　　(C) yards　　(D) seconds

Unit ㉒

Unit ㉓

My Free Time 我的閒暇時光

Track 23

★ 單字焦點：
運動、嗜好、地點

VOCABULARY

看看下方單字表，這些單字你認識嗎？

❶ **free** [fri] adj. 有空的；免費的

❷ **decide** [dɪ`saɪd] v. 決定

❸ **museum** [mju`ziəm] n. 博物館

❹ **tower** [`taʊɚ] n. 塔

❺ **open** [`opən] v. 打開；營業
adj. 開著的

❻ **close** [kloz] v. 關；關門 adj. 關著
的；接近的；親密的

❼ **bright** [braɪt] adj. 明亮的

❽ **excite** [ɪk`saɪt] v. 使…興奮

❾ **tunnel** [`tʌnḷ] n. 隧道

❿ **let** [lɛt] v. 讓

⓫ **trick** [trɪk] n. 把戲；戲法

⓬ **sure** [ʃʊr] adj. 確定的

⓭ **toy** [tɔɪ] n. 玩具

⓮ **skate** [sket] n. 溜冰鞋

⓯ **bowling** [`bolɪŋ] n. 保齡球

⓰ **set** [sɛt] n. 一套

⓱ **reach** [ritʃ] v. 伸出；夠得著

⓲ **enough** [ɪ`nʌf] adj. 足夠的

⓳ **burst** [bɝst] v. 爆裂
(burst-burst-burst)

⓴ **project** [`prɑdʒɛkt] n. 計畫

㉑ **kite** [kaɪt] n. 風箏

㉒ **paint** [pent] v. 畫畫；油漆

㉓ **raise** [rez] v. 籌募；提高

㉔ **cage** [kedʒ] n. 籠子

㉕ **possible** [`pɑsəbḷ] adj. 有可能的

㉖ **include** [ɪn`klud] v. 包含

㉗ **stationery store**
[`steʃən͵ɛrɪ ͵stor] n. 文具店

㉘ **sale** [sel] n. 出售

㉙ **available** [ə`veləbḷ] adj. 可取得的

㉚ **likely** [`laɪklɪ] adj. 有可能的 adv.
有可能地

㉛ **receive** [rɪ`siv] v. 收到

㉜ **invite** [ɪn`vaɪt] v. 邀請

㉝ **housework** [`haʊs͵wɝk] n. 家事

㉞ **usual** [`juʒʊəl] adj. 通常的
as usual 一如往常

找找看下方圖中隱含了哪些單字的意思呢？

Sally is writing in her diary.

20 June

Today I had some **free** time, so I **decided** to go to a **museum** with my friend Claire. It looks like a **tower**. It **opens** at 10 a.m. and **closes** at 6 p.m.

We went at 10. The **bright** lights in the museum **excited** us. We saw a **tunnel** with lights around it. The guide **let** us go in. The tunnel looked big inside, but it was a **trick**. I'm not **sure** how they did it; it was really small.

We saw a lot of **toys** from the past. There were **skates** from the 18th century! There was also an old **bowling set**. I saw many beautiful balloons on the ceiling. I wanted to **reach** them, but I was not tall **enough**. Some of the balloons **burst** and fell to the ground.

The museum had a special **project**—we could make a **kite** and **paint** it for $5. They wanted to **raise** money to help sick children.

Outside the museum, there was a parrot **cage**. I wanted to have a chat with the parrots, but a man said it was not **possible**. They could only say hello.

Tickets to the museum **included** a discount at the **stationery store**. They had some cute cards for **sale**. I wanted to buy 10, but there were not enough **available**. The clerk said they would **likely receive** more cards next week. I'll go back then.

Claire **invited** me to her house for dinner, but I couldn't go. I had to do **housework, as usual**.

EXERCISES

現在請透過下列練習題來幫助你加強記憶
單字。

A. 閱讀測驗

1. The museum looks like a _____.

   (A) tunnel　　　(B) tower　　　(C) store　　　(D) trick

2. Sally couldn't go to Claire's house because _____.

   (A) she had to go to the stationery store

   (B) she didn't want to go

   (C) she had to do housework

   (D) she had to do her homework

B. 字彙填空

_____ 1. Oh no! The balloon _____ open.

_____ 2. Let's go to the park and fly a _____.

_____ 3. I am too short. I cannot _____ the top shelf.

_____ 4. If you have any questions, please _____ me know.

_____ 5. You cannot buy the cage. It is not for _____.

| reach | sale | let | kite | burst |

Unit
㉓

C. 字彙選擇

1. Look at the picture. What is he doing?

   (A) He is doing a trick.　　　(B) He is flying a kite.

   (C) He is putting on a skate.　　(D) He is opening a door.

2. I cannot buy this pair of skates. I don't have _____ money.

   (A) available　(B) possible　(C) enough　(D) likely

3. We can see well because the lights are _____.

   (A) bright　　(B) usual　　(C) high　　(D) sure

4. My little brother likes to play with the _____.

   (A) toys　　(B) sports　　(C) projects　　(D) museums

5. The restaurant _____ at 11 a.m. and closes at 8 p.m.

   (A) decides　(B) opens　(C) receives　(D) invites

Unit ㉔

Good Music 好音樂

VOCABULARY Track 24

看看下方單字表，這些單字你認識嗎？

❶ **band** [bænd] n. 樂團

❷ **album** [`ælbəm] n. 專輯；相簿

❸ **their** [ðɛr] det. 他們的

❹ **name** [nem] n. 名字

❺ **jazz** [dʒæz] n. 爵士樂

❻ **pop** [pɑp] adj. 流行的
   pop music [ˌpɑp `mjuzɪk]
   n. 流行音樂

❼ **popular** [`pɑpjələ-] adj. 受歡迎的

❽ **hear** [hɪr] v. 聽到

❾ **noisy** [`nɔɪzɪ] adj. 吵鬧的

❿ **song** [sɔŋ] n. 歌

⓫ **quiet** [`kwaɪət] adj. 安靜的

⓬ **musician** [mjuˈzɪʃən] n. 音樂家

⓭ **group** [grup] n. 團體

⓮ **talent** [`tælənt] n. 天份

⓯ **guitar** [gɪˈtɑr] n. 吉他

⓰ **trumpet** [`trʌmpɪt] n. 喇叭

⓱ **beat** [bit] v. 打擊

⓲ **drum** [drʌm] n. 鼓

⓳ **piano** [pɪˈæno] n. 鋼琴

⓴ **classical** [`klæsɪkl̩] adj. 古典的

㉑ **music** [`mjuzɪk] n. 音樂

㉒ **theater** [`θiətə-] n. 劇院

㉓ **instrument** [`ɪnstrəmənt] n. 樂器

㉔ **violin** [ˌvaɪəˈlɪn] n. 小提琴

㉕ **join** [dʒɔɪn] v. 加入；參加

㉖ **tonight** [təˈnaɪt] adv. 今晚

㉗ **season** [`sizn̩] n. 季節

㉘ **style** [staɪl] n. 風格

㉙ **his** [`hɪz] det. 他的

㉚ **her** [`hɝ] det. 她的

㉛ **flute** [flut] n. 長笛

㉜ **complete** [kəmˈplit] adj. 完整的

㉝ **its** [ɪts] det. 它的

㉞ **whose** [huz] det. 誰的

㉟ **uniform** [`junəˌfɔrm] n. 制服

㊱ **impossible** [ɪmˈpɑsəbl̩] adj. 不可
   能的

PICTURE

找找看下方圖中隱含了哪些單字的意思呢？

Unit
㉔

Nick: Have you heard this **band**'s new **album**? **Their name** is Jazz Party World. They do a mix of **jazz** and **pop music**. It's very **popular** now.

Laura: No, but I **hear** it now! It's **noisy**!

Nick: Some of the **songs** are **quiet**. There are five **musicians** in the **group**. They have a lot of **talent**. One plays the **guitar**, one plays the **trumpet**, one **beats** the **drums**, one plays the **piano** and one sings.

Laura: I like **classical music** better. I like to listen to classical music in a **theater**.

Nick: That's nice. Do you play an **instrument**?

Laura: Yes, I play the **violin**. How about you?

Nick: I play the guitar. I want to **join** a band someday.

Laura: Would you like to join my music group?

Nick: Do you only play classical music?

Laura: No, we play different kinds of music. Actually, **tonight** we are going to practice Vivaldi's *Four Seasons* in jazz **style**. My friend John plays **his** trumpet, and Pam plays **her flute**. I play the violin. With a guitar, our group will be **complete**.

Nick: That sounds good. I'll get my guitar from **its** case and play for you. **Whose** house do you meet at?

Laura: John's. By the way, here's our **uniform**.

Nick: What? An animal costume? I won't wear that! That's **impossible**!

EXERCISES

現在請透過下列練習題來幫助你加強記憶單字。

A. 閱讀測驗

1. What instrument can Laura play?

　(A) Violin.　　　(B) Guitar.　　　(C) Piano.　　　(D) Trumpet.

2. What does Nick not like about Laura's music group?

　(A) The noisy music.　　　　　(B) The instruments.

　(C) The songs.　　　　　　　(D) The uniforms.

B. 字彙填空

＿＿＿＿＿＿ 1. Have you heard Mayday's ＿＿＿＿＿?

＿＿＿＿＿＿ 2. Jack is a musician. He plays a lot of ＿＿＿＿.

＿＿＿＿＿＿ 3. I don't know ＿＿＿＿＿ CD this is.

＿＿＿＿＿＿ 4. Linkin Park is the ＿＿＿＿＿ of a famous band.

＿＿＿＿＿＿ 5. They went to the ＿＿＿＿＿ to see a drama.

| instruments | theater | name | whose | albums |

C. 字彙選擇

1. Look at the picture. What is he doing?

　(A) He is singing a song.　(B) He is playing a guitar.

　(C) He is dancing.　　　　(D) He is playing the trumpet.

2. Kevin: Do you like rock music?

　Jessie: No, I don't. I think it's too ＿＿＿＿.

　(A) tidy　　　(B) classical　　(C) noisy　　　(D) quiet

3. John: Can you ＿＿＿＿ the music clearly?　Katie: No, I can't. It is too low.

　(A) beat　　　(B) listen　　(C) hear　　　(D) see

4. Matt: Do you see Sarah's flute? She can't find it.

　Diane: No, I don't see ＿＿＿＿ flute.

　(A) her　　　(B) his　　　(C) their　　　(D) its

5. The song is very ＿＿＿＿. The radio plays it all the time.

　(A) free　　　(B) impossible　(C) popular　　(D) complete

Chapter 5
旅行

Unit ㉕

Where Is the Supermarket 超市在哪裡？

★ 單字焦點：
交通運輸、地點、位置

看看下方單字表，這些單字你認識嗎？

❶ **confuse** [kən`fjuz] v. 使困惑

❷ **mean** [min] v. 意思是

❸ **direction** [də`rɛkʃən] n. 方向；
指示

❹ **town** [taʊn] n. 小鎮

❺ **parking lot** [`parkɪŋ ˌlat]
n. 停車場

❻ **give** [gɪv] v. 給

❼ **supermarket** [`supɚˌmarkɪt]
n. 超市

❽ **path** [pæθ] n. 小路；路徑

❾ **toward** [tord] prep. 向，朝

❿ **flower shop** [`flaʊɚ ˌʃap] n. 花店

⓫ **turn** [tɝn] v. 轉

⓬ **fire station** [`faɪr ˌsteʃən]
n. 消防局

⓭ **bakery** [`bekərɪ] n. 麵包店

⓮ **bank** [bæŋk] n. 銀行

⓯ **next to** [`nɛkst ˌtu] prep. 在旁邊

⓰ **bookstore** [`bʊkˌstor] n. 書店

⓱ **find** [faɪnd] v. 找到

⓲ **kilometer** [kɪ`lamətɚ] n. 公里

⓳ **here** [hɪr] adv. 這裡

⓴ **car** [kar] n. 汽車

㉑ **bus** [bʌs] n. 公車

㉒ **taxi** [`tæksɪ] n. 計程車

㉓ **bus stop** [`bʌs stap] n. 公車站

㉔ **front** [frʌnt] n. 前面，正面
in front of [ˌɪn `frʌnt ˌəv] prep.
在…前面

㉕ **restaurant** [`rɛstərənt] n. 餐廳

㉖ **slow** [slo] adj. 慢的

㉗ **fast** [fæst] adj. 快的； adv. 快地

㉘ **quick** [kwɪk] adj. 快的

㉙ **there** [ðɛr] adv. 那裡

㉚ **across** [ə`krɔs] prep. 在…對面

㉛ **bridge** [brɪdʒ] n. 橋

㉜ **near** [nɪr] prep. 在…附近
adj. 在附近的

㉝ **sidewalk** [`saɪdˌwɔk] n. 人行道

㉞ **enter** [`ɛntɚ] v. 進入

㉟ **in back of** [ˌɪn `bæk ˌəv]
prep. 在…後面

PICTURE　找找看下方圖中隱含了哪些單字的意思呢？

1

Jean: This map **confuses** me! What does it **mean**? What **direction** should we go?

Michael: I've never been to this **town** before. Let's ask someone in that **parking lot** to **give** us directions.

Jean: Good idea! Excuse me, can you tell us how to go to the **supermarket**?

Man: Yes, you see that **path in front of** you? Walk straight down it **toward** the **flower shop**. At the flower shop, **turn** left. You will go past a **fire station**, a **bakery** and a **bank**. The supermarket is **next to** the bank.

Jean: Thank you!

2

Man: The food was delicious! Now that I'm done eating, I want to go to a **bookstore**. Where can I **find** one?

Waitress: The bookstore is five **kilometers** away from **here**. You can drive a **car** or take a **bus** or **taxi**. The **bus stop** is in front of our **restaurant**. But the bus is **slow**. A taxi is **fast**.

Man: I want a **quick** way to get **there**.

Waitress: OK, you can take a taxi **across** the long **bridge**. Ask it to stop **near** the big supermarket. Then walk on the **sidewalk** around the supermarket. You **enter** the bookstore **in back of** the supermarket.

Man: Thanks very much!

EXERCISES

現在請透過下列練習題來幫助你加強記憶單字。

A. 閱讀測驗

1. Where do Jean and Michael ask for directions?

   (A) At a supermarket.　　　　(B) At a restaurant.

   (C) In a parking lot.　　　　(D) In a bakery.

2. The man in the restaurant wants to go to _____.

   (A) a bookstore　　　　(B) a flower shop

   (C) a fire station　　　　(D) a bank

B. 字彙填空

_____ 1. We can buy bread at the _____.

_____ 2. What do you _____? I don't understand.

_____ 3. You should knock on the door before you _____.

_____ 4. Don't walk on the street. Walk on the _____.

_____ 5. We can keep money in the _____.

bank	enter	sidewalk	bakery	mean

Unit
㉕

C. 字彙選擇

1. Look at the picture. Where is she?

   (A) In a supermarket.　　(B) In a bookstore.

   (C) In a bakery.　　(D) In a flower shop.

2. John: Which _____ should I go?

   Kim: You need to go to the right.

   (A) kilometer　(B) direction　(C) taxi　(D) instrument

3. Let's eat lunch in the _____. It is famous for its steak.

   (A) fire station　(B) bridge　(C) bank　(D) restaurant

4. I can't _____ the house on this map.

   (A) give　(B) drive　(C) find　(D) turn

5. The dog runs so _____. I can't catch it.

   (A) fast　(B) slow　(C) quick　(D) quiet

Unit ㉖

A Trip to Southeast Asia 東南亞之旅

★ 單字焦點：
觀光、交通、地點、天氣

VOCABULARY Track 26

看看下方單字表，這些單字你認識嗎？

❶ **trip** [trɪp] n. 旅行

❷ **Asia** [ˋeʒə] n. 亞洲

❸ **beach** [bitʃ] n. 海灘

❹ **my** [maɪ] det. 我的

❺ **airline** [ˋɛrˌlaɪn] n. 航空公司

❻ **fly** [flaɪ] v. 飛

❼ **airplane** [ˋɛrˌplen] (plane) n. 飛機

❽ **metro** [ˋmɛtro] n. 地鐵

❾ **airport** [ˋɛrˌport] n. 機場

❿ **jeep** [dʒip] n. 吉普車

⓫ **our** [aʊr] det. 我們的

⓬ **hotel** [hoˋtɛl] n. 飯店

⓭ **humid** [ˋhjumɪd] adj. 潮濕的

⓮ **sun** [sʌn] n. 太陽

⓯ **shine** [ʃaɪn] v. 照耀 (shine-shone-shone)

⓰ **pool** [pul] n. 游泳池

⓱ **swimsuit** [ˋswɪmˌsut] n. 泳衣

⓲ **sea** [si] n. 海

⓳ **coast** [kost] n. 海岸

⓴ **belong** [bɪˋlɔŋ] v. 屬於

㉑ **surf** [sɝf] v. 衝浪

㉒ **safety** [ˋseftɪ] n. 安全

㉓ **buffet** [bʌˋfe] n. 自助餐

㉔ **crab** [kræb] n. 螃蟹

㉕ **Asian** [ˋeʒən] adj. 亞洲的

㉖ **full** [fʊl] adj. 充滿的

㉗ **lemon** [ˋlɛmən] n. 檸檬

㉘ **orange** [ˋɔrɪndʒ] n. 橘子

㉙ **temple** [ˋtɛmpl̩] n. 廟宇

㉚ **thirsty** [ˋθɝstɪ] adj. 口渴的

㉛ **soda** [ˋsodə] n. 汽水

㉜ **popcorn** [ˋpɑpˌkɔrn] n. 爆米花

PICTURE

找找看下方圖中隱含了哪些單字的意思呢？

Dear Marie,

How are you? I am on a **trip** to Southeast **Asia**. The **beach** here is beautiful.

My family and I took Peach **Airlines** to get here. It was my first time to **fly** on an **airplane**. It was exciting! We took the **metro** from the **airport** to a town and then took a **jeep** to **our hotel**.

The weather is **hot** and **humid**. The **sun shines** every day. The hotel has a **pool**. I wear my new **swimsuit** when I swim in the pool or in the **sea**. Part of the **coast belongs** to the hotel. I'm learning to **surf** in the sea. A coach from the hotel always goes with me for **safety**.

There is a great **buffet** in the hotel. I eat a lot of **crab** and shrimp. I also enjoy delicious curry and other **Asian** foods.

Yesterday we went for a tour in the jeep. This place is **full** of fruit trees. I saw a lot of **lemon** and **orange** trees. We also went to a big **temple**. Then we were **thirsty**, so we stopped at another beach to drink **soda** and have a snack. I ordered the local-flavored **popcorn**. It tasted like pork!

We're flying home this weekend. See you soon!

Janet

EXERCISES

現在請透過下列練習題來幫助你加強記憶單字。

A. 閱讀測驗

1. What is the weather like at the beach?

   (A) Cloudy and humid.　　　　(B) Hot, rainy, and cloudy.

   (C) Hot, sunny, and humid.　　(D) Cold and wet.

2. What did Janet NOT see on the jeep tour?

   (A) Lemon trees.　　　　　　(B) Orange trees.

   (C) A temple.　　　　　　　(D) A pool.

B. 字彙填空

_____ 1. I want some water because I'm _____.

_____ 2. Both Chinese and Japanese are _____ languages.

_____ 3. We can see the _____ in the sky. It isn't cloudy.

_____ 4. Let's take a _____ to the mountains.

_____ 5. Put on a _____ before you get into the water.

| swimsuit | sun | Asian | trip | thirsty |

C. 字彙選擇

1. Look at the picture. Where are they?

   (A) In an airport.　　(B) At a hotel.

   (C) At the beach.　　(D) In a temple.

2. I like to swim in the _____.

   (A) pool　　(B) coast　　(C) jeep　　(D) buffet

3. Paul: What do you want to drink?

   Cindy: I want a sweet drink. I'll have _____.

   (A) water　　(B) soup　　(C) popcorn　　(D) soda

4. My father loves seafood such as _____ and shrimp.

   (A) lemon　　(B) orange　　(C) crab　　(D) metro

5. I'm going to _____ on a plane.

   (A) surf　　(B) swim　　(C) drive　　(D) fly

Unit
㉖

Unit 27

In the Airport 在機場

★ 單字焦點：
交通、國家、語言

Track 27

VOCABULARY

看看下方單字表，這些單字你認識嗎？

❶ **China** [`tʃaɪnə] n. 中國

❷ **country** [`kʌntrɪ] n. 國家

❸ **world** [wɝld] n. 世界

❹ **vacation** [ve`keʃən] n. 假期

❺ **flight** [flaɪt] n. 班機

❻ **USA** [ˌju es`e] n. 美國

❼ **direct** [də`rɛkt] adj. 直接的；
直達的

❽ **during** [`dʊrɪŋ] prep. 在…期間

❾ **need** [nid] v. 需要

❿ **men's room** [`mɛnz͵rum] n. 男廁

⓫ **women's room** [`wɪmɪnz͵rum] n.
女廁

⓬ **sign** [saɪn] n. 標示 v. 簽名

⓭ **helpful** [`hɛlpfəl] adj. 有幫助的

⓮ **American** [ə`mɛrəkən] adj. 美國
的 n. 美國人

⓯ **go** [go] v. 去 (go-went-gone)

⓰ **side** [saɪd] n. 邊

⓱ **foreigner** [`fɔrɪnɚ] n. 外國人

⓲ **crowded** [`kraʊdɪd] adj. 擁擠的

⓳ **Korea** [kə`riə] n. 韓國

⓴ **ROC** [`ɑr`o`si] n. 中華民國

㉑ **Taiwanese** [ˌtaɪwə`niz] adj. 臺灣
的 n. 臺灣人

㉒ **Taiwan** [taɪ`wan] n. 臺灣

㉓ **Korean** [kə`riən] adj. 韓國的 n. 韓
國人

㉔ **your** [jʊr] det. 你的

㉕ **reason** [`rizn̩] n. 理由

㉖ **nation** [`neʃən] n. 國家

㉗ **visitor** [`vɪzɪtɚ] n. 訪客

㉘ **purpose** [`pɝpəs] n. 目的

㉙ **visit** [`vɪzɪt] v. 拜訪；參觀

㉚ **after** [`æftɚ] prep. 在…之後

㉛ **also** [`ɔlso] adv. 也是

㉜ **ticket** [`tɪkɪt] n. 票

㉝ **stamp** [stæmp] n. 印章

㉞ **welcome** [`wɛlkəm] v. 歡迎 adj.
受歡迎的

PICTURE　找找看下方圖中隱含了哪些單字的意思呢？

STORY 學會了單字，來閱讀故事吧！

1

Luke: We're finally in **China**, one of the largest **countries** in the **world**! This **vacation** is so exciting!

Kathy: That was a long **flight** from the **USA**.

Luke: At least it was **direct**. We didn't have to change planes **during** the trip. I **need** to use the **men's room** now.

Kathy: And I need to use the **women's room**.

Luke: Look, the **signs** are in English.

Kathy: That's **helpful**! I don't know Chinese at all.

2

Man: Are you **American**?

Ms. Lee: No, I'm not.

Man: Please **go** to that **side**. **Foreigners** wait in line there.

Ms. Lee: Oh, that's **crowded**!

Woman: Are you from **Korea**?

Ms. Lee: No, I'm from the **ROC**. I'm **Taiwanese**.

Woman: Ah, you are from **Taiwan**! That's a beautiful country!

Ms. Lee: Thanks. Do I look like a **Korean**?

Woman: I'm sorry. I just met many Koreans yesterday. What's **your reason** for coming to this **nation**?

Ms. Lee: I'm just a **visitor**. My main **purpose** is to **visit** some family in New York. **After** that, I **also** want to visit some other big cities.

Woman: Can I see your return **ticket**?

Ms. Lee: Here it is.

Woman: OK, I will put a **stamp** in your passport(護照). **Welcome** to the USA.

EXERCISES

現在請透過下列練習題來幫助你加強記憶單字。

A. 閱讀測驗

1. Kathy and Luke went to China _____.

   (A) on two planes　　　　　　　(B) on a direct flight

   (C) by boat　　　　　　　　　　(D) on a short flight

2. Why is Ms. Lee in the USA?

   (A) To live there.　　　　　　　(B) To make some friends.

   (C) To visit some family.　　　　(D) To do some work.

B. 字彙填空

_____ 1. In _____, most people speak Chinese.

_____ 2. The airport is _____! There are so many people.

_____ 3. Korea is a _____ in East Asia.

_____ 4. You are _____ to come to my house.

_____ 5. You need a _____ to get on the plane.

| ticket | crowded | China | country | welcome |

C. 字彙選擇

1. Look at the picture. What is this?

   (A) The men's room.　　(B) The women's room.

   (C) A waiting room.　　(D) A visitor's room.

2. Why do you want to join the music group? Tell me the _____.

   (A) sign　　(B) nation　　(C) reason　　(D) stamp

3. Luke will travel to many countries _____ the vacation.

   (A) beside　　(B) next to　　(C) near　　(D) during

4. I want to _____ some famous places in the USA.

   (A) fly　　(B) visit　　(C) turn　　(D) join

5. I don't want to see you! Please _____ out through that door.

   (A) come　　(B) go　　(C) need　　(D) give

Unit 28

A Letter of Complaint 一封投訴信

Track 28

VOCABULARY

看看下方單字表，這些單字你認識嗎？

❶ **tidy** [`taɪdɪ] adj. 整潔的

❷ **mop** [mɑp] v. 拖地

❸ **towel** [taʊl] n. 毛巾

❹ **powder** [`paʊdɚ] n. 粉末

❺ **mat** [mæt] n. 地墊

❻ **hanger** [`hæŋɚ] n. 衣架

❼ **smoke** [smok] v. 抽菸

❽ **allow** [ə`laʊ] v. 允許

❾ **actually** [`æktʃʊəlɪ] adv. 實際上

❿ **notice** [`notɪs] v. 發現

⓫ **pile** [paɪl] n. 一堆

⓬ **comfortable** [`kʌmfɚtəbl̩] adj. 舒適的

⓭ **pillow** [`pɪlo] n. 枕頭

⓮ **stone** [ston] n. 石頭

⓯ **key** [ki] n. 鑰匙

⓰ **lock** [lɑk] n. 鎖 v. 鎖上

⓱ **concern** [kən`sɝn] v. 使擔心

⓲ **apologize** [ə`pɑləˌdʒaɪz] v. 道歉

⓳ **soap** [sop] n. 香皂

⓴ **toothbrush** [`tuθˌbrʌʃ] n. 牙刷

㉑ **fee** [fi] n. 費用

㉒ **pack** [pæk] v. 打包

㉓ **control** [kən`trol] v. 控制

㉔ **freezer** [`frizɚ] n. 冷凍庫

㉕ **loud** [laʊd] adj. 大聲的

㉖ **voice** [vɔɪs] n. 聲音

㉗ **jump** [dʒʌmp] v. 跳

㉘ **mind** [maɪnd] v. 介意 n. 頭腦

㉙ **please** [pliz] adv. 請

㉚ **regret** [rɪ`grɛt] v. 後悔

㉛ **improve** [ɪm`pruv] v. 改善

㉜ **thank** [θæŋk] v. 感謝

PICTURE 找找看下方圖中隱含了哪些單字的意思呢？

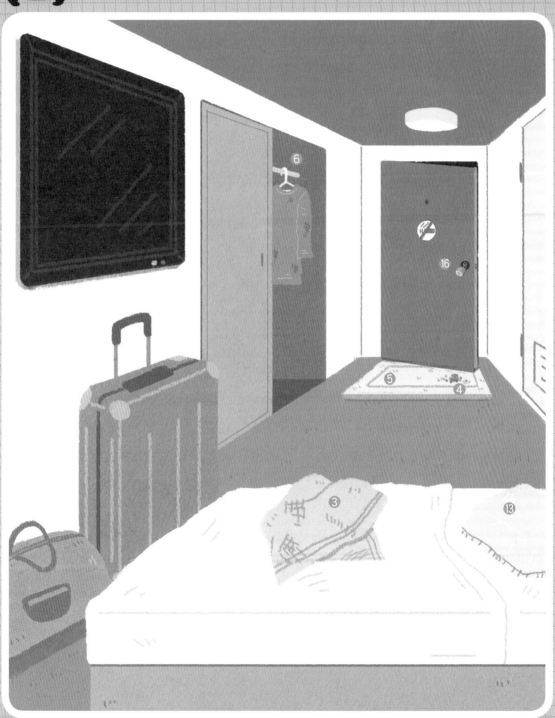

STORY 學會了單字，來閱讀故事吧！

Dear Sir or Madam,

I am writing to complain about my terrible stay in your hotel. The room was not **tidy** at all. The floor was not **mopped**. The **towels** were dirty. There was strange brown **powder** on the **mat**, and there were dirty clothes on the **hangers**. **Smoking** was not **allowed** here, but I **actually noticed** a **pile** of old cigarettes(香菸) on the desk.

The bed was not **comfortable**—the **pillow** felt like a **stone**! The **key** could not **lock** the door, and I was **concerned** for my safety. However, no one **apologized** and they would not fix the lock. I also asked them to give me some **soap** and a **toothbrush**, but they said I had to pay a **fee** for that!

I wanted to **pack** up and leave, but I tried to sleep. I couldn't **control** the air conditioning, and the room was like a **freezer**. Then I heard **loud voices** and someone **jumping** on the floor in the room upstairs. I went up and knocked on the door. A man said, "You don't **mind** if we sing and dance, do you?" I said, "Yes, I do mind. **Please** don't sing anymore." They didn't listen to me.

I **regret** staying in your hotel, and I hope you **improve** it. **Thank** you for your attention.

Regards,
Owen Richards

EXERCISES

現在請透過下列練習題來幫助你加強記憶單字。

🧁 A. 閱讀測驗

1. Why does Owen write the letter?

    (A) To complain about the hotel.

    (B) To apologize to the hotel.

    (C) To thank the people at the hotel.

    (D) To ask a question about the hotel.

2. The people upstairs were _____ when Owen tried to sleep.

    (A) doing housework   (B) smoking   (C) singing   (D) talking

🧁 B. 字彙填空

_____ 1. The bed is soft and _____.

_____ 2. Dry your hands with the _____.

_____ 3. The music is too _____. I can't hear you clearly.

_____ 4. Grace wants to hear her grandmother's _____.

_____ 5. You need a _____ to open the door.

key   loud   comfortable   voice   towel

Unit
28

🧁 C. 字彙選擇

1. Look at the picture. What is she sitting on?

    (A) A mat.   (B) A stone.

    (C) A pillow.   (D) A powder.

2. I _____ not going on the trip with my friends. They said it was fun.

    (A) apologize   (B) allow   (C) regret   (D) concern

3. Bella changed her hairstyle, but her boyfriend did not _____.

    (A) notice   (B) thank   (C) visit   (D) invite

4. If you want to _____ your English, you need to work harder.

    (A) include   (B) raise   (C) enter   (D) improve

5. I can't _____ the door! Make sure no one comes into the restroom.

    (A) mop   (B) lock   (C) pack   (D) open

Unit ㉙

A Camping Trip 露營旅行

Track 29

★ 單字焦點：
運動、嗜好、動物、自然

VOCABULARY

看看下方單字表，這些單字你認識嗎？

❶ **camp** [kæmp] v. 露營

❷ **puppy** [`pʌpɪ] n. 小狗

❸ **carry** [`kærɪ] v. 扛；搬；提

❹ **string** [strɪŋ] n. 繩子

❺ **heavy** [`hɛvɪ] adj. 重的

❻ **dark** [dɑrk] adj. 暗的

❼ **sleepy** [`slipɪ] adj. 想睡的

❽ **rent** [rɛnt] v. 租

❾ **tent** [tɛnt] n. 帳篷

❿ **picnic** [`pɪknɪk] n. 野餐

⓫ **sleep** [slip] v. 睡覺

⓬ **mosquito** [mə`skito] n. 蚊子

⓭ **note** [not] n. 便條；筆記

⓮ **jog** [dʒɑg] v. 慢跑

⓯ **health** [hɛlθ] n. 健康

⓰ **scenery** [`sinərɪ] n. 風景

⓱ **pigeon** [`pɪdʒən] n. 鴿子

⓲ **male** [mel] adj. 男的；雄的

⓳ **deer** [dɪr] n. 鹿

⓴ **turkey** [`tɝkɪ] n. 火雞

㉑ **hen** [hɛn] n. 母雞

㉒ **stream** [strim] n. 溪流

㉓ **frog** [frɑg] n. 青蛙

㉔ **butterfly** [`bʌtɚˌflaɪ] n. 蝴蝶

㉕ **sand** [sænd] n. 沙

㉖ **fish** [fɪʃ] n. 魚

㉗ **photo** [`foto] n. 照片

㉘ **barbeque** [`bɑrbɪˌkju] n. 烤肉

㉙ **thick** [θɪk] adj. 厚的

㉚ **healthy** [`hɛlθɪ] adj. 健康的

㉛ **fry** [fraɪ] v. 炸；炒

㉜ **extra** [`ɛkstrə] adj. 額外的，多的

㉝ **bear** [bɛr] n. 熊

㉞ **perfect** [`pɝfɛkt] adj. 完美的

找找看下方圖中隱含了哪些單字的意思呢？

Unit
㉙

STORY 學會了單字，來閱讀故事吧！

Last weekend, I went **camping** with my family and our pet **puppy**. We **carried** some food and our sleeping bags. I used a **string** to tie my sleeping bag to my backpack. It was **heavy**.

When we arrived at the campsite(營地), it was getting **dark**. We were **sleepy**. We **rented** a **tent**, had a **picnic** and went to **sleep**. I didn't sleep long, though. There was a **mosquito** in the tent! It bit me all night.

When the sun came up, I left a **note** for my family and went **jogging**. I love jogging. It's good for my **health**. The **scenery** was great. I saw cute **pigeons** and a beautiful **male deer**. I also saw a **turkey**! It was much bigger than a **hen**.

Later that day, we played in the **stream**. **Frogs** were jumping around and there were purple **butterflies**. I got a lot of **sand** in my shoes, but I caught a **fish**. See, my mom took a **photo** of it! We had a **barbeque** with the fish. I ate the fresh fish, a **thick** slice of bread, a boiled egg and some fruit for lunch. That was a **healthy** meal.

We **fried** the **extra** fish, left it on the table and went for a walk. But when we came back, we saw a **bear** eating our fish!

It wasn't a **perfect** trip, but it was exciting!

EXERCISES

現在請透過下列練習題來幫助你加強記憶單字。

A. 閱讀測驗

1. Why couldn't the writer sleep?

   (A) Because of a bear.　　　　(B) Because of some noise.

   (C) Because of a mosquito.　　(D) Because of a deer.

2. What happened to the extra fish?

   (A) The family ate it.　　　　(B) The family put it back in the stream.

   (C) The puppy ate it.　　　　(D) A bear ate it.

B. 字彙填空

_____ 1. Ouch! A _____ bit me.

_____ 2. I enjoy the _____. The forests and rivers are beautiful.

_____ 3. We will sleep in the _____.

_____ 4. Exercise is good for your _____.

_____ 5. A young dog is called a _____.

| puppy　　scenery　　health　　tent　　mosquito |

C. 字彙選擇

1. Look at the picture. What are they doing?

   (A) They are sleeping in a tent.

   (B) They are hiking in the mountains.

   (C) They are taking a photo.

   (D) They are looking at scenery.

2. George: What do you do on the Moon Festival?　Carol: We'll have a _____.

   (A) note　　　(B) barbeque　　(C) sand　　　(D) stream

3. We have to _____ everything on our backs.

   (A) carry　　　(B) fry　　　(C) rent　　　(D) jog

4. I'm going to feed bread to the _____. Those birds are always hungry.

   (A) fish　　　(B) frogs　　　(C) butterflies　　(D) pigeons

5. The room is _____. Please turn on the light.

   (A) dark　　　(B) perfect　　(C) extra　　　(D) male

Chapter 6
娛樂與媒體

Unit ㉚

Fashion Show 時裝秀

Track 30

VOCABULARY

看看下方單字表，這些單字你認識嗎？

❶ **wonderful** [`wʌndəfəl]
   adj. 很棒的

❷ **select** [sə`lɛkt] v. 挑選

❸ **model** [`mɑdl̩] n. 模特兒

❹ **long** [lɔŋ] adj. 長的

❺ **coat** [kot] n. 外套，大衣

❻ **golden** [`goldn̩] adj. 金色的

❼ **button** [`bʌtn̩] n. 鈕扣

❽ **tiny** [`taɪnɪ] adj. 很小的

❾ **purse** [pɝs] n. 皮包，錢包

❿ **diamond** [`daɪmənd] n. 鑽石

⓫ **precious** [`prɛʃəs] adj. 珍貴的

⓬ **purple** [`pɝpl̩] n. 紫色 adj. 紫色的

⓭ **scarf** [skɑrf] n. 圍巾

⓮ **gold** [gold] n. 黃金 adj. 金色的

⓯ **ring** [rɪŋ] n. 戒指

⓰ **admire** [əd`maɪr] v. 欣賞

⓱ **haircut** [`hɛr͵kʌt] n. 髮型

⓲ **hairdresser** [`hɛr͵drɛsə]
   n. 髮型師

⓳ **beauty** [`bjutɪ] n. 美；美人

⓴ **silver** [`sɪlvə] n. 銀 adj. 銀色的

㉑ **belt** [bɛlt] n. 腰帶

㉒ **narrow** [`næro] adj. 細的；窄的

㉓ **earrings** [`ɪr͵rɪŋz] n. 耳環

㉔ **necklace** [`nɛklɪs] n. 項鍊

㉕ **match** [mætʃ] v. 相配

㉖ **walk** [wɔk] v. 走

㉗ **bow** [bau] v. 鞠躬

㉘ **gray** [gre] n. 灰色 adj. 灰色的

㉙ **cap** [kæp] n. 鴨舌帽

㉚ **trousers** [`trauzəz] n. 長褲

㉛ **fancy** [`fænsɪ] adj. 花俏的，
   炫麗的

㉜ **vest** [vɛst] n. 背心

㉝ **bag** [bæg] n. 袋子；提包

㉞ **clap** [klæp] v. 拍手

PICTURE　找找看下方圖中隱含了哪些單字的意思呢？

STORY 學會了單字，來閱讀故事吧！

Fashion Blog

There was a **wonderful** fashion show during the New York Fashion Week.

Melissa Smith was **selected** to be the **model** again. She wore a **long coat** with **golden buttons** and carried a **tiny** black **purse**. The purse had small **diamonds** and other **precious** stones on it. She also wore a **purple scarf** around her neck and had a **gold ring** on her finger. I **admired** her **haircut**. It was done by the famous **hairdresser**, Kim Wu.

Another model was Katherine Brown. She was a great **beauty**. She wore a short black dress and had a **silver belt** around her **narrow** waist. Her **earrings**, **necklace** and shoes all **matched**. They were all silver.

Ken Lee always looked cool. He **walked** onto the stage, **bowed** to us and took off his **gray cap**. He wore bright orange **trousers** and a **fancy vest** and carried a large, gray **bag**. He surprised everyone by doing a dance. We all **clapped** for him.

EXERCISES

現在請透過下列練習題來幫助你加強記憶單字。

🧁 A. 閱讀測驗

1. What did Melissa Smith NOT have?

(A) A coat. 　　(B) A belt. 　　(C) A scarf. 　　(D) A purse.

2. What is Kim Wu's job?

(A) Model. 　　(B) Player. 　　(C) Hairdresser. 　(D) Teacher.

🧁 B. 字彙填空

_____ 1. The _____ cut my hair.

_____ 2. The old woman has _____ hair.

_____ 3. The money is in my _____.

_____ 4. Lily's boyfriend gave her a beautiful wedding _____.

_____ 5. The street is too _____. A car cannot pass through it.

| narrow | ring | gray | purse | hairdresser |

🧁 C. 字彙選擇

Unit
30

1. Look at the picture. What is he wearing?

(A) A cap and trousers. 　　(B) A vest and trousers.

(C) A vest and earrings. 　　(D) A coat and trousers.

2. I _____ the singer. She sings very well.

(A) walk 　　(B) admire 　　(C) hate 　　(D) match

3. Sally: What did you think of the show?

John: I liked it. It was _____!

(A) wonderful 　(B) gold 　　(C) silver 　　(D) tiny

4. Ella has pretty _____ in her ears.

(A) necklaces 　(B) earrings 　(C) purses 　　(D) belts

5. The dancers _____ to the audience at the end.

(A) bowed 　　(B) wore 　　(C) sat 　　(D) selected

Unit ③1

Reality Television 實境節目

Track 31

★ 單字焦點：
個人特質、居家物件

VOCABULARY

看看下方單字表，這些單字你認識嗎？

❶ **title** [`taɪtl̩] n. 標題，名稱

❷ **neighbor** [`nebɚ] n. 鄰居

❸ **host** [host] n. 主持人

❹ **week** [wik] n. 星期

❺ **little** [`lɪtl̩] adj. 極少的，幾乎沒有
(+ 不可數名詞)

❻ **socks** [saks] n. 襪子

❼ **underwear** [`ʌndɚ͵wɛr] n. 內衣

❽ **sink** [sɪŋk] n. 水槽

❾ **toilet** [`tɔɪlɪt] n. 馬桶

❿ **prize** [praɪz] n. 獎

⓫ **fashionable** [`fæʃənəbl̩]
adj. 時尚的

⓬ **mirror** [`mɪrɚ] n. 鏡子

⓭ **comb** [kom] n. 梳子

⓮ **underweight** [͵ʌndɚ`wet] adj. 過
輕的

⓯ **less** [lɛs] adj. 較少的

⓰ **funny** [`fʌnɪ] adj. 好笑的

⓱ **childlike** [`tʃaɪld͵laɪk] adj. 天真的

⓲ **many** [`mænɪ] adj. 很多的

⓳ **humor** [`hjumɚ] n. 幽默

⓴ **rude** [rud] adj. 粗魯的，無禮的

㉑ **argue** [`ɑrgju] v. 吵架；爭辯

㉒ **polite** [pə`laɪt] adj. 有禮貌的

㉓ **calm** [kɑm] adj. 冷靜的

㉔ **stove** [stov] n. 火爐；爐具

㉕ **teapot** [`ti͵pɑt] n. 茶壺

㉖ **tired** [taɪrd] adj. 累的

㉗ **strong** [strɔŋ] adj. 強壯的

㉘ **true** [tru] adj. 真實的

㉙ **way** [we] n. 方法

㉚ **iron** [`aɪɚn] n. 熨斗

㉛ **blanket** [`blæŋkɪt] n. 毛毯

㉜ **half** [hæf] adj. 一半的

㉝ **later** [`letɚ] adv. 晚一點

PICTURE 找找看下方圖中隱含了哪些單字的意思呢？

 **STORY** 學會了單字，來閱讀故事吧！  **BEST TV SHOWS**

The **title** of the new reality TV show is *My Dear Neighbors*. This show is about four people. They live next to each other. The **host** gives them different tasks every **week**. Last week, they had to use very **little** water to wash their dirty **socks** and **underwear**. This week, they had to fix a **sink** and a **toilet** together. They will win a **prize** in the end if they succeed in all the tasks. Now let's meet the four people!

Zoe Bird

Zoe is a model. She wears **fashionable** clothes and is always looking in the **mirror**, using a **comb** on her hair. She is **underweight**. She weighs **less** than 40 kilograms!

Todd Jones

Todd is very **funny** and **childlike**. **Many** people like his sense of **humor**. But he is **rude** when he **argues** with others.

Lisa Long

Lisa is **polite** and **calm**. She never argues with others. She is often at the **stove**, making tea in a **teapot**. She always looks **tired**.

Ben Brown

Ben is very **strong**. He says he is smart, but this might not be **true**. He tried to show everyone the best **way** to use an **iron** on a **blanket**. He only ironed **half** of it and then it caught on fire!

What will happen to these neighbors **later** in the show? Keep watching to find out!

EXERCISES

現在請透過下列練習題來幫助你加強記憶單字。

A. 閱讀測驗

1. What is the show mainly about?

   (A) How to clean a house without water.　(B) How to use an iron.

   (C) People who live next to each other.　(D) A family in a house.

2. What kind of person is Todd?

   (A) Strong and smart.　　　　　　(B) Rude and fashionable.

   (C) Polite and calm.　　　　　　　(D) Funny and childlike.

B. 字彙填空

_____ 1. Your clothes look nice. They are _____.

_____ 2. My sister is _____. She should eat more.

_____ 3. Stay _____ and don't get angry.

_____ 4. The _____ of this book is *Goodbye Stranger*.

_____ 5. Please wash the dishes in the _____.

fashionable	calm	sink	underweight	title

C. 字彙選擇

1. Look at the picture. What are they doing?

   (A) Clapping.　　(B) Arguing.

   (C) Laughing.　　(D) Playing.

2. My _____ are so noisy! I can hear their music from next door every night.

   (A) mirrors　　(B) hosts　　(C) toilets　　(D) neighbors

3. Remember to say "Thank you." Don't be a _____ person.

   (A) funny　　(B) childlike　　(C) polite　　(D) rude

4. Ken: Are there _____ people in the room?

   Penny: No, there are only a few people.

   (A) little　　(B) a little　　(C) many　　(D) less

5. Claire: Where is my _____? My hair is a mess.

   Jim: Here it is, next to the mirror.

   (A) stove　　(B) comb　　(C) prize　　(D) teapot

Unit
③①

Unit 32

Becoming an Actor 演員夢

VOCABULARY Track 32

看看下方單字表，這些單字你認識嗎？

① **away** [ə`we] adv. 離開

② **knock** [nɑk] v. 敲

③ **tell** [tɛl] v. 告訴

④ **homesick** [`hom,sɪk] adj. 想家的

⑤ **overseas** [`ovɚ`siz] adv. 在海外

⑥ **hand** [hænd] n. 手 v. 遞給

⑦ **rose** [roz] n. 玫瑰

⑧ **wave** [wev] v. 揮手；揮動

⑨ **goodbye** [gʊd`baɪ] int. 再見

⑩ **throw** [θro] v. 扔，丟
(throw-threw-thrown)

⑪ **catch** [kætʃ] v. 接住
(catch-caught-caught)

⑫ **alone** [ə`lon] adv. 獨自

⑬ **bench** [bɛntʃ] n. 長凳

⑭ **pipe** [paɪp] n. 菸斗；管子

⑮ **club** [klʌb] n. 社團

⑯ **meeting** [`mitɪŋ] n. 會議，會面

⑰ **touch** [tʌtʃ] v. 觸碰；觸動

⑱ **meaning** [`minɪŋ] n. 意義

⑲ **manner** [`mænɚ] n. 舉止，態度

⑳ **beginning** [bɪ`gɪnɪŋ] n. 開始

㉑ **beginner** [bɪ`gɪnɚ] n. 初學者

㉒ **nod** [nɑd] v. 點頭
(nod-nodded-nodded)

㉓ **accept** [ək`sɛpt] v. 接受

㉔ **blank** [blæŋk] adj. 空白的

㉕ **reject** [rɪ`dʒɛkt] v. 拒絕

㉖ **pin** [pɪn] n. 大頭針

㉗ **pause** [pɔz] n. 停頓 v. 暫停

㉘ **continue** [kən`tɪnju] v. 繼續

㉙ **advise** [əd`vaɪz] v. 建議

㉚ **quit** [kwɪt] v. 放棄

㉛ **remind** [rɪ`maɪnd] v. 使想起

㉜ **joke** [dʒok] n. 笑話

㉝ **realize** [`riə,laɪz] v. 意識到

㉞ **congratulations**
[kəngrætʃə`leʃənz] n. 祝賀，恭喜

PICTURE 找找看下方圖中隱含了哪些單字的意思呢？

Unit
㉜

STORY 學會了單字，來閱讀故事吧！

"You can't just go **away** after you **knocked** on the door of my heart!" a man **told** a woman.

"Sorry, but I can't be with you. I'm **homesick**. I don't want to live **overseas** anymore." The woman **handed** the man a white **rose** and **waved goodbye**. The man was sad and angry. He **threw** the rose into the air, but he then ran and **caught** it before it hit the ground. Then he sat **alone** on a **bench**, smoking a **pipe**.

I wanted to be an actor. I tried to join a drama **club**. At an audition (試鏡), I played the sad man. Then I had a **meeting** with the leader of the club.

"You didn't **touch** my heart. Can't you understand the **meaning** of the lines?"

"Of course I can."

"But your **manner** was too cold. From **beginning** to end, you didn't look sad at all!"

"I'm just a **beginner**."

"We know that," he **nodded**, "but we can't **accept** you."

My mind went **blank**. I was **rejected**. The room suddenly became quiet. You could have heard a **pin** drop.

After a **pause**, he **continued**, "Do you really enjoy acting? If not, I **advise** you to **quit** being an actor."

His words **reminded** me of something: I loved telling **jokes** much more than acting. I could record my jokes and make short videos. I **realized** I could be a YouTuber!

"Thanks for the advice. I know what to do now!"

"**Congratulations**! Just follow your heart."

EXERCISES

現在請透過下列練習題來幫助你加強記憶
單字。

A. 閱讀測驗

1. Why does the writer say "You could have heard a pin drop?"

   (A) He heard a pin drop.　　　　(B) He saw a pin drop.

   (C) He thought the room was quiet.　(D) He found his pin was missing.

2. What did the writer like to do most?

   (A) Act.　　　(B) Dance.　　　(C) Sing.　　　(D) Tell jokes.

B. 字彙填空

_____ 1. Henry told me a _____ and made me laugh.

_____ 2. March is the _____ of spring.

_____ 3. I _____ the ball for the dog to chase.

_____ 4. My friend _____ me to go see a doctor.

_____ 5. Emily _____ her head and said yes.

| nodded | threw | joke | beginning | advised |

C. 字彙選擇

1. Look at the picture. What is the man holding?

   (A) A pin.　(B) A rose.　(C) A bench.　(D) A pipe.

2. James: You won the prize! _____!

   Rose: Thanks, I practiced for a long time.

   (A) Goodbye　(B) Congratulations (C) Sorry　(D) Hi

3. Don't _____ anything in the museum.

   (A) touch　　(B) tell　　　(C) quit　　(D) pause

4. Janet: What is the _____ of this sentence?

   Tim: I don't know. I don't understand it either.

   (A) manner　(B) meaning　(C) beginner　(D) meeting

5. Melissa: Why didn't you _____ me the truth?

   Matt: I thought you already knew it.

   (A) reject　　(B) accept　　(C) catch　　(D) tell

Unit
32

Unit ③③

A Cartoon Film 動畫片

單字焦點：
娛樂、天氣、動物

VOCABULARY

看看下方單字表，這些單字你認識嗎？

❶ **cartoon** [kɑr`tun] n. 卡通，動畫

❷ **film** [fɪlm] n. 電影

❸ **movie theater** [`muvi ˌθiətɚ] n. 電影院

❹ **mall** [mɔl] n. 購物中心

❺ **seat** [sit] n. 坐位

❻ **section** [`sɛkʃən] n. 區；部分

❼ **screen** [skrin] n. 銀幕；螢幕

❽ **interest** [`ɪntərɪst] n. 興趣

❾ **bring** [brɪŋ] v. 帶

❿ **role** [rol] n. 角色

⓫ **storm** [stɔrm] n. 暴風雨

⓬ **central** [`sɛntrəl] adj. 中央的

⓭ **character** [`kærɪktɚ] n. 角色，人物

⓮ **kangaroo** [ˌkæŋgə`ru] n. 袋鼠

⓯ **koala** [ko`ɑlə] n. 無尾熊

⓰ **hippo** [`hɪpo] n. 河馬

⓱ **zebra** [`zibrə] n. 斑馬

⓲ **hop** [hɑp] v. 蹦跳

⓳ **rare** [rɛr] adj. 少見的

⓴ **come** [kʌm] v. 來

㉑ **snowy** [`snoɪ] adj. 下雪的

㉒ **freezing** [`frizɪŋ] adj. 極冷的

㉓ **temperature** [`tɛmprətʃɚ] n. 溫度

㉔ **snowman** [`sno‚mæn] n. 雪人

㉕ **snow** [sno] n. 雪 v. 下雪

㉖ **net** [nɛt] n. 網子

㉗ **dragon** [`drægən] n. 龍

㉘ **lick** [lɪk] v. 舔

㉙ **swing** [swɪŋ] v. 搖擺
(swing-swung-swung)

㉚ **earthquake** [`ɝθ‚kwek] n. 地震

㉛ **dinosaur** [`daɪnə‚sɔr] n. 恐龍

㉜ **date** [det] v. 交往 n. 約會；日期

㉝ **surprised** [sə`praɪzd] adj. 驚訝的

㉞ **finish** [`fɪnɪʃ] v. 完成

㉟ **interrupt** [ˌɪntə`rʌpt] v. 打斷

PICTURE 找找看下方圖中隱含了哪些單字的意思呢？

Unit ㉝

Dear Grandpa,

I saw *Animals Escape* with my friends last Saturday. It is a new **cartoon film**. We saw it at the new **movie theater** in the **mall**. We got **seats** in the VIP **section**. The seats were comfortable, and we got the best view of the **screen**.

I've always had an **interest** in cartoon films. When I was young, you often **brought** me to see them. Now I still think they are fun!

Animals Escape has many good actors and actresses in it. Jenna Smith is great in the **role** of the **dinosaur**. Her voice was so cute!

In this film, a **storm** hits **central** London, and the animal **characters** run away from London Zoo. A small sloth, a **kangaroo**, a **koala**, a **hippo**, and a **zebra hop** onto a train. That sloth is a **rare** animal. They **come** to a strange **snowy** place. It is **freezing**. The **temperature** is very low. They meet a talking **snowman** and play in the **snow** together.

Then they all get caught in a **net** by a **dragon**! The dragon **licks** their faces and **swings** his tail. Suddenly, an **earthquake** happens. After the earthquake, they see a female dinosaur. The dinosaur says she wants to **date** the dragon! The dragon is **surprised**. The dinosaur tells the dragon how much she loves him, but she does not **finish** talking. She is **interrupted** by a loud noise. What happens next? I'll tell you in my next letter.

Love,
Anna

144

EXERCISES

現在請透過下列練習題來幫助你加強記憶單字。

🧁 A. 閱讀測驗

1. Where did Anna see the film?

   (A) At a train station.   (B) At a movie theater in a mall.

   (C) At a movie theater in a zoo.   (D) On their television at home.

2. What character does Jenna Smith play?

   (A) A dragon.   (B) A dinosaur.   (C) A hippo.   (D) A kangaroo.

🧁 B. 字彙填空

_____ 1. The prince is my favorite _____ in the story.

_____ 2. A _____ has black and white lines on its body.

_____ 3. Let's _____ a cake to the party.

_____ 4. I need to _____ my homework before I go to bed.

_____ 5. There are many shops in the _____.

mall	zebra	character	finish	bring

🧁 C. 字彙選擇

1. Look at the picture. What are they doing?

   (A) Throwing snow.   (B) Playing a game.

   (C) Making a snowman.   (D) Watching a film.

2. The TV has a big _____.

   (A) screen   (B) cartoon   (C) role   (D) seat

3. They went to the _____ to see the new film.

   (A) zoo   (B) bakery   (C) supermarket (D) movie theater

4. I _____ the ice cream cone. It tasted yummy!

   (A) dropped   (B) dated   (C) washed   (D) licked

5. There is a _____ tonight. It's windy and there is thunder and lightning.

   (A) snowman   (B) earthquake   (C) snow   (D) storm

Unit
33

Unit 34

Advertisements 廣告

VOCABULARY Track 34

看看下方單字表，這些單字你認識嗎？

❶ **terrific** [tə`rɪfɪk] adj. 很棒的

❷ **honey** [`hʌnɪ] n. 蜂蜜

❸ **unique** [ju`nik] adj. 獨特的

❹ **choice** [tʃɔɪs] n. 選擇

❺ **satisfy** [`sætɪs,faɪ] v. 使滿意
(satisfy-satisfied-satisfied)

❻ **hunger** [`hʌŋgɚ] n. 飢餓

❼ **hurry** [`hɝɪ] n. 趕快 v. 急忙

❽ **so** [so] adv. 非常 conj. 所以

❾ **ordinary** [`ɔrdṇ,ɛrɪ] adj. 一般的

❿ **sell** [sɛl] v. 賣 (sell-sold-sold)

⓫ **package** [`pækɪdʒ] n. 包裹；
包；盒

⓬ **return** [rɪ`tɝn] v. 還

⓭ **fantastic** [fæn`tæstɪk] adj. 極好的

⓮ **liter** [`litɚ] n. 公升

⓯ **bottle** [`bɑtl̩] n. 瓶子

⓰ **can** [kæn] n. 罐頭

⓱ **choose** [tʃuz] v. 選擇
(choose-chose-chosen)

⓲ **consider** [kən`sɪdɚ] v. 考慮

⓳ **order** [`ɔrdɚ] v. 訂購；點餐

⓴ **dozen** [`dʌzṇ] n. 一打

㉑ **deliver** [dɪ`lɪvɚ] v. 遞送

㉒ **ahead** [ə`hɛd] adv. 提前；在前面

㉓ **know** [no] v. 知道

㉔ **advertisement**
[,ædvɚ`taɪzmənt] n. 廣告

㉕ **service** [`sɝvɪs] n. 服務

㉖ **almost** [`ɔl,most] adv. 幾乎

㉗ **ease** [iz] n. 容易

㉘ **machine** [mə`ʃin] n. 機器

㉙ **glass** [glæs] n. 玻璃

㉚ **valuable** [`væljəbl̩] adj. 貴重的

㉛ **show** [ʃo] v. 展現；展示

㉜ **fit** [fɪt] v. 合身；適合 (fit-fit-fit)

㉝ **guess** [gɛs] v. 猜

㉞ **tool** [tul] n. 工具

㉟ **hardly** [`hɑrdlɪ] adv. 幾乎不

㊱ **cheat** [tʃit] v. 欺騙；作弊

PICTURE　找找看下方圖中隱含了哪些單字的意思呢？

㉔

Terrific Honey Cookies

⑪ Honey Honey Honey Honey

② Honey

⑮

Valentine's Day
Fantastic Apple Juice

2L

Special

⑳ 12

300ml 300ml

⑯

apple juice apple juice

Magic Repair Service

㉞

㉚

㉘

㉙

Unit
㉞

147

Terrific Honey Cookies

Want a **unique** snack? These cookies will be your best **choice**! This terrific treat will **satisfy** your **hunger** in a **hurry**. And they are **so** delicious! They taste better than **ordinary** cookies. We **sell** one **package** for just $20! If you don't like it, you can **return** the package and get your money back!

Fantastic Apple Juice

This sweet apple juice comes in 2-**liter bottles** and 300ml **cans**. You can also **choose** our Valentine's Day Juice! **Consider** this: From February 14 to March 14, if you **order** a **dozen** or more bottles or cans, we **deliver** them for free! Call at least an hour **ahead** of the time you want them, and let us **know** that you saw this **advertisement**.

Magic Repair **Service**

We can fix **almost** anything with **ease**—old **machines**, broken **glass** windows, cell phones or **valuable** watches—let us **show** you what we can do! If your clothes don't **fit**, we can fix them too! **Guess** how we do it? We have special **tools**! Give us one day and your things will be as good as new. You may **hardly** believe us, but we are not **cheating** you. It's true!

EXERCISES

現在請透過下列練習題來幫助你加強記憶單字。

A. 閱讀測驗

1. From February 14 to March 14, how many bottles of juice do you need to order if you want them to be delivered for free?

    (A) Ten.　　　　(B) Twelve.　　　(C) Thirteen.　　　(D) Twenty.

2. What does the repair service say?

    (A) They are cheating people.　　　　(B) They only fix new things.

    (C) Fixing things is easy for them.　　　(D) They don't use any tools.

B. 字彙填空

_____ 1. Bees make _____. It tastes sweet.

_____ 2. Sandy bought a _____ of water.

_____ 3. Please _____ up! We're going to be late!

_____ 4. I can't _____ the answer to this question.

_____ 5. You can use this washing _____ to wash clothes.

| hurry | guess | honey | machine | bottle |

C. 字彙選擇

1. Look at the picture. What is he holding?

    (A) A bottle.　　　(B) A can.

    (C) A package.　　(D) A box.

2. I _____ fell because I didn't see the stone.

    (A) almost　　　(B) hardly　　　(C) ahead　　　(D) happily

3. Cindy: What do you think of the new film?

    Luke: It was _____! I really liked it.

    (A) surprised　　(B) ordinary　　(C) hungry　　(D) fantastic

4. The driver will _____ the pizza to you in fifteen minutes.

    (A) sell　　　　(B) consider　　(C) choose　　(D) deliver

5. The shoes don't _____ me. I need another size.

    (A) order　　　(B) cheat　　　(C) fit　　　　(D) return

Unit
34

Unit ㉟

History of Communication 傳播史

VOCABULARY · Track 35

看看下方單字表，這些單字你認識嗎？

❶ **information** [,ɪnfɚ`meʃən]
n. 資訊

❷ **foreign** [`fɔrɪn] adj. 國外的

❸ **news** [njuz] n. 新聞

❹ **will** [wɪl] (would) aux. 將會

❺ **local** [`lokḷ] adj. 當地的

❻ **about** [ə`baut] prep. 關於

❼ **current** [`kɝənt] adj. 當前的

❽ **magazine** [,mægə`zin] n. 雜誌

❾ **broadcast** [`brɔd,kæst] v. 廣播

❿ **radio** [`redɪ,o] n. 廣播；收音機

⓫ **since** [sɪns] prep. 自從 conj. 自從；因為

⓬ **international** [,ɪntɚ`næʃənḷ] adj. 國際的

⓭ **different** [`dɪfərənt] adj. 不同的

⓮ **channel** [`tʃænḷ] n. 頻道

⓯ **program** [`progræm] n. 節目

⓰ **report** [rɪ`port] v. 報導 n. 報導；報告

⓱ **e-mail** [`imel] n. 電子郵件

⓲ **before** [bɪ`for] prep. 在…之前

⓳ **can** [`kæn] (could) aux. 能夠

⓴ **mail** [mel] v. 郵寄

㉑ **mailman** [`mel,mæn] (mail carrier) n. 郵差

㉒ **now** [nau] adv. 現在

㉓ **message** [`mɛsɪdʒ] n. 訊息

㉔ **traditional** [trə`dɪʃənḷ] adj. 傳統的

㉕ **type** [taɪp] n. 類型

㉖ **once** [wʌns] adv. 一次

㉗ **reporter** [rɪ`portɚ] n. 記者

㉘ **comment** [`kɑmɛnt] v. 評論 n. 評論

㉙ **express** [ɪk`sprɛs] v. 表達

㉚ **angle** [`æŋgḷ] n. 角度；觀點

㉛ **therefore** [`ðɛr,for] adv. 因此

㉜ **fair** [fɛr] adj. 合理的，適當的

㉝ **sense** [sɛns] n. 道理；感覺

PICTURE 找找看下方圖中隱含了哪些單字的意思呢？

Unit
㉟

In the past, **information** traveled slowly. It took a long time to get **foreign news**. People **would** hear **local** news from their neighbors. In the 18th century, people started to hear **about current** events from newspapers and **magazines**.

News has been **broadcast** on **radio since** the 1920s. People get **international** news and listen to **different channels** and **programs**. In 1940, news started to be **reported** on television.

People have used **e-mail** since the 1980s. **Before** that, people **could** only **mail** letters. It took more than a week for the **mail carrier** to deliver a letter. **Now** people send **messages** by cell phone more often.

Today, some people still read **traditional** newspapers and magazines. Newspapers are usually published every day. Magazines have different **types**, but they are usually published **once** a month or once a week.

More people like to read news on the Internet. **Reporters** write reports on news websites and Facebook, and people **can comment** on the reports.

It is easy for everyone to **express** themselves now. We can hear people talk about the same things from different **angles**. **Therefore**, whenever we see a comment, we should think about whether it is **fair**, and when we want to give a comment, we should think about whether it makes **sense**.

EXERCISES

現在請透過下列練習題來幫助你加強記憶
單字。

A. 閱讀測驗

1. When did news start to be reported on TV?

   (A) In 1840.　　(B) In 1920.　　(C) In 1940.　　(D) In 1980.

2. Where can you get news?

   (A) From cartoons.　　　　(B) From movies.

   (C) From the Internet.　　　(D) From textbooks.

B. 字彙填空

_____ 1. These words don't make _____. I can't understand them.

_____ 2. This _____ is about fashion. It has lots of pictures of clothes.

_____ 3. It is a cartoon film. David likes this _____ of movie.

_____ 4. Eva turns on her computer and sends an _____.

_____ 5. The weather _____ says it will rain tomorrow.

| sense | type | report | e-mail | magazine |

C. 字彙選擇

1. Look at the picture. Who is this?

   (A) A mail carrier.　　(B) A beginner.

   (C) A reporter.　　　(D) A foreigner.

2. Thanks for watching this video. Please leave your _____ below.

   (A) program　　(B) comment　　(C) channel　　(D) news

3. My jacket is black. Yours is brown. They are _____.

   (A) different　　(B) childlike　　(C) polite　　(D) current

4. Claire: Did you have lunch?

   Mum: I haven't eaten anything _____ last night.

   (A) since　　(B) as　　(C) like　　(D) about

5. This is _____ news. It is about things happening in our city.

   (A) international (B) foreign　　(C) fair　　(D) local

Unit
㉟

Unit 36

Man-on-the-Street Interviews 街頭訪問

VOCABULARY Track 36

看看下方單字表，這些單字你認識嗎？

❶ **topic** [ˈtɑpɪk] n. 主題

❷ **cell phone** [ˈsɛlfon] n. 手機

❸ **video** [ˈvɪdɪo] n. 影片

❹ **simple** [ˈsɪmpl̩] adj. 簡單的

❺ **imagine** [ɪˈmædʒɪn] v. 想像

❻ **always** [ˈɔlwez] adv. 總是

❼ **as** [əz] prep. 作為 conj. 當

❽ **camera** [ˈkæmərə] n. 相機

❾ **listen** [ˈlɪsn̩] v. 聽

❿ **seldom** [ˈsɛldəm] adv. 很少地

⓫ **cable** [ˈkebl̩] n. 有線電視

⓬ **television** [ˈtɛləˌvɪʒən] (TV)
n. 電視

⓭ **telephone** [ˈtɛləˌfon] (phone)
n. 電話

⓮ **search** [ˈsɝtʃ] v. 搜尋

⓯ **upload** [ˌʌpˈlod] v. 上傳

⓰ **download** [ˈdaʊnˌlod] v. 下載

⓱ **convenient** [kənˈvinjənt]
adj. 方便的

⓲ **computer** [kəmˈpjutɚ] n. 電腦

⓳ **modern** [ˈmɑdɚn] adj. 現代的

⓴ **Internet** [ˈɪntɚˌnɛt] (Net) n. 網路

㉑ **anywhere** [ˈɛnɪˌhwɛr] adv. 任何
地方

㉒ **robot** [ˈrobat] n. 機器人

㉓ **maybe** [ˈmebɪ] adv. 可能，也許

㉔ **too** [tu] adv. 太；也

㉕ **positive** [ˈpɑzətɪv] adj. 正面的

㉖ **negative** [ˈnɛgətɪv] adj. 負面的

㉗ **sometimes** [ˈsʌmˌtaɪmz]
adv. 有時候

㉘ **basic** [ˈbesɪk] adj. 基本的

㉙ **dial** [ˈdaɪəl] v. 撥(電話號碼)

㉚ **avoid** [əˈvɔɪd] v. 避免

㉛ **decrease** [dɪˈkris] v. 減少

㉜ **never** [ˈnɛvɚ] adv. 從未；絕不

㉝ **still** [stɪl] adv. 仍然

㉞ **tape** [tep] n. 錄音帶；膠帶

PICTURE

找找看下方圖中隱含了哪些單字的意思呢？

⑪ ⑫

⑬

⑳

② ③

⑰

⑧

㉒

⑱

Mia: Hello, everybody! I'm Mia, and welcome to Mia's YouTube channel. Today I'm going to do man-on-the-street interviews(訪問)! The **topic** is "Can You Live without Your **Cell Phone**?" Let's begin!

Mia: Excuse me, could you help me with my **video**? I'm going to ask you one **simple** question: can you live without your cell phone?

Woman: No, I can't **imagine** life without my cell phone. I **always** use it **as** a **camera** and to **listen** to music. I **seldom** watch **cable television** because I watch Netflix movies on my phone. I also use it to **search** for information, **upload** photos, and **download** games. It's **convenient**, just like a **computer**.

Mia: Can you live without your cell phone?

Man 1: No! I don't think anyone can live without a cell phone in the **modern** world. With a cell phone, you can use the **Internet anywhere**, anytime. For example, whenever I need some information, I ask Siri on my phone. It's like a smart **robot**.

Mia: Can you live without your cell phone?

Man 2: Well, **maybe** I can. I don't use it **too** often. There are **positive** and **negative** things about cell phones. **Sometimes** it's useful, but sometimes it wastes time. A simple **telephone** can meet my **basic** need—I just need to **dial** numbers. I **avoid** looking at the cell phone for too long. It's not good for your eyes. I think we should all **decrease** our time in front of the screen.

Mia: Do you use it to listen to music?

Man 2: Never. Actually, I **still** listen to old **tapes** and CDs.

Mia: Wow! Cool!

EXERCISES

現在請透過下列練習題來幫助你加強記憶單字。

🧁 A. 閱讀測驗

1. Why does Mia do man-on-the-street interviews?

(A) She feels bored.　　　　　(B) She wants to make friends.

(C) She is making a video.　　　(D) She is a reporter.

2. What does the woman use her cell phone to upload?

(A) Games.　　(B) Music.　　(C) Movies.　　(D) Photos.

🧁 B. 字彙填空

_____ 1. We can find information on the _____.

_____ 2. I like to _____ to music.

_____ 3. John uses a big _____ to take pictures.

_____ 4. The new _____ can clean the house.

_____ 5. Please _____ spending too much time on your phone.

Internet	avoid	camera	robot	listen

🧁 C. 字彙選擇

1. Look at the picture. What is he using?

(A) A television.　　(B) A cell phone.

(C) A computer.　　(D) A tape.

2. It is _____ to use a cell phone to search for information.

(A) current　　(B) local　　(C) convenient　　(D) rude

3. This book will help you understand _____ English.

(A) comfortable　(B) basic　　(C) positive　　(D) negative

4. Sally: I love watching this show.

Ben: I like it, _____. I watch it every week.

(A) too　　(B) anywhere　　(C) seldom　　(D) never

5. Can you _____ life without modern technology?

(A) upload　　(B) download　　(C) imagine　　(D) decrease

Unit 36

Chapter 7
安全與
身心健康

Unit ③⑦

Feeling Ill 身體不適

★ 單字焦點：
身體部位、健康、稱謂

Track 37

VOCABULARY

看看下方單字表，這些單字你認識嗎？

❶ **nurse** [nɝs] n. 護理師

❷ **Miss** [mɪs] n. 小姐

❸ **doctor** [ˋdɑktɚ] (Dr.) n. 醫生

❹ **feel** [fil] v. 感覺 (feel-felt-felt)

❺ **ill** [ɪl] adj. 生病的

❻ **cold** [kold] n. 感冒

❼ **cough** [kɔf] v. 咳嗽 n. 咳嗽

❽ **nose** [noz] n. 鼻子

❾ **throat** [θrot] n. 喉嚨

❿ **sore throat** [sorˋθrot] n. 喉嚨痛

⓫ **head** [hɛd] n. 頭

⓬ **mouth** [mauθ] n. 嘴巴

⓭ **tongue** [tʌŋ] n. 舌頭

⓮ **fever** [ˋfivɚ] n. 發燒

⓯ **headache** [ˋhɛdˌek] n. 頭痛

⓰ **flu** [flu] n. 流行性感冒

⓱ **rest** [rɛst] v. 休息

⓲ **take** [tek] v. 拿；帶；服用
(take-took-taken)

⓳ **medicine** [ˋmɛdəsn̩] n. 藥

⓴ **recover** [rɪˋkʌvɚ] v. 恢復；康復

㉑ **OK** [ˋoˋke] int. 好

㉒ **Mrs.** [ˋmɪsɪz] n. 太太

㉓ **ma'am** [mæm] n. 女士

㉔ **everywhere** [ˋɛvrɪˌhwɛr]
adv. 到處

㉕ **fall** [fɔl] v. 跌倒 (fall-fell-fallen)

㉖ **back** [bæk] n. 背部；後面

㉗ **painful** [ˋpenfəl] adj. 令人疼痛的

㉘ **pain** [pen] n. 疼痛

㉙ **Mr.** [ˋmɪstɚ] n. 先生

㉚ **sir** [sɝ] n. 先生

㉛ **pale** [pel] adj. 蒼白的

㉜ **sick** [sɪk] adj. 生病的

㉝ **stomachache** [ˋstʌməkˌek]
n. 胃痛

㉞ **stomach** [ˋstʌmək] n. 胃

PICTURE 找找看下方圖中隱含了哪些單字的意思呢？

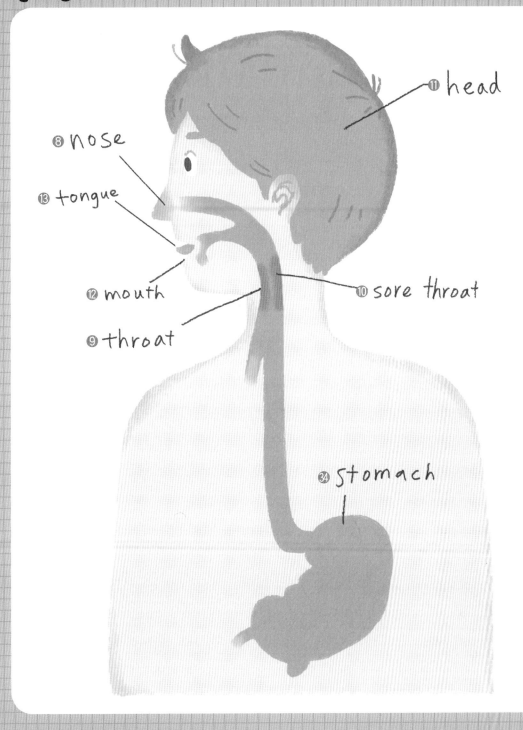

⑪ head

⑧ nose

⑬ tongue

⑩ sore throat

⑫ mouth

⑨ throat

㉞ stomach

1

Nurse: Miss Zoe Wong? **Dr.** Smith will see you now.

Doctor: How are you today?

Zoe: I don't **feel** well. I'm **ill**. I think I have a **cold**. I'm **coughing**. My **nose** is runny. I have a **sore throat**, and my **head** feels hot.

Doctor: Open your **mouth** and stick out your **tongue**. Hmm . . . now let's take your temperature. Oh, you have a **fever**. Do you have a **headache**?

Zoe: Yes, I do.

Doctor: You have the **flu**. You should go home and **rest**. **Take** this **medicine**. You'll **recover** in a few days.

Zoe: OK, thank you.

2

Nurse: Mrs. Lee?

Mrs. Lee: Yes.

Nurse: The doctor will see you now. But you can't have animals in here, **ma'am**.

Mrs. Lee: I take Spot with me **everywhere**. I'm going in.

Doctor: What's wrong with you?

Mrs. Lee: I was carrying Spot, and I **fell** and hurt my **back**. It was **painful**.

Doctor: Why do you carry him? Why don't you walk him?

Mrs. Lee: He's too fat. He doesn't like to walk.

Doctor: He needs to go on a diet. Don't carry him around. Make him exercise. Then he will be healthier and you won't have **pain** in your back.

3

Nurse: Mr. James Wu?

James: Yes.

Nurse: The doctor will see you now, **sir**.

Doctor: You're very **pale**. You look **sick**.

James: Yes, I have a **stomachache**.

Doctor: Did you eat something bad?

James: I ate some wild berries.

Doctor: Don't eat them anymore. Take some medicine, and your **stomach** will feel better soon.

EXERCISES

現在請透過下列練習題來幫助你加強記憶單字。

A. 閱讀測驗

1. What is NOT one of Zoe's problems?

    (A) A sore throat.　　　　　(B) A headache.

    (C) A stomachache.　　　　(D) A cough.

2. Why does Mrs. Lee's back hurt?

    (A) She has a cold.　　　　(B) She has the flu.

    (C) She ate something bad.　(D) She fell.

B. 字彙填空

_____ 1. _____ Smith is not married, but she has a boyfriend.

_____ 2. Tom must have a _____. His skin is very hot.

_____ 3. The little boy sticks out his _____.

_____ 4. Mike is not going to school because he is _____.

_____ 5. You look _____. There is no color in your face.

tongue	fever	Miss	pale	sick

C. 字彙選擇

1. Look at the picture. What is he pointing to?

    (A) His back.　　(B) His head.

    (C) His throat.　　(D) His stomach.

2. Ken: Why didn't you go to school yesterday?

    Sue: I was _____.

    (A) painful　　(B) funny　　(C) happy　　(D) ill

3. I can't think clearly because I have a _____.

    (A) head　　(B) headache　　(C) mouth　　(D) cough

4. When I had the _____, I had to stay in bed.

    (A) back　　(B) nurse　　(C) flu　　(D) stomach

5. The doctor says to _____ this medicine twice a day.

    (A) feel　　(B) recover　　(C) rest　　(D) take

Unit 38

Emergencies 緊急狀況

Track 38

VOCABULARY

看看下方單字表，這些單字你認識嗎？

❶ **call** [kɔl] v. 打電話

❷ **accident** [ˈæksədənt] n. 意外，事故

❸ **truck** [trʌk] n. 卡車

❹ **driver** [ˈdraɪvɚ] n. 駕駛

❺ **wound** [wund] n. 傷口

❻ **chin** [tʃɪn] n. 下巴

❼ **neck** [nɛk] n. 脖子

❽ **shoulder** [ˈʃoldɚ] n. 肩膀

❾ **else** [ɛls] adv. 其他

❿ **passenger** [ˈpæsṇdʒɚ] n. 乘客

⓫ **arm** [ɑrm] n. 手臂

⓬ **wrist** [rɪst] n. 手腕

⓭ **hip** [hɪp] n. 臀部

⓮ **leg** [lɛg] n. 腿

⓯ **operation** [ˌɑpəˈreʃən] n. 手術

⓰ **whole** [hol] adj. 全部的

⓱ **body** [ˈbɑdɪ] n. 身體

⓲ **dizzy** [ˈdɪzɪ] adj. 頭暈的

⓳ **send** [sɛnd] v. 派遣；寄送

⓴ **ambulance** [ˈæmbjələns] n. 救護車

㉑ **hospital** [ˈhɑspɪtḷ] n. 醫院

㉒ **highway** [ˈhaɪ,we] n. 公路

㉓ **overpass** [ˈovɚ,pæs] n. 高架橋

㉔ **road** [rod] n. 路

㉕ **address** [əˈdrɛs] n. 地址

㉖ **broad** [brɔd] adj. 寬闊的

㉗ **street** [strit] n. 街道

㉘ **corner** [ˈkɔrnɚ] n. 角落

㉙ **regular** [ˈrɛgjəlɚ] adj. 規律的

㉚ **platform** [ˈplæt,fɔrm] n. 月臺

㉛ **weak** [wik] adj. 虛弱的

㉜ **knee** [ni] n. 膝蓋

㉝ **ankle** [ˈæŋkḷ] n. 腳踝

㉞ **position** [pəˈzɪʃən] n. 位置

PICTURE 找找看下方圖中隱含了哪些單字的意思呢？

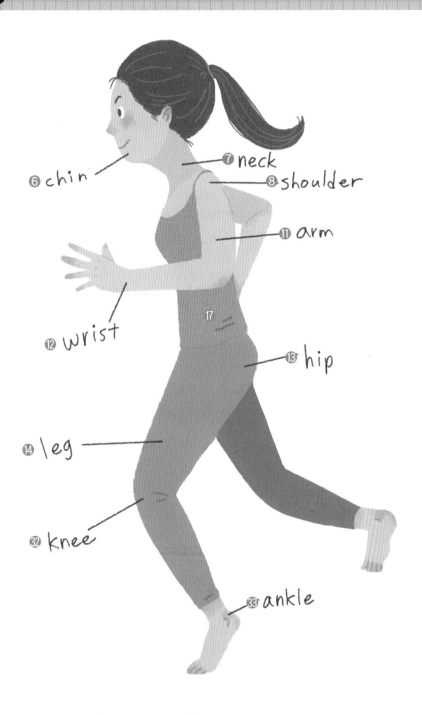

❻chin
❼neck
❽shoulder
⓫arm
⑫wrist
17
⑬hip
⑭leg
㉜knee
㉝ankle

STORY 學會了單字，來閱讀故事吧！

1

Woman: Hello, this is 119. Why are you **calling**?

Man 1: There's been an **accident**. A car ran into a **truck**. The car **driver** has a **wound** on his **chin**. He also hurt his **neck** and **shoulder**.

Woman: Is anyone **else** in the car?

Man 1: Yes, two **passengers**. The man in the front hurt his **arm**, **wrist**, **hip**, and **leg**. His leg is bleeding badly and may need an emergency **operation**. The woman in the back looks fine. The seatbelt kept her **whole body** safe. She just feels **dizzy**.

Woman: OK, we'll **send** an **ambulance** over and take them to the **hospital**. Where are you?

Man 1: On the **Highway** 402 **overpass**, over the Garden **Road**.

2

Woman: This is 119. What is the emergency?

Man 2: A boy passed out(昏迷) at a restaurant. The **address** is 59 **Broad Street**. It's at the street **corner**.

Woman: Is his breathing **regular**?

Man 2: No, he has stopped breathing.

Woman: OK, we'll be there soon. Can you do CPR on him now?

Man 2: I'll try.

3

Woman: This is 119, how can I help?

Man 3: A lady has fallen off the **platform**! She can't get up! She is **weak** and has hurt her **knee** and **ankle**.

Woman: Press the emergency stop button and the intercom(對講機) button on the platform! And tell the lady to stay under the platform. The small space there would be a safer **position**. We'll be there soon.

EXERCISES

現在請透過下列練習題來幫助你加強記憶單字。

A. 閱讀測驗

1. How did the first accident happen?

(A) A truck ran off the road.　　(B) A car got a flat tire.

(C) A driver ran into a truck.　　(D) A man fell off the platform.

2. What should you do if you see someone fall off the platform?

(A) Fall off the platform too.　　(B) Do CPR.

(C) Press the emergency stop button.　(D) Go away.

B. 字彙填空

_____ 1. The car _____ happened last night.

_____ 2. I can't walk well because I hurt my _____.

_____ 3. Wait for the train on this _____.

_____ 4. Please give me your _____ and phone number.

_____ 5. Don't use your cell phone when you cross the _____.

| street | address | accident | ankle | platform |

C. 字彙選擇

1. Look at the picture. What is he pointing to?

(A) His knee.　　(B) His leg.

(C) His neck.　　(D) His wrist.

2. Tom has a _____ on his hand. It is bleeding.

(A) corner　　(B) truck　　(C) road　　(D) wound

3. Doctor: What is wrong with you?

Patient: My whole _____ hurts, from head to toe.

(A) chin　　(B) body　　(C) shoulder　　(D) hip

4. There are three _____ in the car.

(A) passengers　(B) drivers　　(C) hospitals　　(D) medicine

5. There's been an accident. We need to call _____.

(A) a taxi　　(B) an ambulance　(C) an overpass　(D) a highway

Unit ㊴

When You Feel Low 當你處在低潮

> ★ 單字焦點：
> 心理、信念

看看下方單字表，這些單字你認識嗎？

❶ **discussion** [dɪ`skʌʃən] n. 討論

❷ **desire** [dɪ`zaɪr] v. 渴望 n. 渴望

❸ **depend** [dɪ`pɛnd] v. 決定於；依賴

❹ **power** [`pauɚ] n. 力量

❺ **spirit** [`spɪrɪt] n. 精神

❻ **guide** [gaɪd] v. 引導，引領

❼ **believe** [bɪ`liv] v. 相信

❽ **goodness** [`gudnəs] n. 良善

❾ **mind** [maɪnd] n. 心智

❿ **universe** [`junə,vɝs] n. 宇宙

⓫ **life** [laɪf] n. 生命；人生

⓬ **kind** [kaɪnd] n. 種類

⓭ **pray** [pre] v. 禱告

⓮ **soul** [sol] n. 靈魂

⓯ **lack** [læk] n. 缺乏

⓰ **joy** [dʒɔɪ] n. 喜悅，喜樂

⓱ **gentle** [`dʒɛntl̩] adj. 溫柔的

⓲ **forgive** [fɚ`gɪv] v. 原諒

(forgive-forgave-forgiven)

⓳ **God** [gɑd] n. 神

⓴ **priest** [prist] n. 牧師

㉑ **trust** [trʌst] v. 信賴，信任

㉒ **hope** [hop] v. 希望 n. 希望

㉓ **bless** [blɛs] v. 祝福

㉔ **angel** [`endʒəl] n. 天使

㉕ **protect** [prə`tɛkt] v. 保護

㉖ **cancer** [`kænsɚ] n. 癌症

㉗ **cure** [kjur] v. 治癒

㉘ **doubt** [daut] v. 懷疑

㉙ **moment** [`momənt] n. 時刻

㉚ **peaceful** [`pisfəl] adj. 寧靜的；和平的

㉛ **serve** [sɝv] v. 提供(食物或飲料)

㉜ **pleasure** [`plɛʒɚ] n. 愉悅

PICTURE

找找看下方圖中隱含了哪些單字的意思呢？

 **STORY** 學會了單字，來閱讀故事吧！

Be Kind to Yourself
PUBLIC GROUP · 4251 MEMBERS

| DISCUSSION | CHATS | PHOTOS | EVENTS |

Sophie Smith   Oct 6 at 19:14

We all **desire** happiness. In fact, our happiness **depends** on our thoughts. Although positive thoughts cannot make you happy all the time, they are the **power** of your **spirit**. They can **guide** you through difficult times and make you feel better. What do you tell yourself when you feel low? Leave your answers below this post!

104   8 Comments · 11 Shares

👍 Like   💬 Comment   ➤ Share

Joseph Williams
"I **believe** that there is still a lot of **goodness** in the world."

Alice Jones
"If you make up your **mind**, all the **universe** will help you." 😎

Jordan Davies
"Although **life** is hard, there are many **kinds** of beautiful things to enjoy."

Maria Taylor
"If someone is mean to you, just **pray** for their **souls** because they must feel a **lack** of **joy**. If someone is rude to you, just be **gentle** and **forgive** them because **God** forgave us first." (A **priest** told me this.)

Andrew Wilson
"**Trust** yourself, and never lose **hope**."

Claire Evans
"Don't be afraid. God **blesses** you, and **angels protect** you."

Superhero T. Roberts
I have **cancer**. I don't know if it can be **cured**, but I never **doubt** the meaning of my life. I always tell myself that every **moment** of my life is a gift.

Charlie Brown
"Just find a **peaceful** place, **serve** yourself a delicious meal, get **pleasure** from music, and you will feel better." 😄

EXERCISES

現在請透過下列練習題來幫助你加強記憶單字。

A. 閱讀測驗

1. According to Sophie, what can guide you through difficult times?

(A) A priest. 　　　　　(B) Positive thoughts.

(C) Angels. 　　　　　(D) Music.

2. Maria thinks if someone is mean to her, she should pray for them because _____.

(A) they are bad people 　　(B) they are good people

(C) they are not happy 　　(D) they are not smart

B. 字彙填空

_____ 1. I hope you get well soon. I will _____ for you.

_____ 2. The signs will _____ you in the right way.

_____ 3. Max does not _____ in luck.

_____ 4. Don't be afraid. The police will _____ us.

_____ 5. I'm very sorry. Please _____ me.

| pray | forgive | believe | guide | protect |

C. 字彙選擇

1. Look at the picture. Who is this?

(A) A doctor. 　　(B) A passenger.

(C) A priest. 　　(D) An angel.

2. Jason often got angry, but after he met Vivian, he changed a lot. He became a happy man! It is the _____ of love!

(A) mind 　　(B) power 　　(C) desire 　　(D) discussion

3. Do not lose _____. Everything will be okay.

(A) life 　　(B) lack 　　(C) hope 　　(D) universe

4. You should not _____ a stranger. It would be dangerous.

(A) trust 　　(B) serve 　　(C) depend 　　(D) cure

5. The train will arrive in just a _____.

(A) kind 　　(B) soul 　　(C) spirit 　　(D) moment

Unit ④⓪

What Kind of Person Are You? 性格測驗

VOCABULARY Track 40

單字焦點：
情緒、感受、疑問詞

看看下方單字表，這些單字你認識嗎？

❶ **what** [hwɑt] pron. 什麼

❷ **when** [hwɛn] adv. 何時

❸ **embarrass** [ɪm`bærəs]
v. 使…尷尬

❹ **embarrassed** [ɪm`bærəst]
adj. 尷尬的

❺ **silent** [`saɪlənt] adj. 沉默的

❻ **blame** [blem] v. 責怪

❼ **smile** [smaɪl] v. 微笑

❽ **a lot** [ə`lɑt] phr. 很多

❾ **how** [haʊ] adv. 如何

❿ **energetic** [ˌɛnɚ`dʒɛtɪk] adj. 充滿
活力的

⓫ **which** [hwɪtʃ] pron. 哪一個

⓬ **afraid** [ə`fred] adj. 害怕的

⓭ **who** [hu] pron. 誰

⓮ **silence** [`saɪləns] n. 沉默

⓯ **bother** [`bɑðɚ] v. 造成困擾

⓰ **a little** [ə`lɪtl̩] phr. 一點

⓱ **worry** [`wɝɪ] v. (使)擔心

⓲ **yell** [jɛl] v. 大叫

⓳ **independent** [ˌɪndɪ`pɛndənt] adj.
獨立的

⓴ **unhappy** [ʌn`hæpi]
adj. 不開心的

㉑ **emotion** [ɪ`moʃən] n. 情緒

㉒ **ignore** [ɪg`nor] v. 忽略

㉓ **feeling** [`filɪŋ] n. 感覺，感受

㉔ **cry** [kraɪ] v. 哭

㉕ **sad** [sæd] adj. 難過的

㉖ **lazy** [`lezɪ] adj. 懶惰的

㉗ **anger** [`æŋgɚ] n. 憤怒

㉘ **mad** [mæd] adj. 生氣的；瘋的

㉙ **excuse** [ɪk`skjuz] n. 藉口

㉚ **fight** [faɪt] v. 吵架；打架；對抗
(fight-fought-fought)

㉛ **trouble** [`trʌbl̩] n. 困難；麻煩

PICTURE

找找看下方圖中隱含了哪些單字的意思呢？

STORY 學會了單字，來閱讀故事吧！

What kind of person are you? Take this quiz to find out!

1. What do you do **when** you feel **embarrassed**?

   A. Become **silent**.   B. Go somewhere else.

   C. **Blame** someone else.   D. **Smile** and try to say something.

2. You are at a party with **a lot** of people. **How** are you feeling?

   A. I feel calm.   B. I feel nervous.

   C. I want to be the center of attention.   D. I feel **energetic**.

3. **Which** of these things are you more **afraid** of?

   A. A snake.   B. A mouse.   C. A caterpillar.   D. A cockroach.

4. If you could meet a Greek goddess(希臘女神) and get a gift from her, **who** would you most like to meet?

   A. Athena (goddess of wisdom).   B. Aphrodite (goddess of love).

   C. Hera (queen of the gods).   D. Hebe (goddess of youth).

5. What do you do if there is **silence** in a group?

   A. It doesn't **bother** me.   B. I get **a little worried**.

   C. I want to **yell**.   D. I start talking a lot.

Now, let's find out what kind of person you are!

If you get at least two As, you are **independent**. You don't let others make you **unhappy**. You often hide your **emotions**.

If you get at least two Bs, you don't **ignore** your **feelings**. You **cry** when you are **sad**. Sometimes you can be a bit **lazy**.

If you get at least two Cs, you are quick to **anger**. When you are **mad**, you find **excuses** for **fighting** with others.

If you get at least two Ds, you like to be around people all the time, but you have **trouble** working by yourself.

EXERCISES

現在請透過下列練習題來幫助你加強記憶單字。

🧁 A. 閱讀測驗

1. According to the quiz, which person is most independent?

(A) An A person. (B) A B person.

(C) A C person. (D) A D person.

2. If you get two Cs, you may get _____ easily.

(A) tired (B) angry (C) bored (D) sick

🧁 B. 字彙填空

_____ 1. My sister is _____ because I wore her clothes without asking.

_____ 2. Jason is _____ of cockroaches.

_____ 3. I can tell he is happy because I see him _____.

_____ 4. The child began to _____ when he dropped his ice cream.

_____ 5. Don't _____; nothing bad is going to happen.

| smile | cry | afraid | worry | mad |

🧁 C. 字彙選擇

1. Look at the picture. How is she feeling?

(A) She is sad. (B) She is angry.

(C) She is happy. (D) She is surprised.

2. Sally: Why are you _____?

Kevin: I didn't do well on my exam.

(A) energetic (B) unhappy (C) independent (D) lazy

3. Ben: It's Mary's fault. She hit me first!

Mom: Don't _____ her. You were both fighting.

(A) embarrass (B) blame (C) yell (D) ignore

4. They are calling for help. They must be in _____.

(A) emotion (B) anger (C) trouble (D) excuse

5. Will: _____ did you wake up today?

Claire: Six o'clock.

(A) Which (B) Who (C) What (D) When

Unit 41

Questions about Love 愛情提問

Track 41

★ 單字焦點：
人際關係

看看下方單字表，這些單字你認識嗎？

❶ **advice** [əd`vaɪs] n. 建議

❷ **offer** [`ɔfɚ] v. 提供

❸ **friendship** [`frɛndʃɪp] n. 友誼

❹ **weekend** [`wik`ɛnd] n. 週末

❺ **partner** [`pɑrtnɚ] n. 夥伴；伴侶

❻ **hold** [hold] v. 握著；拿著
(hold-held-held)

❼ **hand** [hænd] n. 手

❽ **hug** [hʌg] v. 擁抱 n. 擁抱

❾ **kiss** [kɪs] v. 親吻 n. 吻

❿ **lip** [lɪp] n. 嘴唇

⓫ **first** [fɝst] adv. 首先 adj. 第一的

⓬ **lovely** [`lʌvlɪ] adj. 可愛的；令人
愉快的

⓭ **woman** [`wumən] n. 女人

⓮ **former** [`fɔrmɚ] adj. 以前的

⓯ **gentleman** [`dʒɛntḷmən] n. 先生

⓰ **single** [`sɪŋgḷ] adj. 單身的；
單一的

⓱ **miss** [mɪs] v. 想念

⓲ **heart** [hɑrt] n. 心

⓳ **selfish** [`sɛlfɪʃ] adj. 自私的

⓴ **childish** [`tʃaɪldɪʃ] adj. 幼稚的

㉑ **honesty** [`ɑnɪstɪ] n. 誠實

㉒ **result** [rɪ`zʌlt] n. 結果

㉓ **pleasant** [`plɛzṇt] adj. 愉快的

㉔ **someone** [`sʌm,wʌn] pron. 某人

㉕ **value** [`vælju] n. 價值

㉖ **second** [`sɛkənd] adj. 第二的

㉗ **third** [θɝd] adj. 第三的

㉘ **weekday** [`wik,de] n. 週間

㉙ **careless** [`kɛrlɪs] adj. 粗心的

㉚ **handkerchief** [`hæŋkɚtʃɪf]
n. 手帕

㉛ **nothing** [`nʌθɪŋ]
pron. 什麼也沒有

㉜ **fault** [fɔlt] n. 過錯

㉝ **respect** [rɪ`spɛkt] v. 尊重；尊敬

㉞ **personal** [`pɝsṇl] adj. 個人的

㉟ **talkative** [`tɔkətɪv] adj. 健談的

找找看下方圖中隱含了哪些單字的意思呢？

DEAR ANNIE

This **advice** column **offers** answers to your questions about love and **friendship**.

Dear Annie,

Last **weekend**, I was out with my **partner** and he started **holding** my **hand**, **hugging** me and **kissing** me on the **lips** in front of other people. At **first** I thought it was **lovely**. Then I saw a **woman**, his **former** girlfriend, watching us! She left him for another **gentleman**, but now she is **single** again. I think he **misses** her and wants to make her jealous. It will break my **heart** if he goes back to her. He doesn't know that I saw her. What should I do?

Jessica

Jessica, it is **selfish** and **childish** of him to use you to get his old girlfriend back if this is true. **Honesty** is important. You should ask him about it. The **result** of the conversation may not be **pleasant**, but it is better to know than to stay with **someone** who doesn't see **value** in you.

Dear Annie,

I'm in love! I fell in love with this girl the first time I saw her at the bus stop. Then I saw her a **second** and a **third** day. Every **weekday**, she takes the same bus. I've been following her. She was **careless** and dropped a **handkerchief**. I picked it up and kept it. But then she saw me and yelled at me. I did **nothing** wrong. How can I make her fall in love with me?

Handsome Guy

It's your **fault** if the girl doesn't like you. You need to **respect** her **personal** space. Maybe you are not **talkative**, but that is not an excuse for following someone. That won't make anyone like you; it will only scare them.

EXERCISES

現在請透過下列練習題來幫助你加強記憶單字。

A. 閱讀測驗

1. Annie's advice to Jessica is _____.

   (A) to ask her boyfriend to be honest　　(B) to ignore what happened

   (C) to leave her boyfriend　　(D) to find another man

2. According to Annie, what will people think of "Handsome Guy"?

   (A) He is lovely.　　(B) He is friendly.

   (C) He is scary.　　(D) He is selfish.

B. 字彙填空

_____ 1. People go to work and school on _____.

_____ 2. I was _____ and lost my keys.

_____ 3. Jane is _____; she is not married.

_____ 4. Did you do well on the test? What was the _____?

_____ 5. What is the _____ of this painting?

value	careless	result	weekdays	single

C. 字彙選擇

1. Look at the picture. What is he using?

   (A) A camera.　　(B) A cell phone.

   (C) A machine.　　(D) A handkerchief.

2. I _____ my friend who moved away.

   (A) miss　　(B) hold　　(C) kiss　　(D) offer

3. My mother _____ me when I cried.

   (A) hugged　　(B) respected　　(C) took　　(D) felt

4. Mike: How did you do in the race?

   Fiona: I was _____ place. Two people were ahead of me.

   (A) first　　(B) second　　(C) third　　(D) last

5. Who is that _____? She is beautiful.

   (A) gentleman　　(B) partner　　(C) woman　　(D) friendship

Chapter 8
文學

Unit 42

A Different Fairy Tale 不一樣的童話

Track 42

VOCABULARY

看看下方單字表，這些單字你認識嗎？

① **rich** [rɪtʃ] adj. 富有的

② **king** [kɪŋ] n. 國王

③ **queen** [kwin] n. 女王；王后

④ **beautiful** [ˋbjutəfəl] adj. 美麗的

⑤ **kingdom** [ˋkɪŋdəm] n. 王國

⑥ **love** [lʌv] v. 愛 n. 愛

⑦ **person** [ˋpɝsn̩] n. 人　複 people

⑧ **happy** [ˋhæpɪ] adj. 快樂的

⑨ **wish** [wɪʃ] v. 希望

⑩ **baby** [ˋbebɪ] n. 嬰兒

⑪ **prince** [prɪns] n. 王子

⑫ **princess** [ˋprɪnsɛs] n. 公主

⑬ **blind** [blaɪnd] adj. 失明的

⑭ **stranger** [ˋstrendʒɚ] n. 陌生人

⑮ **good** [gʊd] adj. 好的

⑯ **girl** [gɝl] n. 女孩

⑰ **bad** [bæd] adj. 壞的

⑱ **giant** [ˋdʒaɪənt] n. 巨人

⑲ **kill** [kɪl] v. 殺

⑳ **child** [tʃaɪld] n. 小孩　複 children

㉑ **angry** [ˋæŋgrɪ] adj. 生氣的

㉒ **fool** [ful] n. 傻子

㉓ **shout** [ʃaʊt] v. 大喊

㉔ **leave** [liv] v. 離開 (leave-left-left)

㉕ **castle** [ˋkæsl̩] n. 城堡

㉖ **lonely** [ˋlonlɪ] adj. 孤單的

㉗ **bored** [bɔrd] adj. 感到無聊的

㉘ **poor** [pʊr] adj. 可憐的；貧窮的

㉙ **boy** [bɔɪ] n. 男孩

㉚ **become** [bɪˋkʌm] v. 變成
(become-became-become)

㉛ **stupid** [ˋstjupɪd] adj. 笨的

㉜ **follow** [ˋfɑlo] v. 跟著，跟隨

㉝ **clever** [ˋklɛvɚ] adj. 聰明的

找找看下方圖中隱含了哪些單字的意思呢？

Once upon a time, a **rich king** and **queen** had a **beautiful kingdom**. They **loved** their **people**, and they were very **happy**. But the king and queen **wished** for a **baby prince** or **princess**.

One day, a **blind stranger** came to visit the queen and said, "I can't see you, but I know you will have a baby soon. She will be a **good girl**."

"Thank you for the good news," said the queen.

"I also have **bad** news," said the stranger. "A **giant** will come and try to **kill** your **child**."

The queen was **angry**. "You are a **fool**!" she **shouted**. "**Leave** now!" The stranger then left.

The queen had a baby that year, a princess. Because the king and queen were afraid of the giant, they did not let the princess leave the **castle**. The princess felt **lonely** and **bored**, and she ran away. She met a **poor boy**. They **became** friends. They went everywhere in the kingdom together.

A few years later, the boy became much taller and stronger. One day, the princess found that the boy looked like a giant!

"Why do you look like a giant?" asked the princess.

"I AM a giant."

"Are you? But a stranger said a giant would kill me!"

"I won't kill you! It's really **stupid** to believe a stranger!"

"But why do you always **follow** me? Are you trying to kill me?"

"My dear princess, you are not **clever**! I follow you because I like you!"

The princess decided to believe the giant. She liked him too.

The princess and the giant lived happily ever after.

現在請透過下列練習題來幫助你加強記憶
單字。

🧁 A. 閱讀測驗

1. What is NOT true about the king and queen?

   (A) They had a lot of money.　　(B) They had a prince.

   (C) They lived in a pretty place.　　(D) They liked their people.

2. Why does the giant follow the princess?

   (A) He likes her.　　(B) He is trying to kill her.

   (C) He is bored.　　(D) He is a fool.

🧁 B. 字彙填空

_____ 1. The story has a _____ ending.

_____ 2. The _____ man cannot see, but he can hear very well.

_____ 3. I feel _____ because there's nothing to do.

_____ 4. The _____ family does not have enough food.

_____ 5. The woman has a lot of money. She is _____.

| blind | rich | poor | bored | happy |

🧁 C. 字彙選擇

1. Look at the picture. What is it?

   (A) A castle.　　(B) A giant.

   (C) A park.　　(D) A bridge.

2. I can hear you already! Don't _____ at me!

   (A) talk　　(B) wish　　(C) shout　　(D) leave

3. Cindy: Do you like the flowers?　Linda: Yes, I think they're _____!

   (A) beautiful　　(B) clever　　(C) kind　　(D) ugly

4. I've never seen the girl before. She is a _____ to me.

   (A) baby　　(B) stranger　　(C) friend　　(D) child

5. A king's wife is a _____.

   (A) people　　(B) boy　　(C) prince　　(D) queen

Unit 43

A Detective Story 偵探故事

VOCABULARY Track 43

看看下方單字表，這些單字你認識嗎？

❶ **rob** [rɑb] v. 搶劫

❷ **steal** [stil] v. 偷
   (steal-stole-stolen)

❸ **sneaky** [`snikɪ] adj. 鬼鬼祟祟的

❹ **confident** [`kɑnfədənt] adj. 有信
   心的；有自信的

❺ **truth** [truθ] n. 真相

❻ **solve** [sɑlv] v. 解決

❼ **case** [kes] n. 案件

❽ **pretty** [`prɪtɪ] adj. 漂亮的

❾ **slim** [slɪm] adj. 苗條的

❿ **lady** [`ledɪ] n. 女士

⓫ **in** [ɪn] prep. 在…裡面

⓬ **entrance** [`ɛntrəns] n. 入口

⓭ **look** [lʊk] v. 看；看起來

⓮ **why** [hwaɪ] adv. 為什麼

⓯ **jealous** [`dʒɛləs] adj. 嫉妒的

⓰ **because** [bɪ`kɔz] conj. 因為

⓱ **handsome** [`hænsəm] adj. 帥的

⓲ **guy** [gaɪ] n. 傢伙，人

⓳ **greedy** [`gridɪ] adj. 貪心的

⓴ **man** [mæn] n. 男子

㉑ **hair** [hɛr] n. 頭髮

㉒ **beard** [bɪrd] n. 落腮鬍

㉓ **fat** [fæt] adj. 胖的

㉔ **disappear** [ˌdɪsə`pɪr] v. 消失，
   不見

㉕ **face** [fes] n. 臉

㉖ **remember** [rɪ`mɛmbɚ] v. 記得

㉗ **ugly** [`ʌglɪ] adj. 醜的

㉘ **eye** [aɪ] n. 眼睛

㉙ **nice-looking** [ˌnaɪs`lʊkɪŋ] adj. 好
   看的

㉚ **thin** [θɪn] adj. 瘦的

㉛ **thief** [θif] n. 小偷

㉜ **behind** [bɪ`haɪnd] prep. 在…後面

PICTURE 找找看下方圖中隱含了哪些單字的意思呢？

I'm Donna Detective. If someone **robs** a store, **steals** a handbag or does something else **sneaky**, I'm **confident** I can find out the **truth** about who did it. Let me tell you how I **solved** my last **case**.

A **pretty**, **slim** **lady** stood **in** the **entrance** to my office. She **looked** worried. "Come in," I said.

"My love letter is missing. I think a girl in my office stole it."

"**Why** did she steal it?"

"She is **jealous** of me **because** a **handsome guy** in our office wrote the letter to me. That guy is her ex-boyfriend. She wants him back. She is **greedy**!"

"Did you see her stealing it?"

"No. Actually, I saw a **man** stealing it. I think she sent him to steal it."

"What did the man look like?"

"He had long **hair** and a **beard**. He was **fat**. He wore a long coat. He quickly **disappeared** when I saw him. I couldn't see his **face** very clearly, but I **remember** it was **ugly**. I couldn't see his **eyes** because he wore dark glasses."

"What does the girl's ex-boyfriend look like?"

"He's quite **nice-looking**, and he is very **thin**."

"Is he taller than the **thief**?"

"Well, they're about the same height."

Later on, I found a wig, a fake beard, dark glasses, an ugly mask, and a huge, thick coat **behind** the handsome man's desk in their office. The man said he never wrote any love letter to that lady.

EXERCISES

現在請透過下列練習題來幫助你加強記憶單字。

A. 閱讀測驗

1. Who stole the letter?

    (A) A pretty girl.　　　　　　(B) An ugly man.

    (C) A fat man.　　　　　　　(D) A handsome man.

2. Why did the thief steal the letter?

    (A) The thief was jealous.　　　(B) The thief was greedy.

    (C) The thief was crazy.　　　　(D) The thief regretted writing to the lady.

Unit
43

B. 字彙填空

_____ 1. The man's _____ covered most of his face.

_____ 2. The _____ to the building is at the front.

_____ 3. My keys _____. I can't find them.

_____ 4. I couldn't see his _____ because he wore sunglasses.

_____ 5. I can't _____ what happened.

| entrance | beard | eyes | remember | disappeared |

C. 字彙選擇

1. Look at the picture. What does the woman look like?

    (A) She is slim and short.　　(B) She is fat and short.

    (C) She is slim and tall.　　　(D) She is fat and tall.

2. Lisa: Where are the cookies?

    Matt: They are _____ my stomach.

    (A) in　　　　(B) behind　　　(C) over　　　(D) at

3. Emily is _____. She is sure that she will succeed.

    (A) handsome　(B) jealous　　(C) confident　(D) sneaky

4. Rick: Who is that _____ sitting there?

    Helen: I don't know. I've never seen him before.

    (A) lady　　　(B) guy　　　　(C) thief　　　(D) people

5. Don't leave your bag there. Someone might _____ it.

    (A) rob　　　(B) look　　　　(C) steal　　　(D) solve

Unit 44

Scary Stories 恐怖故事

VOCABULARY Track 44

🪶 單字焦點：
鬼故事、恐懼

看看下方單字表,這些單字你認識嗎?

❶ **o'clock** [əˋklɑk] n. …點鐘

❷ **pajamas** [pəˋdʒæməz] n. 睡衣

❸ **slippers** [ˋslɪpɚz] n. 拖鞋

❹ **candle** [ˋkændl̩] n. 蠟燭

❺ **story** [ˋstorɪ] n. 故事

❻ **frighten** [ˋfraɪtn̩] v. 使…害怕

❼ **past** [pæst] n. 過去 adj. 過去的

❽ **village** [ˋvɪlɪdʒ] n. 村莊

❾ **railway** [ˋrelˌwe] n. 鐵路

❿ **station** [ˋsteʃən] n. 車站

⓫ **quarter** [ˋkwɔrtɚ] n. 四分之一;
十五分鐘

⓬ **scared** [skɛrd] adj. 害怕的

⓭ **fog** [fɑg] n. 霧

⓮ **bone** [bon] n. 骨頭

⓯ **nail** [nel] n. 指甲

⓰ **ghost** [gost] n. 鬼魂

⓱ **death** [dɛθ] n. 死亡

⓲ **wise** [waɪz] adj. 明智的

⓳ **secret** [ˋsikrɪt] n. 祕密

⓴ **monster** [ˋmɑnstɚ] n. 怪物

㉑ **foggy** [ˋfɑgɪ] adj. 有霧的

㉒ **skin** [skɪn] n. 皮膚

㉓ **blood** [blʌd] n. 血

㉔ **cruel** [ˋkruəl] adj. 殘忍的

㉕ **evil** [ˋivl̩] adj. 邪惡的

㉖ **hit** [hɪt] v. 打 (hit-hit-hit)

㉗ **kid** [kɪd] n. 小孩

㉘ **silly** [ˋsɪlɪ] adj. 傻的;可笑的

㉙ **help** [hɛlp] v. 幫助;救命

㉚ **mask** [mæsk] n. 面具

㉛ **few** [fju] adj. 極少的(+ 可數名詞)

㉜ **doll** [dɑl] n. 洋娃娃

㉝ **dawn** [dɔn] n. 黎明

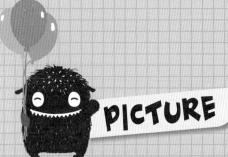

PICTURE 找找看下方圖中隱含了哪些單字的意思呢？

*It's twelve **o'clock** at night. Katie, Jim and Helen have their **pajamas** and **slippers** on. They light a **candle** and start to tell scary **stories**.*

Jim: Let's tell scary stories.

Helen: OK, Katie, you go first.

Katie: My story will **frighten** you. A long time in the **past**, there was a small **village** with an old **railway station**. Every night at a **quarter** to one, people would hear the sound of a train, but no one saw the train. A woman decided to find out what it was. She said she wasn't **scared**. She stood on the railway track when the train sound came. Suddenly, some **fog** covered her. When it was gone, only **bones**, hair and **nails** were left! Someone saw the **ghost** of the woman after her **death**.

Helen: The woman was not **wise**! She shouldn't stand on the track!

Jim: Let me tell you my story. It's actually a **secret**. There's a **monster** near here! It comes out on **foggy** nights like this. His **skin** is pale, and his hands are covered with **blood**. He's really **cruel** and **evil**. He often **hits kids**!

Katie: That's **silly**. I don't believe you.

Helen: Oh! The candle went out. I feel something wet!

Helen and Katie scream and turn on a light.

Katie: What's that face? Aahh! **Help**!

Helen: Oh, it's just Jim in a **mask**.

Jim: Hahaha!

Helen: Let me tell my story. **Few** people know, but I have a special **doll**. . . .

*The children can't sleep until **dawn**.*

EXERCISES

現在請透過下列練習題來幫助你加強記憶單字。

A. 閱讀測驗

1. What do the children wear?

    (A) Swimsuits.　(B) Uniforms.　(C) Underwear.　(D) Pajamas.

2. Jim frightens the girls by _____.

    (A) wearing a mask (B) telling a joke

    (C) showing his doll (D) turning off the light

B. 字彙填空

_____ 1. It is hard to see out the window because of the _____.

_____ 2. Don't be _____! That story can't be true.

_____ 3. It's a _____! You can't tell anyone about it.

_____ 4. The girl's favorite toy is a _____.

_____ 5. My mother is _____. She always gives me good advice.

secret	doll	fog	silly	wise

C. 字彙選擇

1. Look at the picture. How is she feeling?

    (A) Sad.　(B) Happy.

    (C) Angry.　(D) Scared.

2. The man was _____. He did a lot of bad things.

    (A) foggy　(B) ghost　(C) evil　(D) kind

3. Jack likes to _____ others. He is a kind person.

    (A) hit　(B) help　(C) kill　(D) frighten

4. Luke: Are we almost there?

    Tina: Yes, we get off the train at the next _____.

    (A) railway　(B) station　(C) past　(D) entrance

5. Red _____ is coming from a wound in my finger.

    (A) blood　(B) bone　(C) nail　(D) skin

Unit 45

The Magician and the Swan 魔法師與天鵝

VOCABULARY Track 45

看看下方單字表，這些單字你認識嗎？

❶ **marry** [ˋmærɪ] v. 結婚；嫁娶
(marry-married-married)

❷ **wedding** [ˋwɛdɪŋ] n. 婚禮

❸ **birthday** [ˋbɝθ͵de] n. 生日

❹ **decorate** [ˋdɛkə͵ret] v. 裝飾；
布置

❺ **event** [ɪˋvɛnt] n. 大事；事件

❻ **tradition** [trəˋdɪʃən] n. 傳統

❼ **suit** [sut] n. 西裝

❽ **tie** [taɪ] n. 領帶

❾ **glove** [glʌv] n. 手套

❿ **sunny** [ˋsʌnɪ] adj. 晴朗的

⓫ **waterfall** [ˋwɔtə͵fɔl] n. 瀑布

⓬ **double** [ˋdʌbl̩] adj. 成雙的；
兩倍的

⓭ **rainbow** [ˋren͵bo] n. 彩虹

⓮ **letter** [ˋlɛtə] n. 信；字母

⓯ **invitation** [͵ɪnvəˋteʃən] n. 邀請

⓰ **guest** [gɛst] n. 客人

⓱ **guard** [gɑrd] n. 守衛

⓲ **servant** [ˋsɝvənt] n. 僕人

⓳ **envelope** [ˋɛnvə͵lop] n. 信封

⓴ **pocket** [ˋpɑkɪt] n. 口袋

㉑ **master** [ˋmæstə] n. 主人

㉒ **deaf** [dɛf] adj. 聾的

㉓ **dumb** [dʌm] adj. 啞的

㉔ **where** [hwɛr] adv. 哪裡

㉕ **something** [ˋsʌmθɪŋ] pron. 某事

㉖ **insist** [ɪnˋsɪst] v. 堅持

㉗ **magician** [məˋdʒɪʃən] n. 魔術
師；魔法師

㉘ **envy** [ˋɛnvɪ] v. 羨慕，忌妒

㉙ **couple** [ˋkʌpl̩] n. 一對(夫妻、
情侶)

㉚ **magic** [ˋmædʒɪk] n. 魔法

㉛ **swan** [swɑn] n. 天鵝

㉜ **surprise** [səˋpraɪz] v. 使…驚訝

㉝ **sound** [saund] v. 聽起來 n. 聲音

㉞ **hero** [ˋhɪro] n. 英雄

PICTURE

找找看下方圖中隱含了哪些單字的意思呢？

In a beautiful kingdom, the princess was going to **marry** a prince. Their **wedding** was held on the princess's **birthday**. The whole kingdom was **decorated** for the **event**. By **tradition**, the prince wore a **suit** and **tie**, and the princess wore a long white dress and blue **gloves**. It was a **sunny** day, and they were married in front of **waterfalls**. The sun shining through the water made a **double rainbow**.

A **letter** of **invitation** was sent to each of the **guests**, and they had to show it to the **guard**. A man and his **servant** came to the wedding, but they were not invited. The servant took an **envelope** from his **pocket**.

"This isn't an invitation," said the guard. "Tell your **master** he can't come in."

But the servant seemed to be **deaf** and **dumb**. He said nothing, and he and his master kept going in.

"**Where** are you going? Say **something**! Stop!" the guard **insisted**.

The master was actually a **magician**. He **envied** the happy **couple** because he had wanted to marry the princess himself. He used **magic** to turn the guard into a **swan**.

The swan flew to the sky and cried. He **surprised** everyone.

"What is that swan doing?" asked the prince.

"It **sounds** like he is trying to tell us something," said the princess.

The swan flew at the magician and attacked him. The magician was angry. He shot fire from his hands, but the swan was not scared. The swan was a **hero**. He held the magician in his beak(鳥喙) and took him away.

EXERCISES

現在請透過下列練習題來幫助你加強記憶
單字。

🧁 A. 閱讀測驗

1. When did the princess get married?

(A) On the prince's birthday.　　(B) On the king's birthday.

(C) On the princess's birthday.　　(D) On the queen's birthday.

2. Who was a hero?

(A) The prince.　　　　　　(B) The magician.

(C) The servant.　　　　　　(D) The guard.

🧁 B. 字彙填空

_____ 1. The _____ were married last year.

_____ 2. I got an _____ to the party.

_____ 3. Open the _____ and see what's inside.

_____ 4. The _____ made a bird disappear.

_____ 5. There was a _____ in the sky after the storm.

magician	envelope	rainbow	invitation	couple

🧁 C. 字彙選擇

1. Look at the picture. How is she feeling?

(A) She likes the boy.　　(B) She is surprised at the boy.

(C) She is afraid of the boy.　　(D) She envies the boy.

2. Mary: Why can't he say anything?

Tom: He is _____. He isn't able to speak.

(A) blind　　　(B) noisy　　　(C) sunny　　　(D) dumb

3. It _____ like there is a dog outside the door. It's barking.

(A) hears　　　(B) makes　　　(C) listens　　　(D) sounds

4. Ethan saved a child from a burning building. He was a _____.

(A) suit　　　(B) letter　　　(C) hero　　　(D) glove

5. Beethoven was _____. He couldn't hear anything.

(A) double　　　(B) wise　　　(C) dumb　　　(D) deaf

Unit 46

Fables 寓言故事

★ 單字焦點：
動物、人格特色

看看下方單字表，這些單字你認識嗎？

❶ **all** [ɔl] pron. 全部 adj. 全部的

❷ **forest** [`fɔrɪst] n. 森林

❸ **lion** [`laɪən] n. 獅子

❹ **proud** [praʊd] adj. 傲慢的；
得意的

❺ **river** [`rɪvɚ] n. 河流

❻ **none** [nʌn] pron. 沒有一個

❼ **rabbit** [`ræbɪt] n. 兔子

❽ **swallow** [`swalo] v. 吞嚥

❾ **brave** [brev] adj. 勇敢的

❿ **ant** [ænt] n. 螞蟻

⓫ **bite** [baɪt] v. 咬 (bite-bit-bitten)

⓬ **toe** [to] n. 腳指

⓭ **lift** [lɪft] v. 舉起

⓮ **ear** [ɪr] n. 耳朵

⓯ **just** [dʒʌst] adv. 剛剛；只是

⓰ **humble** [`hʌmbḷ] adj. 卑微的；
謙虛的

⓱ **corn** [kɔrn] n. 玉米

⓲ **goose** [gus] n. 鵝

⓳ **rat** [ræt] n. 大老鼠

⓴ **any** [`ɛnɪ] pron. 任何一個 adj. 任
何的

㉑ **stingy** [`stɪndʒɪ] adj. 吝嗇的

㉒ **generous** [`dʒɛnərəs] adj. 慷慨的

㉓ **fox** [faks] n. 狐狸

㉔ **ox** [aks] n. 公牛

㉕ **pull** [pʊl] v. 拉

㉖ **foolish** [`fulɪʃ] adj. 愚蠢的

㉗ **dishonest** [dɪs`anɪst]
adj. 不誠實的

㉘ **naughty** [`nɔtɪ] adj. 頑皮的

㉙ **donkey** [`daŋkɪ] n. 驢子

㉚ **waste** [west] v. 浪費

㉛ **rather** [`ræðɚ] adv. 寧願

㉜ **least** [list] adj. 最少的
at least 至少

㉝ **skinny** [`skɪnɪ] adj. 很瘦的，皮包
骨的

㉞ **wolf** [wʊlf] n. 狼

㉟ **yet** [jɛt] adv. 還沒

PICTURE

找找看下方圖中隱含了哪些單字的意思呢？

The Ant and the Lion

All of the animals in the **forest** were afraid of the **lion**. He was very **proud**. He sat in front of the path to the **river** and said **none** of the animals could make him move. A **rabbit** jumped towards him. "If you come close, I'll **swallow** you whole!" said the lion.

A **brave ant** had an idea. He was so small the lion didn't see him. He **bit** the lion's **toe**. "Ouch!" said the lion and **lifted** his toe. Then the ant bit the lion's **ear**. The lion shook his head and walked away.

"I **just** made you move!" said the ant. The **humble** ant won against the proud lion.

The Stingy Goose

"Look at all my **corn**!" said a **goose**.

"Will you share some with me?" asked the **rat**. "I don't have **any**."

"No, get your own," said the goose.

"You are so **stingy**. You should be more **generous**," said the rat.

A **fox** came up to the goose. "I saw an **ox** outside **pulling** a cart of corn. You can get much more out there." The **foolish** goose believed the **dishonest** fox and left her corn for the fox and the rat.

The Naughty Donkey

A **naughty donkey** always liked to play with his food. His mother told him not to **waste** food, but he didn't listen.

"I'd **rather** play with the food than eat it!" he said.

"At **least** don't kick it around outside," said his mother.

The donkey didn't listen. He was running and playing with the hay outside the barn. A **skinny wolf** saw him.

"I haven't had my dinner **yet**," said the wolf. "I'll eat the donkey!"

EXERCISES

現在請透過下列練習題來幫助你加強記憶單字。

A. 閱讀測驗

1. Which animal bit the lion?

   (A) A rabbit.　　(B) A goose.　　(C) An ant.　　(D) A fox.

2. Which animal was naughty and liked to play with his food?

   (A) The donkey.　(B) The wolf.　　(C) The rat.　　(D) The lion.

Unit 46

B. 字彙填空

_____ 1. Jacob is a _____ boy. He doesn't listen to his mom.

_____ 2. Be careful! The dog might _____ you!

_____ 3. Please _____ the door open.

_____ 4. Don't believe that man. He is _____. He often tells lies.

_____ 5. You don't have too much time, so don't _____ it.

| dishonest | waste | bite | naughty | pull |

C. 字彙選擇

1. Look at the picture. What is it?

   (A) A goose.　　(B) A rat.

   (C) A donkey.　　(D) An ant.

2. Kim: Can you go to the park now?

   Ken: Yes, I _____ finished my homework.

   (A) any　　(B) yet　　(C) rather　　(D) just

3. Jane: How many animals are in that cage?

   Daniel: There are _____. I don't see any.

   (A) many　　(B) all　　(C) few　　(D) none

4. No one was _____ enough to fight the dragon.

   (A) generous　　(B) brave　　(C) humble　　(D) stingy

5. Jeff: What happened to your foot?　　Tim: I hit my _____ on the door.

   (A) toe　　(B) hand　　(C) ear　　(D) nose

Unit ④⑦

Poetry 詩歌

看看下方單字表，這些單字你認識嗎？

❶ **short** [ʃɔrt] adj. 短的；矮的

❷ **poem** [`poɪm] n. 詩

❸ **north** [nɔrθ] n. 北方 adj. 北方的

❹ **south** [sauθ] n. 南方 adj. 南方的

❺ **east** [ist] n. 東方 adj. 東方的

❻ **west** [wɛst] n. 西方 adj. 西方的

❼ **map** [mæp] n. 地圖

❽ **shower** [`ʃauɚ] n. 陣雨；淋浴

❾ **raincoat** [`ren͵kot] n. 雨衣

❿ **umbrella** [ʌm`brɛlə] n. 雨傘

⓫ **lightning** [`laɪtnɪŋ] n. 閃電

⓬ **most** [most] adv. 最 adj. 最多的

⓭ **shape** [ʃep] n. 形狀

⓮ **round** [raund] adj. 圓的

⓯ **moon** [mun] n. 月亮

⓰ **square** [skwɛr] n. 正方形 adj. 正方形的

⓱ **same** [sem] adj. 一樣的

⓲ **big** [bɪg] adj. 大的

⓳ **triangle** [`traɪ͵æŋgl] n. 三角形

⓴ **straight** [stret] adj. 直的

㉑ **rectangle** [`rɛktæŋgl] n. 長方形

㉒ **wide** [waɪd] adj. 寬的

㉓ **star** [stɑr] n. 星星；星形

㉔ **light** [laɪt] n. 光；燈

㉕ **distant** [`dɪstənt] adj. 遙遠的

㉖ **hey** [he] int. 嘿

㉗ **pound** [paund] n. 磅

㉘ **bucket** [`bʌkɪt] n. 水桶

㉙ **deep** [dip] adj. 深的

㉚ **overweight** [ovɚ`wet] adj. 過重的，太胖的

㉛ **ink** [ɪŋk] n. 墨水

㉜ **glue** [glu] n. 膠水

㉝ **dryer** [`draɪɚ] n. 烘衣機

PICTURE　找找看下方圖中隱含了哪些單字的意思呢？

 STORY 學會了單字，來閱讀故事吧！

Let's read some **short poems**!

1 Weather Map

North, **south**, **east**, **west**,
Where's the weather the best?
Look at the weather **map**;
There's a **shower** in the east.
Bring a **raincoat** or an **umbrella** at least.
In the south, watch out for **lightning**.
In the north is snow;
It is the **most** exciting.
The sun is in the west;
The weather is the best.

2 Shapes

Round is the **moon**.
Square is this box, all the **same** sides.

A
big
triangle
makes this tree
with a **straight** line.

A **rectangle** has two **wide** sides and two short ones.
A **star** shines **light** in the **distant** sky. ★

3 Haiku (俳句)

Hey! See my apples!
A **pound** fills up my **bucket**.
My bucket is **deep**.

4 Limerick (五行打油詩)

There was an **overweight** man in pink.
His shirt was covered in **ink**.
His pants were covered in **glue**.
Then he knew just what to do.
He put the clothes in the **dryer** after putting them in the sink.

EXERCISES

現在請透過下列練習題來幫助你加強記憶
單字。

🧁 A. 閱讀測驗

1. How many kinds of shapes can you learn from the second poem?

　(A) Two.　　　(B) Three.　　　(C) Four.　　　(D) Five.

2. What does the man in the last poem have on his clothes?

　(A) A dryer and a sink.　　　　(B) A dryer and ink.

　(C) Water and glue.　　　　　(D) Glue and ink.

🧁 B. 字彙填空

_____ 1. It looks like rain. You should bring a _____.

_____ 2. I don't know where the restaurant is. I need a _____.

_____ 3. There was a short _____ in the afternoon, but then the rain
　　　　　　　stopped.

_____ 4. There is a full _____ in the sky.

_____ 5. A _____ has three sides.

| map | shower | raincoat | triangle | moon |

🧁 C. 字彙選擇

1. Look at the picture. What is the shape of the vase(花瓶)?

　(A) Round.　　(B) Square.

　(C) Triangle.　(D) Rectangle.

2. Kate: _____! What are you doing? You'll step on the plants.

　Matt: Sorry, I didn't see them.

　(A) Great　　(B) Thanks　　(C) OK　　(D) Hey

3. Don't eat too much, or you may become _____.

　(A) deep　　　(B) overweight　(C) short　　　(D) most

4. Just walk in a _____ line. Don't turn left or right.

　(A) straight　　(B) big　　　(C) same　　　(D) wide

5. John: Where does the sun rise from?　　Tina: It rises from the _____.

　(A) east　　　(B) west　　　(C) north　　　(D) south

Unit 48

Proverbs and Idioms 諺語和慣用語

Track 48

VOCABULARY

★ 單字焦點：
動物、自然、介系詞

看看下方單字表，這些單字你認識嗎？

❶ **trash** [træʃ] n. 垃圾

❷ **another** [əˋnʌðɚ] adj. 另一個
pron. 另一個

❸ **treasure** [ˋtrɛʒɚ] n. 寶物

❹ **for** [ˋfɔr] prep. 為了；給
for example 舉例來說

❺ **wheel** [hwil] n. 輪子

❻ **worm** [wɝm] n. 蟲子

❼ **well** [wɛl] adv. 好地

❽ **mountain** [ˋmauntṇ] n. 山

❾ **valley** [ˋvælɪ] n. 山谷

❿ **top** [tɑp] n. 頂端

⓫ **forward** [ˋfɔrwɚd] adv. 向前

⓬ **backward** [ˋbækwɚd] adv. 向後

⓭ **than** [ðən] conj. 比

⓮ **fear** [fɪr] n. 恐懼

⓯ **fisherman** [ˋfɪʃɚmən] n. 漁夫

⓰ **sale** [sel] n. 出售
on sale 特價
for sale 供出售

⓱ **at** [ˋæt] prep. 在

⓲ **borrow** [ˋbɑro] v. 借

⓳ **lend** [lɛnd] v. 借出 (lend-lent-lent)

⓴ **around** [əˋraund] prep. 在⋯周圍
adv. 大約

㉑ **thumb** [θʌm] n. 拇指

㉒ **grow** [gro] v. 生長；成長
(grow-grew-grown)

㉓ **finger** [ˋfɪŋgɚ] n. 手指

㉔ **dry** [draɪ] adj. 乾的

㉕ **desert** [ˋdɛzɚt] n. 沙漠

㉖ **snail** [snel] n. 蝸牛

㉗ **spider** [ˋspaɪdɚ] n. 蜘蛛

找找看下方圖中隱含了哪些單字的意思呢？

STORY　學會了單字，來閱讀故事吧！

There are many proverbs and idioms in English. They are useful and interesting. Let's learn some of them!

Proverbs

- *One man's **trash** is **another** man's **treasure***: **For** example, you may think an old **wheel** is trash, but I can use it to make a swing!

- *The early bird gets the **worm***: Wake up early if you want to do **well** in life.

- *Every **mountain** has its **valley***: There are ups and downs in life. No one can be on **top** all the time. Keep going **forward**, not **backward**.

- *We have nothing to fear more **than fear** itself*: Often being afraid is worse than the thing we're afraid of.

- *The **fisherman** fishes in troubled water*: If you are in a bad situation, try to get something good from it!

Idioms

- *on **sale***: selling **at** a lower price than usual

- ***borrow** trouble*: to worry about something that you don't have to worry about

- ***lend** an ear*: to listen carefully

- *watch your back*: to be careful of people **around** you

- *have a green **thumb***: to be good at making plants **grow**

- *have a **finger** in every pie*: to be busy with many different activities

- *as **dry** as a **desert***: very dry

- *at a **snail**'s pace*: very slowly

- *barking **spider***: a fart (If you are embarrassed when you fart, you can say it's just a barking spider!)

EXERCISES

現在請透過下列練習題來幫助你加強記憶單字。

A. 閱讀測驗

1. If a man has a green thumb, what does it mean?

   (A) His thumb is green.

   (B) He likes to eat vegetables.

   (C) His hand is green.

   (D) He is good at keeping plants alive.

Unit 48

2. What moves very slowly?

   (A) A spider.　(B) A snail.　(C) A worm.　(D) A rabbit.

B. 字彙填空

_____ 1. If you don't like this shirt, you can try _____ one.

_____ 2. The river is _____ because there hasn't been any rain.

_____ 3. Can I _____ your pen? I forgot to bring mine.

_____ 4. The plant will _____ if you water it.

_____ 5. Could you _____ me $50? I don't have any money.

borrow	lend	dry	another	grow

C. 字彙選擇

1. Look at the picture. Who is this?

   (A) A spider-man.　(B) A fisherman.

   (C) A doctor.　(D) A princess.

2. We are following a map to find the _____. It's in a big box.

   (A) treasure　(B) age　(C) desert　(D) fear

3. If you look _____, you will see beautiful mountains bchind you.

   (A) well　(B) right　(C) backward　(D) forward

4. The _____ is between the two mountains.

   (A) wheel　(B) thumb　(C) valley　(D) finger

5. There are snacks for _____ outside the park.

   (A) back　(B) sale　(C) trash　(D) top

Chapter 9
自然與環境

Unit ㊾

Protect the Animals 保護動物

Track 49

VOCABULARY

★ 單字焦點：
動物、自然

看看下方單字表，這些單字你認識嗎？

❶ **exist** [ɪgˋzɪst] v. 存在

❷ **earth** [ɝθ] n. 地球；世界

❸ **climate** [ˋklaɪmɪt] n. 氣候

❹ **human** [ˋhjumən] n. 人類

❺ **survive** [səˋvaɪv] v. 生存

❻ **nature** [ˋnetʃə] n. 自然

❼ **fact** [fækt] n. 事實

❽ **ocean** [ˋoʃən] n. 海洋

❾ **shark** [ʃark] n. 鯊魚

❿ **trade** [tred] n. 貿易

⓫ **hunter** [ˋhʌntə] n. 獵人

⓬ **hunt** [hʌnt] v. 獵捕
(hunt-hunt-hunt)

⓭ **especially** [əˋspɛʃəlɪ] adv. 尤其是

⓮ **whale** [hwel] n. 鯨魚

⓯ **dolphin** [ˋdɑlfɪn] n. 海豚

⓰ **pollution** [pəˋluʃən] n. 汙染

⓱ **turtle** [ˋtɝtl] n. 烏龜

⓲ **land** [lænd] n. 陸地；土地

⓳ **panda** [ˋpændə] n. 熊貓

⓴ **natural** [ˋnætʃərəl] adj. 自然的

㉑ **environment** [ɪnˋvaɪrənmənt] n. 環境

㉒ **population** [ˏpɑpjəˋleʃən] n. 人口，數量

㉓ **increase** [ɪnˋkris] v. 增加

㉔ **again** [əˋgɛn] adv. 再一次

㉕ **tiger** [ˋtaɪgə] n. 老虎

㉖ **trap** [træp] n. 陷阱

㉗ **elephant** [ˋɛləfənt] n. 大象

㉘ **plain** [plen] n. 平原

㉙ **air** [ɛr] n. 空中；空氣

㉚ **bat** [bæt] n. 蝙蝠

㉛ **fire** [faɪr] n. 火；火災

㉜ **bee** [bi] n. 蜜蜂

㉝ **gather** [ˋgæðə] v. 收集；聚集

㉞ **eagle** [ˋigl] n. 老鷹

㉟ **monkey** [ˋmʌŋkɪ] n. 猴子

㊱ **bird** [bɝd] n. 鳥

PICTURE　找找看下方圖中隱含了哪些單字的意思呢？

STORY　學會了單字，來閱讀故事吧！

Many animals soon may not **exist** on **earth** anymore because of **climate** change and **human** activity. If we want them to **survive**, we need to protect **nature**. Here are some **facts** about these animals.

In the ocean

- **Sharks**: There are fewer and fewer sharks because of **trade**. **Hunters hunt** them to sell their body parts, **especially** their fins(鰭).
- **Whales** and **dolphins**: They have become rare because of fishermen, climate change and water **pollution**.
- Sea **Turtles**: They are killed for their meat, skin, and eggs. The beaches where they lay eggs have also been ruined.

On land

- **Pandas**: There are only about 2,000 pandas in the wild because people ruin their **natural environment**. There were even fewer pandas ten years ago, but their **population** is **increasing again** because of people's efforts to help them.
- **Tigers**: They have become fewer because of hunters. Sometimes they get caught in **traps**.
- **Elephants**: Elephants live in the **plains** in Africa. They are killed because of the ivory(象牙) trade.

In the air

- **Bats**: Many kinds of bats may soon disappear from the world because the forests where they live are ruined by **fires** and by human activity.
- **Bees**: Bees **gather** pollen(花粉) from flowers so they can make honey. Some kinds of bees have become very rare.
- **Eagles**: The Philippine eagle, also called the **monkey**-eating eagle, has become one of the rarest **birds** in the world.

EXERCISES

現在請透過下列練習題來幫助你加強記憶單字。

🧁 A. 閱讀測驗

1. Why do people hunt sharks?

   (A) It is a tradition.　　　　　　(B) Just for fun.

   (C) To get their eggs.　　　　　　(D) To get their fins.

2. Where do elephants live?

   (A) In the ocean.　(B) On beaches.　(C) In plains.　(D) In the air.

Unit
49

🧁 B. 字彙填空

_____ 1. Dinosaurs do not _____ anymore.

_____ 2. We need to protect the natural _____.

_____ 3. I want to go outside and get some fresh _____.

_____ 4. These animals may soon disappear. People should not _____ them anymore.

_____ 5. That place has a cold, rainy _____ most of the year.

hunt	exist	climate	environment	air

🧁 C. 字彙選擇

1. Look at the picture. What is this?

   (A) A shark.　　(B) A bird.

   (C) A dolphin.　(D) A fish.

2. Stella thinks she is the happiest person on _____.

   (A) human　(B) earth　(C) pollution　(D) trap

3. A _____ is the biggest animal in the ocean.

   (A) whale　(B) turtle　(C) panda　(D) bat

4. Chris: Where do dolphins live?　Wendy: They live in the _____.

   (A) plain　(B) land　(C) ocean　(D) forest

5. No one can _____ without water.

   (A) survive　(B) gather　(C) lend　(D) collect

Unit ⑤⓪

Uncle John's Farm 約翰叔叔的農場

★ 單字焦點：
動物、食物、季節

看看下方單字表，這些單字你認識嗎？

① **farm** [farm] n. 農場

② **country** [ˋkʌntrɪ] n. 鄉下

③ **farmer** [ˋfarmɚ] n. 農人

④ **early** [ˋɝlɪ] adj. 早 adv. 早

⑤ **late** [let] adj. 晚；遲 adv. 晚；遲

⑥ **hill** [hɪl] n. 小山坡

⑦ **fence** [fɛns] n. 圍欄；籬笆

⑧ **mud** [mʌd] n. 泥土

⑨ **shut** [ʃʌt] v. 關閉
(shut-shut-shut)

⑩ **gate** [get] n. 柵門；大門

⑪ **goat** [got] n. 山羊

⑫ **cabbage** [ˋkæbɪdʒ] n. 甘藍菜

⑬ **bean** [bin] n. 豆子

⑭ **summer** [ˋsʌmɚ] n. 夏天

⑮ **lamb** [læm] n. 小綿羊

⑯ **sheep** [ʃip] n. 綿羊

⑰ **similar** [ˋsɪmələ] adj. 相似的

⑱ **winter** [ˋwɪntɚ] n. 冬天

⑲ **pond** [pɑnd] n. 池塘

⑳ **duck** [dʌk] n. 鴨子

㉑ **bank** [bæŋk] n. 岸邊

㉒ **horse** [hɔrs] n. 馬

㉓ **chicken** [ˋtʃɪkən] n. 雞

㉔ **nest** [nɛst] n. 巢，窩

㉕ **collect** [kəˋlɛkt] v. 收集

㉖ **seed** [sid] n. 種子

㉗ **plant** [plænt] v. 種植 n. 植物；
工廠

㉘ **spring** [sprɪŋ] n. 春天

㉙ **pick** [pɪk] v. 採摘；挑選

㉚ **fall** [fɔl] n. 秋天
autumn [ˋɔtəm] n. 秋天

㉛ **cheese** [tʃiz] n. 乳酪

㉜ **cow** [kaʊ] n. 母牛

㉝ **ham** [hæm] n. 火腿

㉞ **pig** [pɪg] n. 豬

找找看下方圖中隱含了哪些單字的意思呢？

STORY 學會了單字，來閱讀故事吧！

*Ava and Matt are visiting Ava's uncle on his **farm** in the **country**.*

Ava: Hi, Uncle John! This is my friend Matt.

Uncle John: Hi, Matt. I'm a **farmer**. We're always busy here from **early** in the morning till **late** at night. Let's just walk up this **hill** and I'll show you the farm.

Matt: That was a long walk! And my shoes have been covered with **mud**!

Uncle John: Let's go inside the **fence** now. Make sure you **shut** the **gate** so the **goats** don't eat my corn.

Matt: They eat corn?

Ava: They eat everything! Corn, **cabbage**, **beans** . . . they even bit my hat last **summer**! But they're very cute.

Matt: Oh, is this a baby goat?

Uncle John: No, that's a **lamb**. It's a baby **sheep**. Goats and sheep may seem **similar**, but they are different.

Matt: Its wool is very soft!

Ava: We use their wool to keep us warm in **winter**.

Matt: Look, there's a **pond**. The **ducks** are resting on the **bank**. Do you eat them?

Uncle John: Sometimes. Let's go to see the **horses** there.

Ava: I love the horses! We can ride them tomorrow.

Matt: What are these boxes?

Ava: They're the **chickens'** **nests**. We **collect** eggs from them. Look at this bag of **seeds**. Uncle John **plants** them in the **spring**. I help him **pick** some vegetables in the **fall**.

Matt: Do you get lots of food from the farm?

Ava: Yes. Milk and **cheese** from the **cows**, **ham** from the **pigs**. . . .

Matt: Oh, you just made me hungry!

EXERCISES

現在請透過下列練習題來幫助你加強記憶單字。

A. 閱讀測驗

1. What is a lamb?

   (A) A baby goat.   (B) A baby horse.

   (C) A baby sheep.   (D) A baby chicken.

2. When does Ava help Uncle John pick vegetables?

   (A) In the spring.   (B) In the summer.

   (C) In the autumn.   (D) In the winter.

B. 字彙填空

_____ 1. Hurry up! You are going to be _____!

_____ 2. The _____ likes to swim in the lake.

_____ 3. A farmer works on a _____.

_____ 4. Sally wakes up _____ to go to school.

_____ 5. I make a sandwich with _____ and cheese.

| early | duck | late | ham | farm |

C. 字彙選擇

1. Look at the picture. What is the season?

   (A) Spring.   (B) Summer.

   (C) Fall.   (D) Winter.

2. Kathy: Where do you live?

   Ben: I live in the _____, far from the city.

   (A) gate   (B) fence   (C) seed   (D) country

3. The fishermen keep their boat on the _____ of the river.

   (A) bean   (B) bank   (C) cabbage   (D) hill

4. The _____ has a lot of land and animals.

   (A) pig   (B) farmer   (C) mud   (D) pond

5. Sam: Which kind of coffee is better?

   Kim: I'm not sure. They taste very _____.

   (A) straight   (B) similar   (C) easy   (D) round

Unit **50**

Unit ⑤1

A Super Typhoon 超級強颱

VOCABULARY Track 51

看看下方單字表，這些單字你認識嗎？

❶ **latest** [`letɪst] adj. 最新的；
   最近的

❷ **super** [`supɚ] adj. 超級的

❸ **typhoon** [taɪ`fun] n. 颱風

❹ **develop** [dɪ`vɛləp] v. 發展

❺ **see** [si] v. 看到

❻ **space** [spes] n. 太空

❼ **form** [fɔrm] v. 形成 n. 型態；表格

❽ **warm** [wɔrm] adj. 溫暖的

❾ **up** [ʌp] adv. 向上

❿ **cold** [kold] adj. 冷的

⓫ **cloud** [klaʊd] n. 雲

⓬ **gain** [gen] v. 獲得

⓭ **wind** [wɪnd] n. 風

⓮ **to** [`tu] prep. 向；往

⓯ **shore** [ʃor] n. 海岸

⓰ **strike** [straɪk] v. 侵襲，襲擊
   (strike-struck-struck)

⓱ **danger** [`dendʒɚ] n. 危險

⓲ **center** [`sɛntɚ] n. 中心

⓳ **of** [ɑv] prep. …的

⓴ **wild** [waɪld] adj. 猛烈的；野生的

㉑ **blow** [blo] v. 吹
   (blow-blew-blown)

㉒ **shake** [ʃek] v. 搖動

㉓ **symbol** [`sɪmbḷ] n. 象徵

㉔ **edge** [ɛdʒ] n. 邊緣

㉕ **cloudy** [`klaʊdɪ] adj. 多雲的

㉖ **sky** [skaɪ] n. 天空

㉗ **thunder** [`θʌndɚ] n. 雷

㉘ **stormy** [`stɔrmɪ] adj. 有暴風雨的

㉙ **except** [ɪk`sɛpt] prep. 除了…之外
   conj. 除了

㉚ **island** [`aɪlənd] n. 島

㉛ **safe** [sef] adj. 安全的

㉜ **area** [`ɛrɪə] n. 地區，區域

㉝ **out of** [`aʊt ˌəv] prep. 從…

㉞ **clear** [klɪr] adj. 晴朗的；清楚的

㉟ **cool** [kul] adj. 涼爽的

PICTURE 找找看下方圖中隱含了哪些單字的意思呢？

We bring you the **latest** weather report on **super typhoon** Bertha. It is **developing** just a few hundred kilometers away.

Now you can **see** on the screen a picture that was taken from **space**. A typhoon **forms** over the ocean when **warm** air moves **up** and hits **cold** air. A large **cloud** forms, and the storm **gains** power from warm **winds** around it. The typhoon is expected to become stronger as it heads **to** the **shore**. It will **strike** land at 4 a.m. tomorrow.

There is great **danger** to people in the **center of** the storm's path. **Wild** winds will **blow** at more than 50m per second and **shake** the tops of buildings. Look at the map. The cloud **symbols** show where the typhoon will be the worst. Places near the **edge** of the typhoon eye will get **cloudy skies**, **thunder**, wind and rain. The weather will be **stormy**.

All work and classes are cancelled for tomorrow **except** on Big **Island**. To be **safe**, people in some mountain **areas** may need to get **out of** there as quickly as possible.

The typhoon will leave on Friday evening. The weather will be **clear** and **cool** again on Saturday.

EXERCISES

現在請透過下列練習題來幫助你加強記憶單字。

A. 閱讀測驗

1. What moves up as a typhoon develops?

   (A) Cold air.　　(B) Warm air.　　(C) Cool air.　　(D) Clouds.

2. What will the weather be like near the edge of the typhoon eye?

   (A) Cool and clear.　　　　　　(B) Clear and windy.

   (C) Warm and sunny.　　　　　 (D) Stormy and rainy.

B. 字彙填空

_____ 1. The stars are in the _____.

_____ 2. We watch TV to get the _____ news.

_____ 3. Wear a coat when it is _____.

_____ 4. We will be _____ inside during the storm.

_____ 5. A strong _____ blew from outside.

safe	cold	latest	sky	wind

C. 字彙選擇

1. Look at the picture. Where is the dog?

   (A) Outside the box.　　(B) In the center of the box.

   (C) At the edge of the box.　　(D) Above the box.

2. The children stayed home because of the _____.

   (A) symbol　　(B) typhoon　　(C) space　　(D) shore

3. The rain comes _____ the clouds.

   (A) out of　　(B) of　　(C) up　　(D) to

4. It rained earlier, but the skies are _____ now.

   (A) warm　　(B) clean　　(C) cool　　(D) clear

5. Michelle: What did you _____ in the room?

   Tom: Nothing. It was too dark.

   (A) gain　　(B) shake　　(C) develop　　(D) see

Unit 52

Taking Care of the Earth 照顧地球

★ 單字焦點：
環境保護

VOCABULARY

Track 52

看看下方單字表，這些單字你認識嗎？

❶ **ruin** [`ruɪn] v. 破壞

❷ **planet** [`plænɪt] n. 行星

❸ **make** [mek] v. 使…；做
(make-made-made)

❹ **recycle** [ri`saɪkl̩] v. 回收

❺ **general** [`dʒɛnərəl] adj. 一般的

❻ **lid** [lɪd] n. 蓋子

❼ **trash can** [`træʃ ˌkæn] n. 垃圾桶

❽ **left** [lɛft] adj. 左邊的

❾ **middle** [`mɪdl̩] adj. 中間的

❿ **right** [raɪt] adj. 右邊的；對的

⓫ **waste** [west] v. 浪費 adj. 廢棄的

⓬ **production** [prə`dʌkʃən] n. 產
生；製造

⓭ **pollute** [pə`lut] v. 汙染

⓮ **effort** [`ɛfət] n. 努力

⓯ **maximum** [`mæksəməm] adj. 最
大限度的 n. 最大值

⓰ **save** [sev] v. 省；救

⓱ **faucet** [`fɔsɪt] n. 水龍頭

⓲ **fan** [fæn] n. 風扇

⓳ **chart** [tʃɑrt] n. 圖表

⓴ **low** [lo] adj. 低的

㉑ **produce** [prə`djus] v. 產生；製造

㉒ **heat** [hit] n. 熱

㉓ **garbage** [`gɑrbɪdʒ] n. 垃圾

㉔ **ground** [graund] n. 地面

㉕ **considerate** [kən`sɪdərɪt] adj. 體
貼的，為人著想的

㉖ **public** [`pʌblɪk] adj. 公共的

㉗ **engine** [`ɛndʒən] n. 引擎

㉘ **gas** [gæs] n. 汽油；氣體

㉙ **MRT** [ɛmɑr`ti] n. 捷運

㉚ **subway** [`sʌbˌwe] n. 地鐵

㉛ **electric** [ɪ`lɛktrɪk] adj. 電的

㉜ **wood** [wʊd] n. 木頭

㉝ **leaf** [lif] n. 葉子　複 leaves

PICTURE　找找看下方圖中隱含了哪些單字的意思呢？

Pollution is **ruining** our **planet**. What can we do to **make** the Earth a more comfortable place for everyone to live?

1. **Recycle**

   General trash and recyclable trash are different. The **lid** of a **trash can** often says how to recycle trash. For example, put plastic in the **left** one, paper in the **middle** one and metal in the **right** one.

2. Don't **waste** anything

   The **production** of goods in factories **pollutes** the environment. We should make an **effort** to reuse things and not waste anything. For example, we should make **maximum** use of waste paper.

3. **Save** water and electricity

   Turn off the **faucet** when you are not using it. Turn off the lights when you leave a room. Try using a **fan** instead of an air conditioner. When you buy things like TVs, washing machines or refrigerators, look at the **chart** on the energy label. Try to get one that uses a **low** amount of energy and **produces** less **heat**.

4. Clean up **garbage** from the **ground**

   Be **considerate** of others. Don't throw trash on the ground, and pick up any trash that you see.

5. Take **public** transportation(運輸)

   Cars' **engines** need **gas** to run, and this pollutes the air. It's better to take the **MRT** or **subway** because these don't run on gas. They run on **electric** power.

6. Plant trees

   People cut down trees to make **wood** and paper. Planting trees is good for the environment because the green **leaves** make the air cleaner.

EXERCISES

現在請透過下列練習題來幫助你加強記憶
單字。

A. 閱讀測驗

1. What is the article mainly about?

    (A) Using waste paper.　　　(B) Planting trees.

    (C) Taking the subway.　　　(D) Taking care of our planet.

2. What part of a tree is good for the air?

    (A) Roots.　　(B) Leaves.　　(C) Wood.　　(D) Seeds.

B. 字彙填空

_____ 1. Don't throw _____ here.

_____ 2. You should not _____ your time.

_____ 3. The water will _____ the computer.

_____ 4. One _____ fell from the tree.

_____ 5. The car won't move because the _____ is broken.

| waste | engine | leaf | garbage | ruin |

C. 字彙選擇

1. Look at the picture. Which trash can has a lid?

    (A) The one in front.　　(B) The one on the left.

    (C) The one in the middle.　(D) The one on the right.

2. It is very _____ of you to help me clean the ground.

    (A) considerate　(B) left　　(C) middle　　(D) general

3. Peter: What does the _____ show?

    Laura: It shows how earth is getting warmer over the years.

    (A) effort　　(B) chart　　(C) production　(D) pollution

4. The _____ is a train system that goes all over the city.

    (A) car　　(B) bus　　(C) taxi　　(D) MRT

5. The boat has oil coming out of it. It will _____ the water.

    (A) produce　(B) make　　(C) pollute　　(D) save

Unit
52

Chapter 10
生涯

Unit 53

A Dream Job 夢想的工作

★ 單字焦點：
職業、學校

看看下方單字表，這些單字你認識嗎？

❶ **dream** [drim] n. 夢想

❷ **cook** [kʊk] n. 廚師

❸ **should** [ʃʊd] aux. 應該

❹ **businessman** [ˋbɪznɪsˌmæn] n. 商人，企業家

❺ **engineer** [ˌɛndʒəˋnɪr] n. 工程師

❻ **focus** [ˋfokəs] v. 專注於…

❼ **try** [traɪ] v. 嘗試

❽ **grade** [gred] n. 分數

❾ **every** [ˋɛvrɪ] adj. 每一個

❿ **course** [kors] n. 課程

⓫ **careful** [ˋkɛrfəl] adj. 小心的；仔細的

⓬ **prepare** [prɪˋpɛr] v. 準備

⓭ **art** [ɑrt] n. 藝術

⓮ **cool** [kul] adj. 酷的

⓯ **must** [mʌst] aux. 必須

⓰ **artist** [ˋɑrtɪst] n. 藝術家

⓱ **that** [ðæt] det. 那

⓲ **diligent** [ˋdɪlədʒənt] adj. 勤勞的

⓳ **successful** [səkˋsɛsfəl] adj. 成功的

⓴ **singer** [ˋsɪŋɚ] n. 歌手

㉑ **actress** [ˋæktrɪs] n. 女演員

㉒ **actor** [ˋæktɚ] n. 男演員

㉓ **social science** [ˋsoʃəl ˌsaɪəns] n. 社會科學

㉔ **diplomat** [ˋdɪpləˌmæt] n. 外交官

㉕ **lawyer** [ˋlɔjɚ] n. 律師

㉖ **police officer** [ˌpəˋlis ˋɔfəsɚ] n. 警察

㉗ **smart** [smɑrt] adj. 聰明的

㉘ **obey** [oˋbe] v. 遵守

㉙ **law** [lɔ] n. 法律

㉚ **principle** [ˋprɪnsəpl] n. 原則

㉛ **shall** [ʃæl] aux. 將要；將會

㉜ **college** [ˋkɑlɪdʒ] n. 大學

㉝ **degree** [dɪˋgri] n. 學位；程度

㉞ **writer** [raɪtɚ] n. 作家

㉟ **newspaper** [ˋnjuzˌpepɚ] n. 報紙

㊱ **journalist** [ˋdʒɝnlɪst] n. 記者

㊲ **secretary** [ˋsɛkrəˌtɛrɪ] n. 祕書

PICTURE 找找看下方圖中隱含了哪些單字的意思呢？

Jessica: What do you want to be, Henry?

Henry: My **dream** is to be a **cook**, but my parents think I **should** be a **businessman** or an **engineer**. They say I should **focus** on math and **try** to get good **grades** in **every course**.

Ruby: I think you should do what you love! You use math in cooking too, don't you?

Henry: Yes, I have to be **careful** to measure everything when I **prepare** food. It's also a kind of **art**.

Jessica: I know! You just made the Mona Lisa cake! It was **cool**! You **must** be an **artist** to make **that** cake.

Henry: Thanks. I need to be very **diligent** if I want to be a **successful** cook.

Jessica: How about you, Ruby? What's your dream job?

Ruby: When I was in elementary school, my dream was to be a **singer** or an **actress**.

Henry: I wanted to be an **actor** when I was a kid too!

Ruby: But I can't sing or act well. I like **social science**. I'd like to be a **diplomat** or a **lawyer**.

Henry: You could be a **police officer**! You are **smart**, and you run fast. You can catch people who don't **obey** the **law**!

Ruby: No! I'm not brave enough. I'm interested in the **principles** of the law. I think I **shall** get a law **degree** in **college**. How about you, Jessica?

Jessica: I have no idea.

Henry: You like writing. You can be a **writer** or a **newspaper journalist**!

Ruby: You have good communication skills. You can be a **secretary**!

Jessica: Both are great ideas. Thank you!

EXERCISES

現在請透過下列練習題來幫助你加強記憶
單字。

A. 閱讀測驗

1. What is Henry's dream job?

   (A) Engineer.   (B) Businessman.

   (C) Cook.   (D) Lawyer.

2. What did Ruby want to be when she was younger?

   (A) A journalist.   (B) A secretary.

   (C) A singer.   (D) A diplomat.

B. 字彙填空

_____ 1. The _____ makes delicious food.

_____ 2. My _____ is to travel around the world.

_____ 3. People should _____ the law.

_____ 4. Mary wants to _____ on science at college.

_____ 5. I want to get a good _____ on the exam.

| focus | dream | grade | obey | cook |

Unit
53

C. 字彙選擇

1. Look at the picture. Who is he?

   (A) A businessman.   (B) A cook.

   (C) An engineer.   (D) A singer.

2. The _____ stopped the car that was going too fast.

   (A) journalist   (B) diplomat   (C) lawyer   (D) police officer

3. Rachel worked hard to start a clothing company and finally became _____.

   (A) considerate   (B) diligent   (C) successful   (D) careful

4. The journalist wrote the news story for the _____.

   (A) course   (B) degree   (C) secretary   (D) newspaper

5. Samuel didn't have enough time to _____ for the exam.

   (A) prepare   (B) try   (C) develop   (D) make

Unit 54

Who Am I? 猜猜我是誰

★ 單字焦點：
職業

看看下方單字表，這些單字你認識嗎？

❶ **push** [pʊʃ] v. 推

❷ **cut** [kʌt] v. 剪；切；割
   (cut-cut-cut)

❸ **brush** [brʌʃ] v. 刷；梳 n. 刷子

❹ **barber** [`barbɚ] n. 理髮師

❺ **toothache** [`tuθ͵ek] n. 牙痛

❻ **treat** [trit] v. 治療；對待

❼ **tooth** [tuθ] n. 牙齒　複 teeth

❽ **dentist** [`dɛntɪst] n. 牙醫

❾ **care** [kɛr] n. 照顧 v. 在意
   take care of 照顧

❿ **housewife** [`haʊs͵waɪf]
   n. 家庭主婦

⓫ **bathe** [beð] v. (為…)洗澡

⓬ **lay** [le] v. 放 (lay-laid-laid)

⓭ **feed** [fid] v. 餵 (feed-fed-fed)

⓮ **busy** [`bɪzɪ] adj. 忙碌的

⓯ **babysitter** [`bebɪ͵sɪtɚ] n. 保姆

⓰ **stand** [stænd] v. 站立
   (stand-stood-stood)

⓱ **greet** [grit] v. 打招呼

⓲ **ever** [`ɛvɚ] adv. 從來；
   在任何時候

⓳ **copy** [`kɑpɪ] v. 影印；複製

⓴ **print** [prɪnt] v. 列印

㉑ **even** [`ivən] adv. 甚至

㉒ **altogether** [͵ɔltə`gɛðɚ] adv. 總共

㉓ **change** [tʃendʒ] n. 零錢 v. 改變

㉔ **coin** [kɔɪn] n. 銅板

㉕ **shopkeeper** [`ʃɑp͵kipɚ] n. 店長

㉖ **paste** [pest] v. 黏貼

㉗ **crowd** [kraʊd] n. 人群

㉘ **create** [krɪ`et] v. 創造

㉙ **object** [`ɑbdʒɪkt] n. 物件

㉚ **pattern** [`pætɚn] n. 圖案

㉛ **painter** [`pentɚ] n. 畫家

㉜ **rise** [raɪz] v. 升起 (rise-rose-risen)

㉝ **steam** [stim] n. 蒸氣

㉞ **pump** [pʌmp] n. 抽水機，幫浦

㉟ **sailor** [`selɚ] n. 水手

PICTURE 找找看下方圖中隱含了哪些單字的意思呢？

Unit
54

Push my door open, and I'll **cut** and **brush** your hair.
Who am I? A **barber**!

If you have a **toothache**, I'll **treat** it and clean your **teeth**.
Who am I? A **dentist**!

I take **care** of children, but I'm not a **housewife**.
I **bathe** them and **lay** them down for a nap.
When they get up, I **feed** them. That's my **busy** life.
Who am I? A **babysitter**!

I'll **stand** behind the counter(櫃臺)
And **greet** you if you **ever** come to my convenience store.
You can buy things, **copy**, **print** and **even** more.
I'll tell you what your things cost **altogether**.
It's $80 in total, and your **change** is $20 in **coins**.
Who am I? A **shopkeeper**!

I paint pictures for magazines and books.
People like to cut and **paste** them on their notebooks.
Look at this picture of a **crowd** in watercolor!
I also **create** beautiful **objects** and **patterns** on paper.
Who am I? A **painter**!

I work on a boat and watch the sun **rise** over the sea.
This boat is not driven by **steam**.
There are two **pumps** on my boat to make it safer.
Who am I? A **sailor**!

EXERCISES

現在請透過下列練習題來幫助你加強記憶單字。

🧁 A. 閱讀測驗

1. What does a dentist do?

   (A) Treats people's teeth.　　　(B) Cuts people's hair.

   (C) Takes care of children.　　　(D) Paints pictures.

2. Where does the sailor do his job?

   (A) In an office.　(B) On a boat.　(C) At home.　(D) In a shop.

🧁 B. 字彙填空

_____ 1. I have a _____ because I ate too much candy.

_____ 2. Some _____ is coming from the hot tea.

_____ 3. I _____ my hair every day.

_____ 4. You have to _____ the door to open it; don't pull.

_____ 5. Luna needs a _____ to put in the soda machine.

| push | coin | brush | steam | toothache |

🧁 C. 字彙選擇

1. Look at the picture. What is he doing to the paper?

   (A) He is cutting it.　　(B) He is pasting it.

   (C) He is copying it.　　(D) He is writing on it.

2. Will: What's your new part-time job?

   Jenny: I'm a _____ for a three year old boy.

   (A) barber　　(B) housewife　(C) sailor　　(D) babysitter

3. The painter has _____ many beautiful pictures.

   (A) treated　　(B) risen　　(C) laid　　(D) created

4. There are _____ ten people going on the trip.

   (A) forward　　(B) any　　(C) early　　(D) altogether

5. The parrot _____ everyone with a "Hello."

   (A) fed　　(B) bathed　　(C) greeted　　(D) stood

Unit 55

A Successful Interview 成功的面試

Track 55

VOCABULARY

看看下方單字表，這些單字你認識嗎？

❶ **assistant** [əˋsɪstənt] n. 助理

❷ **boss** [bɔs] n. 老闆

❸ **frank** [fræŋk] adj. 直率的；坦白的

❹ **nervous** [ˋnɝvəs] adj. 緊張的

❺ **excited** [ɪkˋsaɪtɪd] adj. 感到興奮的

❻ **chance** [tʃæns] n. 機會

❼ **work** [wɝk] v. 工作 n. 工作；作品

❽ **glad** [glæd] adj. 開心的

❾ **interview** [ˋɪntɚˌvju] n. 面試

❿ **today** [təˋde] adv. 今天 n. 今天

⓫ **exciting** [ɪkˋsaɪtɪŋ] adj. 令人興奮的

⓬ **job** [dʒɑb] n. 工作

⓭ **clerk** [klɝk] n. 職員；店員

⓮ **office** [ˋɔfɪs] n. 辦公室

⓯ **company** [ˋkʌmpənɪ] n. 公司

⓰ **business** [ˋbɪznɪs] n. 生意

⓱ **curve** [kɝv] n. 曲線；潮流

⓲ **million** [ˋmɪljən] n. 百萬

⓳ **employ** [ɪmˋplɔɪ] v. 僱用

⓴ **skill** [skɪl] n. 技能

㉑ **shop** [ʃɑp] n. 店

㉒ **department store** [dɪˋpartmənt ˌstor] n. 百貨公司

㉓ **responsible** [rɪˋspansəbl̩] adj. 負責任的

㉔ **patient** [ˋpeʃənt] adj. 有耐心的

㉕ **skillful** [ˋskɪlfəl] adj. 熟練的，擅長的

㉖ **active** [ˋæktɪv] adj. 積極的

㉗ **plan** [plæn] n. 計畫 v. 計畫

㉘ **hire** [haɪr] v. 僱用

㉙ **pay** [pe] v. 付

㉚ **earn** [ɝn] v. 賺

㉛ **thousand** [ˋθauzn̩d] n. 千

㉜ **deal** [dil] n. 交易；協議 v. 處理

㉝ **decision** [dɪˋsɪʒən] n. 決定

㉞ **tomorrow** [təˋmoro] adv. 明天 n. 明天

㉟ **may** [me] (might) aux. 可能

㊱ **contract** [ˋkantrækt] n. 合約

PICTURE　找找看下方圖中隱含了哪些單字的意思呢？

Assistant: Ms. Kelly Williams, the **boss** will see you now. To be **frank**, you look really **nervous**. Don't be.

Kelly: Thanks. I'm just **excited** about the **chance** to **work** here.

Mr. Lin: Hello, I'm James Lin. I'm **glad** you could come to this **interview today**.

Kelly: Thank you. This is such an **exciting** opportunity.

Mr. Lin: As you know, the **job** is being a **clerk** here in our **office**. Could you tell me why you want to work for our **company**?

Kelly: Your **business** is successful, and you stay ahead of the **curve**. You are not a very big company, but you make hundreds of **millions** of dollars a year because you really understand customers' needs.

Mr. Lin: Good. We want to **employ** someone who knows our company very well. What are your **skills**?

Kelly: I worked in a small **shop** for one year, and since then I've been working at a **department store**. I'm **responsible**, **patient**, and good at working on my own. I'm **skillful** in marketing, and I've always played an **active** role in making marketing **plans**.

Mr. Lin: You are the kind of person we would like to **hire**. How much do you expect us to **pay** you?

Kelly: I hope to **earn** a few **thousand** more than I get now, but money is not as important as working for a good company.

Mr. Lin: I'm sure we can work out a **deal**. We'll make a **decision** by **tomorrow**. Then we **may** offer you a **contract** and you can decide whether to accept it.

Kelly: Thanks, I'll look forward to hearing from you.

EXERCISES

現在請透過下列練習題來幫助你加強記憶
單字。

A. 閱讀測驗

1. The assistant thinks Kelly looks _____.

   (A) frank   (B) excited   (C) responsible   (D) nervous

2. What job does Kelly want?

   (A) A shop assistant. (B) A clerk.   (C) A boss.   (D) A salesperson.

B. 字彙填空

_____ 1. This game is very _____.

_____ 2. We can buy clothing in the _____.

_____ 3. I have made the _____.

_____ 4. What are you doing _____?

_____ 5. You must be _____ if you want to catch a fish.

| exciting | tomorrow | patient | decision | department store |

C. 字彙選擇

1. Look at the picture. What is he doing?

   (A) He is selling something.

   (B) He is interviewing someone.

   (C) He is paying for something.

   (D) He is earning money.

2. John: What is your _____?   Karen: I work in a restaurant.

   (A) skill   (B) shop   (C) office   (D) job

3. Taking good care of a pet shows that you are _____.

   (A) frank   (B) responsible   (C) excited   (D) nervous

4. Kim: How much money do you _____ as a clerk there?

   Ms. Smith: It's not polite to ask that!

   (A) earn   (B) pay   (C) accept   (D) employ

5. Pam: Are there a hundred thousand people in the city?

   Dan: No, there are many more than that. There are a _____ people.

   (A) thousand   (B) million   (C) hundred   (D) ten thousand

Unit
55

Unit 56

A Mad Scientist 瘋顛科學家

VOCABULARY Track 56

看看下方單字表，這些單字你認識嗎？

❶ **fine** [faɪn] adj. 好的

❷ **absent** [ˈæbsn̩t] adj. 缺席的

❸ **branch** [bræntʃ] n. 分公司；分店

❹ **appreciate** [əˈpriʃɪˌet] v. 感激

❺ **perhaps** [pɚˈhæps] adv. 可能，或許

❻ **provide** [prəˈvaɪd] v. 提供

❼ **serious** [ˈsɪrɪəs] adj. 認真的；嚴重的

❽ **thought** [θɔt] n. 想法

❾ **easy** [ˈizɪ] adj. 容易的

❿ **false** [fɔls] adj. 假的；錯的

⓫ **real** [ˈriəl] adj. 真實的

⓬ **term** [tɝm] n. 詞語，術語

⓭ **asleep** [əˈslip] adj. 睡著的

⓮ **necessary** [ˈnɛsəˌsɛrɪ] adj. 必要的

⓯ **major** [ˈmedʒɚ] adj. 主要的

⓰ **wait** [wet] v. 等待

⓱ **nearly** [ˈnɪrlɪ] adv. 幾乎

⓲ **start** [stɑrt] v. 開始

⓳ **then** [ðɛn] adv. 然後；那麼

⓴ **cancel** [ˈkænsl̩] v. 取消

㉑ **difficult** [ˈdɪfɪˌkʌlt] adj. 困難的

㉒ **sit** [sɪt] v. 坐
  sit up 熬夜

㉓ **thing** [θɪŋ] n. 東西

㉔ **private** [ˈpraɪvɪt] adj. 私人的

㉕ **able** [ˈebl̩] adj. 可以；能夠

㉖ **arrange** [əˈrendʒ] v. 安排

㉗ **use** [juz] v. 用

㉘ **design** [dɪˈzaɪn] v. 設計 n. 設計

㉙ **assume** [əˈsum] v. 認為

㉚ **probably** [ˈprɑbəblɪ] adv. 可能

㉛ **nor** [ˈnɔr] conj. 也不

㉜ **complete** [kəmˈplit] v. 完成

㉝ **minor** [ˈmaɪnɚ] adj. 次要的，不太重要的

PICTURE　找找看下方圖中隱含了哪些單字的意思呢？

STORY　學會了單字，來閱讀故事吧！

Henry: Hello?

Ms. Smith: Is this Henry? This is Ms. Smith from the office.

Henry: Hello, how are you?

Ms. Smith: I'm **fine**, but how are you? Why were you **absent** from the meeting at the new **branch** this morning? I'd **appreciate** it if you can **perhaps provide** me a good reason to tell our customers.

Henry: Are you **serious**? Oh, I mean, I'm sorry. Here's a **thought** . . . traffic?

Ms. Smith: It's **easy** to see that's **false**. There was no heavy traffic.

Henry: You didn't say it has to be **real**. Well, I got "somnolence."

Ms. Smith: What? Please don't use that difficult **term**!

Henry: I mean I was **asleep**.

Ms. Smith: It's not a good reason. It was **necessary** for you to be there. This is a **major** problem. We **waited** for **nearly** an hour to **start** the meeting. **Then** when you didn't come, we had to **cancel** it.

Henry: Sorry, but it's **difficult** for me to wake up. I **sat** up all night trying to invent new **things**.

Ms. Smith: That is your own **private** business. When are you **able** to **arrange** another meeting to talk about how to **use** the machine you **designed**? I **assume** afternoon would be better.

Henry: I could **probably** meet tomorrow afternoon.

Ms. Smith: Neither the customers **nor** I want to wait for you again. We will try to **complete** the project without the machine if you don't show up.

Henry: I understand. It's not a **minor** thing. I'll be there tomorrow.

EXERCISES

現在請透過下列練習題來幫助你加強記憶單字。

A. 閱讀測驗

1. Why was Henry absent from the meeting?

   (A) There was a lot of traffic.　　　(B) He had an accident.

   (C) He was asleep.　　　(D) He didn't know there was a meeting.

2. What can we know about the meeting?

   (A) They talked a lot about Henry.　(B) It was canceled.

   (C) They made a new plan.　　　(D) Ms. Smith was absent.

B. 字彙填空

_____ 1. Please _____ outside for a few minutes.

_____ 2. Sorry, I am not _____ to help you.

_____ 3. My diary is _____; I don't show it to anyone.

_____ 4. They decided to _____ the ball game because of the bad weather.

_____ 5. Neither John _____ Tina was at the meeting.

cancel	private	nor	wait	able

C. 字彙選擇

1. Look at the picture. What is this?

   (A) A person.　(B) A place.　(C) A thing.　(D) An animal.

2. A new _____ of the bank is opening nearby.

   (A) plan　　　(B) term　　　(C) thought　(D) branch

3. This class is for seventh-grade students. It is too _____ for ninth graders.

   (A) difficult　　(B) false　　　(C) major　　(D) easy

4. Maggie: Can I do anything to help?

   Jane: I _____ your offer, but I can do this myself.

   (A) assume　　(B) start　　　(C) provide　　(D) appreciate

5. Laura: Are you _____ about Dad buying a super expensive car?

   Tom: Yes, I'm not joking. The car is just right there.

   (A) fine　　　(B) real　　　(C) asleep　　(D) serious

Chapter 11
歷史與時事

Unit 57

About Wars 關於戰爭

Track 57

★ 單字焦點：戰爭

看看下方單字表，這些單字你認識嗎？

① **period** [`pɪrɪəd] n. 時期

② **omit** [o`mɪt] v. 略過

③ **affect** [ə`fɛkt] v. 影響

④ **war** [wɔr] n. 戰爭

⑤ **wrong** [rɔŋ] adj. 錯的

⑥ **handle** [`hændl̩] v. 處理

⑦ **primary** [`praɪ,mɛrɪ] adj. 主要的

⑧ **ancient** [`enʃənt] adj. 古代的

⑨ **enemy** [`ɛnəmɪ] n. 敵人

⑩ **duty** [`djutɪ] n. 責任；義務

⑪ **metal** [`mɛtl̩] n. 金屬

⑫ **victory** [`vɪktərɪ] n. 勝利

⑬ **end** [ɛnd] n. 最後；結局

⑭ **peace** [pis] n. 和平

⑮ **promise** [`prɑmɪs] v. 承諾

⑯ **stop** [stɑp] v. 停止

⑰ **hurt** [hɝt] v. 傷害 (hurt-hurt-hurt)

⑱ **dangerous** [`dendʒərəs] adj. 危險的

⑲ **gun** [gʌn] n. 槍

⑳ **like** [laɪk] prep. 像

㉑ **cowboy** [`kau,bɔɪ] n. 牛仔

㉒ **chase** [tʃes] v. 追

㉓ **dig** [dɪg] v. 挖 (dig-dug-dug)

㉔ **army** [`ɑrmɪ] n. 軍隊

㉕ **soldier** [`soldʒɚ] n. 軍人

㉖ **bomb** [bɑm] n. 炸彈

㉗ **tank** [tæŋk] n. 坦克車

㉘ **instant** [`ɪnstənt] n. 瞬間

㉙ **lead** [lid] v. 領導

㉚ **helicopter** [`hɛlɪ,kɑptɚ] n. 直升機

㉛ **ship** [ʃɪp] n. 船

㉜ **captain** [`kæptɪn] n. 船長；上校

㉝ **command** [kə`mænd] n. 命令

㉞ **action** [`ækʃən] n. 動作

㉟ **happen** [`hæpən] v. 發生

㊱ **courage** [`kɝɪdʒ] n. 勇氣

㊲ **secondary** [`sɛkən,dɛrɪ] adj. 次要的

PICTURE 找找看下方圖中隱含了哪些單字的意思呢？

Unit
57

Looking at all **periods** of history, it's impossible to **omit** how people have been **affected** by **wars**. Each side thinks that the other is **wrong** and they **handle** the problem by fighting each other. A **primary** reason for war in **ancient** times was over who had control of land or food. If an **enemy** tried to take someone's land or animals, that person's neighbors felt it was their **duty** to help fight. They made weapons with wood and **metal**. One side had **victory** in the **end**. To make **peace**, the sides **promised** to **stop hurting** each other.

Wars became even more **dangerous** when **guns** were invented. In places **like** the American West, there were no laws, and **cowboys** would fight and **chase** after their enemies over cattle and places where they could **dig** for gold.

Now, nearly every country has an **army** with **soldiers**. They have powerful weapons like **bombs** and **tanks** that destroy things in an **instant**. There are soldiers who **lead** armies in the air in **helicopters** and at sea on **ships**. On a ship, a **captain** gives **commands** and everyone listens. The ships stay by the coasts so they are ready to take **action** if anything **happens**. Soldiers show **courage** in wars, but now duty is sometimes a **secondary** reason for joining the army. They may do it simply as a job and hope that there will be fewer wars in the future.

EXERCISES

現在請透過下列練習題來幫助你加強記憶
單字。

A. 閱讀測驗

1. Why did people first fight wars in the past?

(A) For their country.　　　　(B) For money.

(C) For food and land.　　　　(D) For fun.

2. Who fought in the American West?

(A) Captains.　(B) Cowboys.　(C) Businessmen.　(D) Police.

B. 字彙填空

_____ 1. What happens at the _____ of the story?

_____ 2. The police are going to _____ the bad guy.

_____ 3. Derek hopes his _____ can become his friend one day.

_____ 4. The team had a party to celebrate their _____.

_____ 5. I _____ to do my best.

| enemy | promise | end | victory | chase |

Unit
57

C. 字彙選擇

1. Look at the picture. What is this?

(A) A bomb.　(B) A tank.　(C) A helicopter.　(D) A ship.

2. Kevin: What is the movie about?

Claire: It's about a _____. He rides a horse and wears
a big hat.

(A) captain　　(B) cowboy　　(C) war　　(D) gun

3. Michael: What is that dog doing?

Cindy: He is _____ a hole for his bone.

(A) omitting　(B) leading　(C) handling　(D) digging

4. It takes _____ to give a speech.

(A) peace　　(B) duty　　(C) command　(D) courage

5. A can is made of _____.

(A) plastic　　(B) metal　　(C) glass　　(D) wood

Unit 58

Latest News 新聞快報

★ 單字焦點：
法律、犯罪

VOCABULARY

看看下方單字表，這些單字你認識嗎？

❶ **alarm** [əˋlɑrm] n. 警報器

❷ **crime** [kraɪm] n. 犯罪

❸ **arrive** [əˋraɪv] v. 到達

❹ **scene** [sin] n. 現場；場面

❺ **act** [ækt] v. 行動 n. 行為

❻ **attack** [əˋtæk] v. 攻擊

❼ **by** [ˋbaɪ] prep. 被；藉著

❽ **flashlight** [ˋflæʃˏlaɪt] n. 手電筒

❾ **wallet** [ˋwɑlɪt] n. 皮夾

❿ **bundle** [ˋbʌndl̩] n. 一捆

⓫ **cent** [sɛnt] n. 美分 (0.01美元)

⓬ **shorts** [ʃɔrts] n. 短褲

⓭ **cotton** [ˋkɑtn̩] n. 棉布

⓮ **till** [tɪl] prep. 直到

⓯ **basket** [ˋbæskɪt] n. 籃子

⓰ **bottom** [ˋbɑtəm] n. 底部

⓱ **down** [daʊn] adv. 向下

⓲ **underpass** [ˋʌndɚˏpæs] n. 地下道

⓳ **detect** [dɪˋtɛkt] v. 偵查到，發現

⓴ **indicate** [ˋɪndəˏket] v. 指出，顯示

㉑ **trace** [tres] v. 查出，追蹤到

㉒ **cross** [krɔs] v. 穿越

㉓ **judge** [dʒʌdʒ] v. 判斷 n. 法官

㉔ **sudden** [ˋsʌdn̩] adj. 突然的

㉕ **court** [kort] n. 法庭

㉖ **pardon** [ˋpɑrdn̩] v. 原諒；赦免

㉗ **die** [daɪ] v. 死亡

㉘ **poison** [ˋpɔɪzn̩] n. 毒

㉙ **kick** [kɪk] v. 踢

㉚ **strange** [strendʒ] adj. 奇怪的

㉛ **noise** [nɔɪz] n. 噪音

㉜ **dead** [dɛd] adj. 死的

㉝ **cause** [kɔz] n. 原因

㉞ **sample** [ˋsæmpl̩] n. 樣本；樣品

㉟ **sight** [saɪt] n. 視野；看見

㊱ **refuse** [rɪˋfjuz] v. 拒絕

㊲ **lie** [laɪ] v. 說謊 (lie-lied-lied, lying)

找找看下方圖中隱含了哪些單字的意思呢？

Unit
58

STORY 學會了單字，來閱讀故事吧！

Robbery

An **alarm** went off at a convenience store, and the police were called to go to stop a **crime**. They **arrived** at the **scene** too late to **act**. A man had **attacked** the clerk **by** hitting her in the head with a **flashlight**. Then he robbed her **wallet** and a **bundle** of 100 dollar bills in the store. The clerk said there were only 77 **cents** in her wallet.

The thief wore black **shorts** and a white **cotton** T-shirt. The clerk had noticed the man earlier, waiting **till** other customers left. The man's clothes were found in a small **basket** at the **bottom** of the stairs **down** to an **underpass**. The police have **detected** his fingerprints, which **indicate** who he is. They are trying to **trace** him.

Accident

An old woman was hit by a car when she was **crossing** the street. She could not see well and could not **judge** what color the light was. The driver came to a **sudden** stop when he saw the woman, so she was not badly hurt. The driver must go to **court**, but it is likely the judge will **pardon** him.

Murder

A man has **died** from **poison**. The police **kicked** in the door after neighbors reported a **strange noise** coming from the house. The man was found **dead** next to an almost empty cup, which must have been the **cause** of death. Police are testing a **sample** from it. There was no one else in **sight** except a woman. She says she knows nothing and **refuses** to answer any questions. The police think she is **lying**.

EXERCISES

現在請透過下列練習題來幫助你加強記憶單字。

🧁 A. 閱讀測驗

1. What did the thief hit the clerk with?

(A) A flashlight.　(B) A gun.　(C) A knife.　(D) A bottle.

2. Why will the judge probably pardon the driver?

(A) He ran a red light.　　(B) He tried to hit the woman.

(C) He couldn't see well.　　(D) He had a green light.

🧁 B. 字彙填空

_____ 1. The _____ will find out who stole the money.

_____ 2. The team has to _____ the ball to the other side.

_____ 3. My friend would not _____ to me.

_____ 4. Try a _____ of this new snack in the supermarket.

_____ 5. I like to wear _____ in summer.

sample	kick	judge	shorts	lie

🧁 C. 字彙選擇

1. Look at the picture. Where are the puppies?

(A) In a pool.　(B) In a basket.

(C) On a bed.　(D) On the grass.

2. I thought the cockroach was _____ because it was not moving.

(A) dead　(B) active　(C) quiet　(D) sudden

3. Police officer: What does the powder at the scene _____?

Detective: It shows us which way the thief went.

(A) indicate　(B) die　(C) pardon　(D) refuse

4. There are 300 dollars in my _____.

(A) crime　(B) alarm　(C) wallet　(D) bottom

5. The shirt is made of soft _____.

(A) cotton　(B) poison　(C) scene　(D) noise

Unit ㊾

About Government 關於政府

VOCABULARY Track 59

看看下方單字表，這些單字你認識嗎？

① **century** [ˈsɛntʃərɪ] n. 世紀

② **system** [ˈsɪstəm] n. 系統

③ **government** [ˈɡʌvəmənt] n. 政府

④ **society** [səˈsaɪətɪ] n. 社會

⑤ **important** [ɪmˈpɔrtn̩t] adj. 重要的

⑥ **leader** [ˈlidə] n. 領導者

⑦ **among** [əˈmʌŋ] prep. 在…之中

⑧ **place** [ples] n. 地方

⑨ **elect** [ɪˈlɛkt] v. 選出

⑩ **president** [ˈprɛzədənt] n. 總統

⑪ **member** [ˈmɛmbə] n. 成員

⑫ **vote** [vot] v. 投票

⑬ **equal** [ˈikwəl] adj. 平等的

⑭ **latter** [ˈlætə] adj. 後者的

⑮ **level** [ˈlɛvl̩] n. 層級；等級

⑯ **state** [stet] n. 州；狀態

⑰ **city** [ˈsɪtɪ] n. 城市

⑱ **department** [dɪˈpɑrtmənt] n. 部門

⑲ **downtown** [ˈdaʊnˈtaʊn] n. 市中心 adv. 在市中心

⑳ **flag** [flæg] n. 旗子

㉑ **brick** [brɪk] n. 磚塊

㉒ **build** [bɪld] v. 建造

㉓ **social** [ˈsoʃəl] adj. 社會的；社交的

㉔ **opinion** [əˈpɪnjən] n. 意見

㉕ **whether** [ˈhwɛðə] conj. 是否

㉖ **honest** [ˈɑnɪst] adj. 誠實的

㉗ **until** [ənˈtɪl] prep. 直到

㉘ **speech** [spitʃ] n. 演講

㉙ **progress** [ˈprɑɡrɛs] n. 進步

㉚ **worker** [ˈwɜkə] n. 工人；員工

㉛ **income** [ˈɪnˌkʌm] n. 收入

㉜ **freedom** [ˈfridəm] n. 自由

㉝ **against** [əˈɡɛnst] prep. 反對

找找看下方圖中隱含了哪些單字的意思呢？

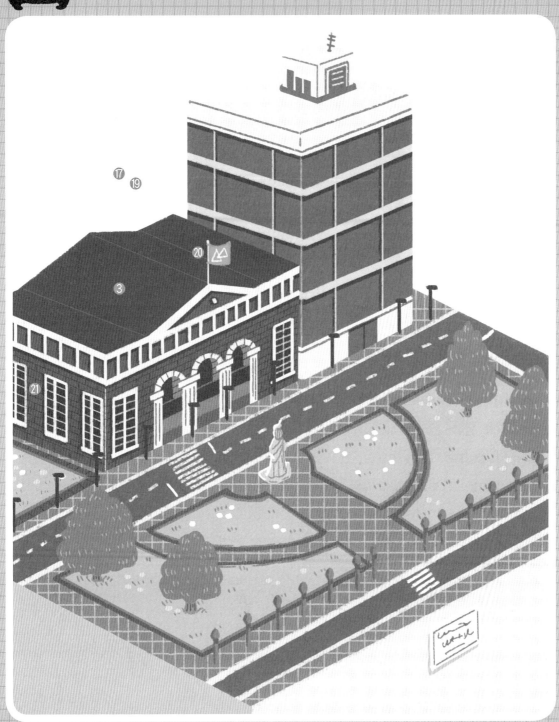

Welcome to the *Types of **Government** through the **Centuries*** exhibit(展覽). There are many different **systems** of government in the world. When people live in a **society**, it's **important** for them to have a **leader** to handle problems **among** them.

Some **places** have one leader who rules until he or she dies, and other places **elect** a **president** and **members** of government by **voting**. Each person has an **equal** right to vote. The **latter** form of government is called a democracy(民主). There are different **levels** of government from the national to the **state** to the **city**, and each level is divided into different **departments**.

Here's a model of **downtown**. There's a **flag** over the **brick** city hall. It was **built** in the middle of the town square where **social** events are held. People can come to the city hall and share their **opinions**. They decide **whether** their leaders are **honest**. The leaders only stay in their job **until** the next election, so they try to keep people happy. They give **speeches** promising **progress**. They say they will help **workers** get a higher **income**. If a leader doesn't deliver as promised, the people have the **freedom** to vote **against** him or her in the next election.

Now let's move into the past. The next model is of a king and queen in a castle. . . .

EXERCISES

現在請透過下列練習題來幫助你加強記憶單字。

🧁 A. 閱讀測驗

1. What is this passage about?

   (A) How to follow leaders.　　(B) An exhibit about government.

   (C) Why people had kings.　　(D) A picture of a city hall.

2. How do people choose leaders in democracy?

   (A) By giving speeches.　　(B) By fighting.

   (C) By having a high income.　　(D) By voting.

🧁 B. 字彙填空

_____ 1. Many countries have a _____. Some have a king.

_____ 2. We are making _____. Things are getting better.

_____ 3. Everyone has an _____ right to go to school.

_____ 4. You have to be a _____ to enter the gym.

_____ 5. It is _____ to get enough sleep.

member	equal	progress	president	important

Unit
59

🧁 C. 字彙選擇

1. Look at the picture. What is the building made of?

   (A) Wood.　　(B) Glass.　　(C) Brick.　　(D) Metal.

2. Let's go _____ to go shopping.

   (A) downtown　(B) probably　(C) home　　(D) ever

3. Tom: How long ago was this hotel built?

   Sarah: It was built a _____ ago. It's 100 years old.

   (A) decade　　(B) year　　　(C) million　　(D) century

4. The judge decides _____ or not someone has done something wrong.

   (A) what　　　(B) where　　(C) who　　　(D) whether

5. The _____ of the group told them which way to go.

   (A) worker　　(B) department　(C) level　　(D) leader

Unit 60

A Debate about Grades 一場關於分數的辯論

VOCABULARY Track 60

看看下方單字表，這些單字你認識嗎？

① **debate** [dɪ`bet] n. 辯論

② **importance** [ɪm`pɔrtn̩s] n. 重要性

③ **education** [ˌɛdʒə`keʃən] n. 教育

④ **aim** [em] n. 目的；目標

⑤ **if** [ɪf] conj. 如果

⑥ **success** [sək`sɛs] n. 成功

⑦ **youth** [juθ] n. 青少年時期

⑧ **subject** [`sʌbdʒɪkt] n. 科目

⑨ **experience** [ɪk`spɪrɪəns] n. 經驗

⑩ **dot** [dɑt] n. 點

⑪ **line** [laɪn] n. 線

⑫ **compare** [kəm`pɛr] v. 比較

⑬ **than** [ðɛn] prep. 比 conj. 比較

⑭ **influence** [`ɪnfluəns] n. 影響

⑮ **pressure** [`prɛʃɚ] n. 壓力

⑯ **kindergarten** [`kɪndɚˌɡɑrtn̩] n. 幼兒園

⑰ **word** [wɝd] n. 字

⑱ **attention** [ə`tɛnʃən] n. 注意

⑲ **goal** [ɡol] n. 目標

⑳ **inspire** [ɪn`spaɪr] v. 啟發

㉑ **discover** [dɪ`skʌvɚ] v. 發現

㉒ **teach** [titʃ] v. 教 (teach-taught-taught)

㉓ **humorous** [`hjumərəs] adj. 幽默的

㉔ **zero** [`zɪro] n. 零

㉕ **correct** [kə`rɛkt] v. 改正 adj. 正確的

㉖ **example** [ɪɡ`zæmpl̩] n. 例子

㉗ **circle** [`sɝkl̩] n. 圓圈

㉘ **or** [ɔr] conj. 或；否則

㉙ **praise** [prez] v. 讚美

㉚ **point** [pɔɪnt] n. 點；重點

㉛ **divide** [dɪ`vaɪd] v. 分開

㉜ **speaker** [spikɚ] n. 演講者

Unit
60

261

It's time for the last speeches of the **debate**. The topic is the **importance** of grades in **education**. Here's the first side:

I think every student's **aim** should be to be the best in school. **If** we have **success** in our **youth**, we will have success in life. We work hard at difficult **subjects**, and that gives us **experience** to face other difficulties. Some people say grades are not important, just **dots** on a **line** showing where students stand **compared** to others. They say that always trying to be better **than** others will have a bad **influence** on students. I disagree with this. There is competition and **pressure** in the working world. Students need to learn to handle this while they are young, even in **kindergarten**. It might not be interesting to memorize lots of **words** carefully, but it helps them to have a good **memory** and to pay **attention**.

Now the other side:

The **goal** of education should be to **inspire** students to love learning and **discover** things on their own. A teacher should **teach** in a **humorous** way so students have fun. They should not just give students a poor grade like a **zero**, but encourage them to **correct** their own mistakes. For **example**, the teacher could draw a **circle or** star around the area where there is a mistake and ask students to work together to find it. It's better to **praise** students for doing well than to make them feel bad for getting the wrong answer. The **point** is if we don't focus too much on grades, students will have more confidence and creativity.

The judges' opinions are **divided** over who won. What do you think? Which **speaker** do you agree with?

EXERCISES

現在請透過下列練習題來幫助你加強記憶單字。

A. 閱讀測驗

1. What is the debate about?

   (A) How important education is.　(B) Why we need to memorize words.

   (C) Why kindergarten is important.　(D) How important grades are.

2. According to the second speaker, what is the goal of education?

   (A) To teach how to succeed.　(B) To inspire students.

   (C) To teach difficult subjects.　(D) To give grades.

B. 字彙填空

_____ 1. The teacher likes to _____ his students.

_____ 2. My five-year-old sister is in _____.

_____ 3. Karen has five years' working _____.

_____ 4. They are going to have a _____ about whether there should be vending machines in schools.

_____ 5. Look up the _____ in the dictionary.

debate	word	kindergarten	praise	experience

Unit 60

C. 字彙選擇

1. Look at the picture. What is she doing?

   (A) Singing.　(B) Teaching.

   (C) Reading.　(D) Dancing.

2. This _____ can show you how to use the word in a sentence.

   (A) influence　(B) education　(C) importance　(D) example

3. The story is _____. It always makes me laugh.

   (A) equal　(B) social　(C) humorous　(D) boring

4. I want to be a scientist. I like to _____ new things.

   (A) discover　(B) divide　(C) inspire　(D) build

5. Are you falling asleep? Pay _____ to the teacher!

   (A) memory　(B) attention　(C) pressure　(D) circle

解析

Unit ❶ Meet My Family 認識我的家人

STORY

嗨，我是Karen。這是我的**家庭**。我來跟你們**介紹**我的**親戚**。讓我來**描述**一下他們：

這是我的**外公**和我的**外婆**。他們非常**老**了。他們有兩個**女兒**——我**媽媽**跟我**阿姨**。他們還有一個**外孫女**和兩個**外孫**——我、我**弟弟**和我的**表兄弟**。

這是我的**父母**。我媽媽又**高**又**苗條**。我爸則**矮矮胖胖的**。他們人很好。

這是我媽媽的**姊姊**，Mary阿姨。我是她的**外甥女**。我弟弟是她的**外甥**。她對我們很**好**。

這是我的Jim**姨丈**。他是我阿姨的**丈夫**。他很愛他的**太太**。他們有一個**兒子**——我的**表兄**Andrew。

這是我的弟弟Kevin和我。我弟弟**年紀很小**，才五歲。他很**害羞**，話不多。大家都喜歡他，因為他很**可愛**。

這是我的表兄弟Andrew。他很**友善**。我們總是一起去上**學**。我們都十三歲。你們覺得我們長得**像**嗎？

EXERCISES

A.閱讀測驗	1. D 2. A

B.字彙填空	1. friendly 2. grandmother 3. alike 4. elder 5. grandson

C.字彙選擇	1. D 2. C 3. B 4. C 5. B

Unit ❷ New Clothes 新衣

STORY

Tom、Sue和他們的媽媽正在買衣服。

媽媽：Tom和Sue，你們需要一些新**衣服**。你們喜歡什麼**顏色**？

Sue：**粉紅色**！看看這件粉紅色**洋裝**，我喜歡！

媽媽：喔！看那個**價格**。這件會花太多錢。

Sue：**是啊**，我知道。這是在**日本**製的。那不然那件粉紅色**裙子**呢？

媽媽：那件看起來太小了。妳需要穿**M號（中尺寸）**的。妳也可以試穿那件**白色女襯衫**和**藍色毛衣**。

Sue：謝謝，媽。

媽媽：你需要什麼，Tom？

Tom：我要一件**襯衫**、一件**夾克**和**一條褲子**。

媽媽：這件**咖啡色**褲子、**綠色**襯衫和這件**黃色**夾克看起來很棒。去試穿看看吧。

Tom：我還想要一條新的**牛仔褲**。看看我現在穿的牛仔褲。上面有一個**洞**。

媽媽：好，我知道了。我覺得你現在也需要穿到L號（**大尺寸**）了。

Sue：媽媽，這些衣服都很合身，我還發現了這雙**紅色鞋子**。我可以買這雙嗎？我想要**穿**去學校。

媽媽：穿**黑色**的鞋子去學校會比較好。

Sue：那麼這頂紅**帽子**怎麼樣？它很可愛，我也喜歡紅色。我會用我自己的**錢**！

媽媽：好吧，那可以。這帽子還不錯。

Tom：看看我穿的衣服，合身嗎？

媽媽：看起來很好……喔，這件襯衫上有**汙漬**。這裡有另一件綠色襯衫。這樣你需要的都有了。

店員：請問您想要用**現金**還是**信用卡**付款？

媽媽：信用卡，麻煩你了。

A.閱讀測驗　　1. C　2. A

B.字彙填空　　1. credit card　2. size　3. white　4. color　5. pair

C.字彙選擇　　1. C　2. B　3. A　4. D　5. D

Unit ❸　My Town 我的城鎮

STORY

　　歡迎來到我的家鄉。許多人搭**火車**來這裡。這裡有一個舊**火車站**。我就住在**鐵路**附近。

　　這裡**開車**的人不多，所以**交通**並不壅塞。大部分的人都**騎小型機車**或**摩托車**。我喜歡騎我的**腳踏車**。

　　我住的城鎮很小。有一間**工廠**，許多人在那裡工作。我住在一長**排**的住宅區裡。**便利商店**離我家不遠。便利商店旁邊是**警察局**。警察局再**過去**的**街區**有**藥妝店**和**速食餐廳**。鎮上還有**郵局**、**市場**和**教會**。

　　教會再過去，你可以**越過**一條小溪到**動物園**和**文化中心**。文化中心裡有許多活動。我在那裡上藝術課程。

　　如果**沿著**小溪走，你會到一座**公園**。公園裡有一個大**湖**，還有美麗的**樹**和**花**。公園再過去還有個**樹林**。那些樹有粗大的**根**。在樹林裡散步很有趣，但得小心**石頭**還有**小蟲子**！

　　如果你來拜訪我住的城鎮，我**認為**你會想要**留**在這裡！

A.閱讀測驗　　1. C　2. B

B.字彙填空　　1. post office　2. zoo　3. flower　4. train　5. fast food restaurant

C.字彙選擇　　1. C　2. D　3. B　4. D　5. D

Unit ❹　My Home 我的家

STORY

Katie拜訪Mike的**家**。

Katie：這是你的**房子**嗎？看起來超瘋狂！它是上下顛倒的。有**陽臺**，但沒有人可以站在上面！

Mike：對啊，而且**屋頂**是在地面上，有個**門**能進去。到**大廳**來吧。房子裡有很多房間。

Katie：我們走在**天花板**上，而**地板**在我們上方。所有的**家具**也都是上下顛倒的嗎？

Mike：不完全是。這是**客廳**。妳可以坐在**沙發**或是**扶手椅**上。它們沒有上下顛倒。**窗簾**也沒有。

Katie：**書架**是上下顛倒的。**牆壁**上的那些照片也是！

Mike：**往樓上**看。**樓梯**看起來也很好笑，**臥室**裡有個上下顛倒的**床**和**衣櫥**！

Katie：原來如此！那**浴室**呢？你怎麼**洗澡**？

Mike：那沒問題。妳看！浴室看起來很正常。

Katie：我家就沒這麼有趣。我住在**一層公寓**裡，但你得**往樓下**走才能到，它在那棟**樓**的**地下室**。

Mike：地下室？有**窗戶**嗎？

解析

Katie：沒有，但我喜歡那個地方。我把它**保持**得非常**乾淨**。我有自己的**廚房**，戶外還有一個很棒的花園。我喜歡坐在花園裡閱讀和吃東西。花園是我的**書房兼飯廳**。

Mike：那真好。我家就沒有大的**院子**。**車庫**占掉了院子大部分的空間。

Katie：希望你車庫裡的車不是上下顛倒的！

EXERCISES

A.閱讀測驗　　1. C　　2. B

B.字彙填空　　1. bookcase　　2. window　　3. downstairs　　4. armchair　　5. building

C.字彙選擇　　1. D　　2. A　　3. C　　4. B　　5. A

Unit ❺　　Where Is My Book? 我的書在哪？

STORY

Julie：Jeff，我的**字典**在哪？我**忘記**我放在哪了。它是一本很大的紅色的書。我放在我的**背包**裡帶回家的。

Jeff：那一定是在家裡的**某個地方**。我沒看到它。我**建議**妳**確認**看看妳的房間。

Julie：不在那裡。**既**沒有在我**書桌**的**抽屜**裡，也不在書桌**上方**的**架子**上。

Jeff：妳的房間**如此**一團亂！找東西就像大海撈針。也許地板上的一些衣服把它**蓋住**了吧。

Julie：我看過了。我只在**衣櫃下面**找到一本**筆記本**，我以前的**日記**夾在床和牆壁之間。

Jeff：那也許在客廳這裡。

Julie：不在**桌子**上或在**椅子底下**。

Jeff：**沙發**上呢？

Julie：**也**不在那裡。

Jeff：我把**燈**打開。妳看！**地毯**的一個角掀起來了。

Julie：地毯下什麼也沒有。

Jeff：那浴室裡的**浴缸**呢？

Julie：太好笑了吧！我又不會帶字典去洗澡！

Jeff：我餓了。我要**進廚房**去吃點心。妳要來點什麼嗎？

Julie：我會去拿我**自己**的點心，謝謝。我要用**微波爐**弄點東西。

Jeff：我看看……**冰箱**裡有什麼？Julie，妳的字典在**冰箱**裡！在一盒巧克力**旁邊**！

EXERCISES

A.閱讀測驗　　1. A　　2. D

B.字彙填空　　1. couch　　2. under　　3. tub　　4. above　　5. refrigerator

C.字彙選擇　　1. C　　2. B　　3. D　　4. A　　5. D

Unit ❻　The Printer Is Broken! 印表機壞了！

STORY

Jason發現他的**印表機**、**冷氣機**還有他的卡車都**壞掉**了。他現在正要去**維修**的店。

1

Fox先生：早安，有什麼我能為您做的嗎？

Jason：這臺印表機。我才剛跟**銷售員**購買沒多久。他說這臺印表機非常**好用**。但它壞掉了！印不出**任何東西**！

Fox先生：您有試過用這臺印表機印任何東西嗎？

Jason：有啊，一些冰淇淋的圖片和**其他的檔案**。

Fox先生：讓我們再試著印印看。喔！印表機裡沒有**任何**墨水。印表機**沒有墨水就不能運作**了。

2

Jason：我的冷氣機現在**似乎像個暖氣機**一樣。熱風從裡面吹出來。

Gray先生：我**已經徹底看**了這個管子。**昆蟲**吃掉了管子**上面的部分**。我會修理它。您可以在明天**早上十一點到下午**六點之間來拿。

Jason：你們要**收多少錢**呢？

Gray先生：您的**帳單**是六百元。

Jason：這麼多錢！

Gray先生：這管子**修理**起來是很**困難的**。

3

Owen女士：我有什麼能幫忙您的呢？

Jason：妳是**技師**嗎？這輛卡車**壞掉**了。

Owen女士：您的卡車出了什麼狀況呢？

Jason：這不是我的卡車。我不是**車主**。我是個冰淇淋**攤販**。我跟我朋友借了這輛冰淇淋車。

Owen女士：好的。您開車時有壓到**尖銳**的東西嗎？

Jason：我開車**時**有一支**槌子出現**在路面上。

Owen女士：我明白了。讓我修理一下這個**爆胎的輪胎**。

EXERCISES

A.閱讀測驗　1. C　2. B

B.字彙填空　1. insect　2. broken　3. heater　4. owner　5. hard

C.字彙選擇　1. A　2. C　3. A　4. D　5. C

解析

Unit ❼　At the Market 在市場

STORY

Jenny去市場買**一些水果和蔬菜**。這是她的清單：

蔬菜	水果
一顆南瓜	一公斤的**草莓**
三顆洋蔥	四根香蕉
五顆馬鈴薯	六顆蘋果
七根**紅蘿蔔**	

Jenny：不好意思，這南瓜多少錢？

Rose先生：**六塊錢**。

Jenny：六塊錢？那很**貴**！

Rose先生：不會，這很**便宜**。它是顆大南瓜！

Jenny：好吧，我要這顆南瓜。我要做一個南瓜**燈籠**。我還要三顆洋蔥、五顆馬鈴薯、七根紅蘿蔔。

Rose先生：洋蔥**兩塊錢**，馬鈴薯兩塊錢，紅蘿蔔三塊錢。

Jenny買了蔬菜後去水果攤。

Jenny：我想要**一公斤**的草莓、六顆蘋果、四根香蕉。

Stone女士：好的。總共是七塊錢。

　　　　突然，有個人騎腳踏車撞進水果攤。一些**芒果**掉了下來。Jenny幫忙把它們撿起來。

Stone女士：喔我的天啊！讓我**數數**……八、九、十、十一、十二、十三、十四、十五、十六、十七、十八、十九、二十顆芒果。我想那就是全部了。感謝妳的幫忙！妳可以免費拿一顆芒果！

Jenny：謝謝，不過這些芒果看起來不是非常好。

Rose先生：它們嚐起來很棒！妳可以做馬鈴薯芒果沙拉。

Jenny：馬鈴薯芒果沙拉？會很難做嗎？

Rose先生和Stone女士：不會，輕而易舉（像一**片**蛋糕）！

EXERCISES

A.閱讀測驗　　1. B　　2. C

B.字彙填空　　1. vegetable　　2. count　　3. buy　　4. dollar　　5. piece

C.字彙選擇　　1. C　　2. C　　3. D　　4. C　　5. A

Unit ❽　Eating Out 外出用餐

STORY

Ariel和Sophia在餐廳裡。她們正在看**菜單**。

Ariel：我是這裡的常**客**。我**喜歡**這裡的沙拉和湯。妳想要吃什麼？

Sophia：我不知道。我需要多一點時間再看一下菜單。

Ariel：好啊。不用**趕**。

五分鐘後……

服務生：這是兩位的**水**。準備好可以**點餐**了嗎？

Sophia：可以，**主餐**的部分，我想要漢堡和**薯條**。

Ariel：我只要湯和沙拉。

服務生：那兩位想要**喝**點什麼？

Sophia：我想要**咖啡**，謝謝。

Ariel：我想要**茶**加**冰塊**……要有**吸管**。

十分鐘後……

服務生：這是兩位的飲料。

Ariel：噢！這太**可怕**了！我的**玻璃杯**好髒。

服務生：我**非常抱歉**。

女服務生：這是您的**食物**。請享用您的**餐點**。

Ariel：這看起來也好**糟**！我沒辦法**吃**。叉子好髒！

Sophia：啊！我的**盤子**上有一隻**蟑螂**！

女服務生：我很抱歉。妳們想要免費的**甜點**嗎——**蛋糕**或是**冰淇淋**？

Sophia：不要！我已經不**餓**了。我只想要跟你們的**經理申訴**！

EXERCISES

A.閱讀測驗　　1. B　2. C

B.字彙填空　　1. hungry　2. rush　3. order　4. dirty　5. main

C.字彙選擇　　1. C　2. C　3. D　4. A　5. C

Unit ❾　I Love Spaghetti 我愛義大利麵

STORY

　　我是Oliver。我愛**義大利麵**。義大利麵**很好吃**。我喜歡煮義大利麵當**午餐**或**晚餐**給我的家人吃。這是我的食譜。

Oliver的義大利麵食譜
我需要的材料
◆ 一包義大利麵**麵條**　　　　　　　　◆ 兩匙鮮奶油 ◆ 一些**肉**（**牛肉**、**蝦子**或其他**海鮮**）　◆ 一匙**鹽** ◆ 三顆**番茄**　　　　　　　　　　　　◆ 一匙**胡椒粉** ◆ 一顆洋蔥　　　　　　　　　　　　　◆ 一些奶油
我料理的方法
1. 準備好以上清單的所有**項目**。 2. 煮義大利麵麵條：**裝滿**一**鍋**水，將水**煮沸**。然後將麵條放入沸水中烹煮。 3. 製作醬料：用**刀**將洋蔥和番茄**切片**。**測量**好適量鮮奶油、鹽和胡椒粉。將一些奶油**抹**在肉上。再將洋蔥、番茄、鮮奶油、鹽、胡椒粉和肉**加入平底鍋**，然後烹煮一小時。 4. 在**碗**中混合麵條和醬料。

　　義大利麵**嚐**起來很好。我和我的家人喜歡配著**一條麵包**一起吃。我們吃完後，會再吃一些水果，像是**西瓜**、**木瓜**、**芭樂**、**鳳梨**或**橘子**。對我們來說這就是非常棒的一餐。

EXERCISES

A.閱讀測驗　　1. C　2. A

B.字彙填空　　1. knife　2. spoon　3. meat　4. tastes　5. boils

C.字彙選擇　　1. C　2. A　3. B　4. D　5. D

Unit ⑩ Let's Bake Cookies! 來烤餅乾！

STORY

烤餅乾很簡單！你**準備好**了嗎？**讓我們開始**吧！

> 一顆**蛋**
> 兩杯**麵粉**（240克）
> 一杯**糖**（200克或更多）
> 二分之一杯**油**（114克）
> **一些奶油**

照著這些**步驟**來做**好吃**的餅乾。

步驟一——放奶油、糖、油和蛋到碗裡。如果你**想要讓**餅乾嚐起來更**甜**的話，就加入更多的糖。然後加入適量的麵粉，並把它們都**混合**在一起。你也可以加入**一些堅果**或**巧克力**。

★**祕訣**：正確地測量麵粉的量。如果你加了太多麵粉，餅乾會太乾。

步驟二——把碗放在冰箱中**幾個**小時。

步驟三——將碗從冰箱拿出來。把麵團**滾**成一些小**球**，然後把它們壓扁。

步驟四——把餅乾放進**烤箱**裡烤十到十二分鐘。它們會**聞起來**很香。要注意**觀看**，確保它們不會**烤焦**。

現在你就有美味的**點心**了！它們配**牛奶**一起吃很可口。好好**享受新鮮**餅乾或是和你的朋友們一起**分享**吧！

EXERCISES

A.閱讀測驗　　1. D　2. B

B.字彙填空　　1. sweet　2. watch　3. smell　4. ready　5. bake

C.字彙選擇　　1. A　2. B　3. C　4. C　5. B

Unit ⑪ Pen Pals 筆友

STORY

親愛的Jenny：

　　妳喜歡節日嗎？我喜歡過節，因為有非常多好玩的事。在**美國**，下禮拜就是**感恩節**。我和我的家人一起吃大餐來**慶祝**。我們吃火雞（吃起來就像**雞肉**）、馬鈴薯、麵包、蔬菜和我的最愛——**南瓜派**！

　　上個月是**萬聖節**。我去參加了**派對**，我們在南瓜上刻上臉孔，還拿到了很多**糖果**。那天也很好玩。但在所有的節日中，我最喜歡的是**聖誕節**！聖誕節時，我們和家人在一起共**度**時光，我們有聖誕樹，還會得到**禮物**。妳在節日的時候都**做些**什麼？**臺灣**有些什麼樣的**習俗**呢？

　　趕快**寫信**給我喔！

Paul

親愛的Paul：

　　感謝你寄來的**明信片**。我**也**覺得慶祝節日很好玩。我最喜歡的節日是**農曆新年**。我會從我的父母、祖父母、姑姑阿姨和叔叔舅舅那裡收到紅包。在農曆新年**前夕**，我們會**清洗**所有的東西和**打掃**所有地板。然後我們會熬夜到**午夜**十二點吃**水餃**。我們把**醋**和**醬油**放在**小碟子**上，將水餃沾醬來吃。水餃很好吃！我們也吃**魚**、**米飯**還有**包子**。我們用**筷子**吃東西，並用**炒鍋**來料理。

農曆新年完的兩週後就是**元宵節**。我們會**掛**紙做的美麗**燈籠**。我會寄燈籠的照片給你的。
趕快寫信給我喔！

Jenny

EXERCISES

A.閱讀測驗　1. D　2. B

B.字彙填空　1. celebrate　2. midnight　3. sweep　4. candy　5. have

C.字彙選擇　1. C　2. B　3. D　4. A　5. D

Unit ⑫　Food Fair 美食展

STORY

快來美食展！

早餐、**早午餐**、午餐和**晚餐**的各式食物供你享用！

時間：七月五日至十二日，早上九點至晚上七點

地點：Lakeside學校**自助餐廳**

門票：網路購票一百元，現場購票兩百元

攤位介紹：

速食樂

我們有**披薩**、**漢堡**、**番茄醬**熱狗、烤**豬肉**三明治（會需要使用**餐巾**）還有薯條，都很美味！

健康循環

是否有提供美食給**節食**中的人？**對**，我們有！你可以試試健康**豆腐**和**萵苣**沙拉。也可以享用**葡萄**、**桃子**和**梨子**做的美味**奶昔**。

超棒早午餐

這裡有**甜甜圈**、**果醬烤土司**、炒蛋和很多不同種類的**麥片**。

五星級晚餐

品嚐名廚現做的**熱騰騰**料理，包括**牛排**、**雞肉**、**日本**料理還有……**泡麵**？沒錯，有一位廚師以雞蛋起司泡麵贏得美食獎！

液體國度

這裡有**無酒精冷飲**，包括**可樂**和**果汁**。也有許多種類的**啤酒**和葡萄酒，有**苦的**也有**酸的**風味，限教師飲用。

夢幻甜點

來一塊蘋果派、草莓派或巧克力**派**吧！享用蛋糕和冰淇淋。這裡有很多甜食。

EXERCISES

A.閱讀測驗　1. B　2. D

B.字彙填空 1. pie 2. milkshake 3. tofu 4. doughnut 5. cereal

C.字彙選擇 1. D 2. D 3. A 4. C 5. D

Unit ⑬ My Week 我的一週生活

STORY

我的一週生活

週一、週二、週三、
週四和週五
我起床去上學
每天都有很多課

早上的時候
每個人都要上數學課
我不覺得它無聊
我希望我會及格

鐘聲響起，地理課的時間到了
在那之後，我們要上國文和體育課
我和朋友中午一起吃午餐
英文課是在下午

老師用粉筆寫字
我在課本裡寫下一個句子
然後我修改句子
在我讓老師過目之前

然後是科學和歷史
我學習一長串的東西
我在星期五下午四點上音樂課
前一天我加緊練習

我在夜晚或傍晚時做功課
我得溫習所有東西
每天的課占掉週間許多時間
但週六和週日，是玩耍的時間！

EXERCISES

A.閱讀測驗 1. B 2. D

B.字彙填空 1. Saturday 2. sentence 3. learn 4. wake 5. friend

C.字彙選擇 1. C 2. D 3. D 4. B 5. C

Unit ⑭　A Letter to Grandma 給奶奶的一封信

STORY

親愛的奶奶：

新**學期**才剛開始。**我現在**讀**國中**了。上學的第一天，我不認識**任何人**。但現在我認識我所有**同學**，而且我也交到一個新朋友！他的名字叫John。**他是班長**。**我們說**了很多話，我們**經常**一起去**體育館**運動，也一起去**圖書館**讀書。

John和我**都**喜歡**生物**課。它很有趣。我們在課堂上玩生物**桌遊**！我們也很喜歡老師Black女士。**她**對她所有的**學生**都很好，她**強調**學習可以是很好玩的。Black女士說：「為了好玩而學習，不為了**考試**而學習！」她也在**教室**裡養一些昆蟲。**它們**很小很可愛！

Black女士喜歡**問問題**。當**沒有人確定**答案是什麼的時候，她會讓我們**討論**。我們**每個人**在她的課堂上都**表現**良好，而她也從來不**處罰**我們。**您**不覺得她是一位很酷的老師嗎？

愛您的
Tom

P.S. 我下週末會帶**禮物**去拜訪您。

EXERCISES

A.閱讀測驗　1. C　2. B

B.字彙填空　1. punish　2. ask　3. exam　4. biology　5. both

C.字彙選擇　1. B　2. D　3. C　4. B　5. D

Unit ⑮　Life of a Genius 天才的一生

STORY

　　阿爾伯特・愛因斯坦是一位**瘋狂**的天才。他在1879年**出生**於德國。從**小時候**開始，他就**聰明過人**，但沒有人**預期**他會成為一位**有名的科學家**。事實上，當愛因斯坦在讀小學時，他的老師認為他不聰明，絕不會有任何**成功**。

　　愛因斯坦**青少年**時，覺得**課本**很**無聊**。他喜歡自己**閱讀書籍**。他努力學習數學、**化學**和**物理**。高中時，他在許多科目都得到好成績。不過他也有一次考試**不及格**。

　　當他**成年**時，他在**大學**裡與一名女子相識，他們在1903年**結婚**。他沒有花很多時間和家人相處。他不希望家庭生活**限制**了他的工作。

　　愛因斯坦對**物質**、**質量**、**運動**和能量都感到**好奇**，他使用科學**方法**來尋找問題的解答。許多科學家對他的**想法感興趣**，喜歡聽他的言論。他的想法成為了**知識**的一項**基礎**，幫助了科學家們解決問題並**發明**許多事物。

Unit ⑯　Special Days 特別的日子

STORY

特別的日子

一年之中有許多**特別的**日子
看看**日曆**，哪個**節日**快到了？
一月有**新年前夕**和**新年**
不用上學或上班，我們可以玩樂！
二月有**情人節**，有糖果和愛心
做一張粉紅卡片，就是**絕佳的**藝術！

三月或**四月**是有蛋和兔子的**復活節**
你覺得復活節兔耳朵看起來好笑嗎？
母親節是在**五月**這個月分
在這天你能為你的媽媽做些什麼呢？

六月的時候有**端午節**
色彩鮮豔的龍舟和粽子讓這個節日很特別
七月沒有**節慶**，但也不用去上學
享受**美妙的**時光，去泳池游泳吧

在**八月八日**是**父親節**，這是屬於爸爸的日子
做些好事情讓爸爸開心吧
在**九月**，學校又開學了，然後是**教師節**的到來
穿著**正式的**衣服並感謝老師每天所做的一切

中秋節在**九月**或**十月**
和家人吃**月餅**、**一起**玩樂吧
十月還有**另一個**假期——
雙十節是我們**國家**的節日

在美國，**感恩節**是在**十一月**
聖誕節和美麗的聖誕樹在**十二月**出現
一年之中有許多特別的日子
看看日曆，哪個節日快要到了呢？

A.閱讀測驗	1. A 2. B
B.字彙填空	1. March 2. Valentine's Day 3. month 4. August 5. moon cake
C.字彙選擇	1. C 2. D 3. A 4. C 5. A

Unit ⑰ An Exchange Student 交換生

STORY

親愛的Sophia：

我**在國外唸書**過得很開心。我熱愛**旅行**，我學習到很多。美國這裡的**文化**有許多**差異**。我得使用一套不同的**字母**和**語言**，開始新的**習慣**，甚至還使用到一些不同的**手勢**！我閱讀一本**說明手冊**來幫助我記住這些事。我有很好的**記憶力**！我不想犯下**錯誤**或做出任何**失禮的**行為。

第一天的時候我很緊張。我在**鬧鐘**響之前就醒來了。學校的**校園**很大。當我到學校的時候，我找不到我的**置物櫃**也找不到**廁所**！我的眼睛充滿了**淚水**，**滴落**到我的**眼鏡**上。我開始往**出口**走去。然後一個女生走過來，跟我**解釋**所有的東西在哪裡。她的名字叫Jenny。我們去聽**校長**演講。然後我們上課時坐在彼此旁邊。當老師在寫黑板時，她借給我她的筆、尺和**一張紙**來作筆記。

我現在是**啦啦隊隊員**了。跳躍和**歡呼**很好玩。我**討厭躲避球**這類的運動，但我喜歡啦啦隊這種**運動**。我們為**壘球賽**和**足球賽**歡呼加油。

妳過得如何呢？妳正忙著在妳爸媽的**店裡**幫忙並準備下個月的**期末考**是嗎？我知道妳想要在妳的**成績單**上有好成績。我想念妳和我其他的朋友和家人。妳的信總是在我想家的時候**支持**著我。

愛妳的
Laura

A.閱讀測驗	1. D 2. B
B.字彙填空	1 exit 2. mistake 3. cheerleader 4. sheet 5. alarm clock
C.字彙選擇	1. B 2. A 3. A 4. C 5. D

Unit ⑱ Exam Tips 考試技巧

STORY

　　你想**通過**你的下一個**考試**嗎？這裡有**一些**幫助你考好的祕訣！
1. 英文**字彙**的部分，在閱讀的時候把你不**了解**的字用**鉛筆畫底線**。查閱字典後，試著背下它們的**定義**，然後抄寫這些單字來學習**拼字**。

2. 用**蠟筆**或**麥克筆畫圖**。你可以在各種課堂上使用這個方法。舉例來說，在數學課時，畫出與**數字**對應的圖：八**減**三等於五。三百**加**五百等於八百。你也可以畫出你想記住的關於歷史或科學的事情，或是你想記的英文單字。用線條表示出各圖是如何互相**連結**的。

3. **說出聲音**來。把你所需要學會的事物**重複唸幾遍**。

4. 和朋友一起唸書。看你們要學習的**頁次**，然後給彼此**測驗**。用紅**筆批改**彼此的答案，在該頁的頂端寫下**總分**。

5. **口說**測驗的話，可以和你的朋友們練習**對話**。

6. 從錯誤中學習。翻開你的**習作簿**，注意你的錯誤和**正確**答案。

7. 測驗當天確認你已經準備好了。帶著你的**鉛筆盒**、**橡皮擦**和額外的**紙**。

EXERCISES

A.閱讀測驗　1. C　2. B

B.字彙填空　1. correct　2. link　3. plus　4. minus　5. repeat

C.字彙選擇　1. B　2. D　3. C　4. C　5. B

Unit ⑲　A Rainy Day 下雨天

STORY

Ryan：今天**外面**下雨又刮著風！天氣太**濕**了不能出去玩。在這種**天氣**我們可以做什麼**活動**呢？

Mark：我們可以玩捉迷**藏**！在雨中躲起來比較容易！

Ryan：我想要待**在室內**。我的**嗜好**是看**小說**。我在**任何地方**都可以看。

Mark：玩**電腦遊戲**怎麼樣？我剛**拿到**一款**新**遊戲！

Ryan：是那種**玩家們**要**射擊**對方的嗎？我不喜歡那種遊戲。

Mark：好吧，也許玩架上**這些遊戲**中的一種。**卡牌**？**西洋棋**？**拼圖**？

Ryan：拼圖是個**很棒**的主意！**自從**去年我就沒再玩過拼圖了。

Mark：真的嗎？我不覺得拼圖好玩。**此外**，**這個**拼圖有太多片。要花好幾小時來拼。我們玩西洋棋吧。

Ryan：我不知道要怎麼**移動**那些棋子。這是個很**常見**的遊戲，但我不會玩。

Mark：那看**電影**呢？我們可以從桌上**那些**電影中挑一部來看。

Ryan：那是個好主意！**雖然**我愛看電影，我家並沒**有**電視機。你很**幸運**有一臺電視。這部電影怎麼樣？是根據我最喜歡的**漫畫**改編的！

Mark：當然可以，我也喜歡那部電影！

EXERCISES

A.閱讀測驗　1. D　2. B

B.字彙填空　1. lucky　2. activity　3. weather　4. movie　5. wet

C.字彙選擇　1. D　2. A　3. C　4. B　5. C

Unit ⑳ School Sports Day 學校運動會

STORY

學校昨天在Green公園舉辦本年度的運動會。這對學生和他們的粉絲來說是一個相當令人興奮的日子。B班贏了；然而，每個人都表現得非常好。總共有四個隊伍：A班、B班、C班和D班。每隊都穿不同顏色的T恤。李教練用他的碼錶計分，並告訴所有人規則。

第一場比賽是繞著遊樂場賽跑。在賽跑最後階段，每個人都必須跳到翹翹板上，然後再從溜滑梯滑下來。Brian剛開始時是最快的。他的速度飛快所以沒有人覺得他會輸，但是他一隻眼睛的隱形眼鏡掉到草地裡了！他得停下來找他的眼鏡。

另一個比賽是拔河。兩隊各拉著繩子的一端。隨著一個動作，一隊就把另一隊拉倒在地！隊伍們也比賽玩飛盤以及一些更常見的運動項目，包括棒球和籃球。在棒球比賽時，B班的Katie兩次擊出全壘打！

最後，在那天的尾聲，每個人都把他們的運動鞋脫掉，玩起水球大戰。那場比賽沒有獲勝者也沒有輸者。每個人單純享受玩水的樂趣！

EXERCISES

A.閱讀測驗　　1. B　　2. D

B.字彙填空　　1. however　2. coach　3. but　4. race　5. playground

C.字彙選擇　　1. B　　2. C　　3. B　　4. D　　5. B

Unit ㉑ Getting to Know Each Other 認識彼此

STORY

老師：Rachel、Henry、John還有Lisa，你們在同一組。花點時間認識一下彼此吧。

Lisa：嗨，我是Lisa。我喜歡做料理、畫畫、唱歌和健行。我最喜歡的動物是貓，我家裡有一隻小貓。很高興認識你們。

Rachel：我也愛貓咪！但我沒有養，因為我的公寓裡不能養寵物。我也覺得做料理很好玩。我也喜歡跳舞、溜直排輪和打桌球。對了，我叫Rachel。

Henry：哈囉，我是Henry。我也喜歡桌球，Rachel。我愛運動，我常常去跑步。這個夏天，我和我的家人去登山。那超刺激的！我有一隻寵物蛇。牠會吃活老鼠！

Lisa：好可怕喔！

Henry：這個嘛，貓如果抓到老鼠也會吃老鼠。

Lisa：我想也是。

John：嗨，我是John。

Lisa：John，你可以告訴我們任何關於你的有趣的事情嗎？

John：我喜愛動物，我有一隻狗、一隻鸚鵡和一條魚。我的狗不常吠叫，當你撫摸牠的頭時，牠還會對你搖尾巴。我的鸚鵡會說話。牠的翅膀是藍色和綠色的。我喜愛戲劇，我喜歡演搞笑劇引大家發笑。我還喜歡在湖上航船……。

Rachel：噫……噫……噫……！有蛇啊！你是不是把你的寵物帶到班上來了，Henry？

A.閱讀測驗 1. B 2. A

B.字彙填空 1. kitten 2. meet 3. laugh 4. hello 5. animal

C.字彙選擇 1. C 2. D 3. D 4. A 5. A

Unit ㉒ Breaking a Record 破紀錄

STORY

　　許多人從事**高爾夫球**、**網球**、**足球**、**排球**和**羽毛球**等運動，只是為了好玩或是減輕**體重**。但有一些人運動是為了成為世界頂尖。這裡有一些很厲害的紀錄。

　　世界上最快的人──尤塞恩‧博爾特以身為全世界跑最快的男子而聞名。他的**一百公尺賽跑**紀錄是九點**五八秒**。人們說他的身高有助於他跑較快──他有六**英尺五英寸**之高（一百**九十五公分**）。

　　一**英里**最快速度紀錄──長**距離**賽跑來說，男子紀錄一英里是三**分四十三秒**。女子紀錄的**時間**是四分十二秒。

　　年邁者中最快的賽跑紀錄──艾德‧灰特洛克八十五歲時，他跑出了同**年齡**人之中一英里的最快紀錄──七分十八秒。當他**六十八**歲時，他就創下了兩小時五十一分鐘的馬拉松紀錄。**七十五歲**時，他在五公里的賽跑中，跑了十八分四十五秒。

　　游泳紀錄──在游泳比賽中，男子一千五百公尺紀錄是十四分**三十**一秒。女子紀錄是十五分十九秒。

　　跳臺**滑雪**──滑雪也有世界紀錄。滑雪者從很高的坡道跳下，看他們能跳多遠。男子紀錄是兩百七十三**碼**（兩百五十公尺），而女子紀錄是兩百一十八碼（兩百公尺）。

　　你**將來**也想把你的名字**放**在這些紀錄上嗎？試著和**時鐘**賽跑吧，你**很快**就能變得更快了！

EXERCISES

A.閱讀測驗 1. A 2. B

B.字彙填空 1. skiing 2. future 3. sixty 4. distance 5. ninety

C.字彙選擇 1. C 2. A 3. B 4. D 5. D

Unit ㉓ My Free Time 我的閒暇時光

STORY

Sally正在寫日記。

六月二十日

　　今天我有一些**空閒**時間，所以我**決定**和我的朋友Claire去**博物館**。這間博物館看起來像一座**塔**。早上十點開始**營業**，下午六點**關門**。

　　我們十點的時候去的，博物館裡**明亮的**燈光讓我們很**興奮**。我們看到一個用燈圍繞著的**隧道**。導覽人員**讓**我們進去。隧道的內部看起來很大，但其實是一個**把戲**。我不太**確定**他們是怎麼做到的；隧道實際上很小。

我們看到了許多以前的**玩具**。有十八世紀時的**溜冰鞋**！還有**一套**老舊的**保齡**球。我看到許多漂亮的氣球在天花板上。我想要**伸手去摸**，但我不**夠**高。有些氣球**爆裂**後就落到地上。

博物館有一個特別的**計畫**——我們可以以五塊錢製作**風箏**並在上面**畫畫**。他們想**募**款幫助病童。

在博物館外面，有一個**鸚鵡籠**。我想跟鸚鵡聊天，但有個人說那是不**可能的**。牠們只會說哈囉。

博物館的票**包含**了去**文具店**消費的折扣。文具店賣了一些可愛的卡片。我想買十張，但店裡沒有足夠的卡片**可取得**。店員說他們下禮拜**有可能**會**接收**到較多卡片。我到時候再回去看看。

Claire**邀請**我去她家吃晚餐，但我不能去。**一如往常**，我得**做家事**。

Unit ㉔ Good Music 好音樂

STORY

Nick：妳有聽過這個**樂團**的新**專輯**嗎？**他們的名字**是Jazz Party World。他們混合**爵士樂**和**流行音樂**。現在非常**受歡迎**。

Laura：沒聽過，但我現在**聽到**了！好**吵**！

Nick：專輯裡有些**歌**是**安靜**的。這個**團體**裡總共有五個**樂手**。他們非常有**天份**。一個彈**吉他**，一個吹**喇叭**，一個**打鼓**，一個彈**鋼琴**，還有一個唱歌。

Laura：我比較喜歡**古典音樂**。我喜歡在**劇院**聽古典音樂。

Nick：那不錯啊。妳會演奏**樂器**嗎？

Laura：會，我會拉**小提琴**。你呢？

Nick：我會彈吉他。我將來想要**加入**一個樂團。

Laura：你想要加入我的音樂社團嗎？

Nick：你們只演奏古典音樂嗎？

Laura：不是，我們演奏不同類型的音樂。事實上，今晚我們要練習用爵士曲**風**演奏韋瓦第的《四**季**》。我的朋友John會吹**他的**喇叭，然後Pam吹**她的長笛**。我拉小提琴。再加一把吉他，我們的團體就**完整**了。

Nick：聽起來不錯。那我把我的吉他從**它的**盒子裡拿出來，彈給你們聽。你們在**誰的**家碰面？

Laura：John的家。對了，這是我們的**制服**。

Nick：什麼？動物裝？我才不要穿那個！**不可能穿**！

解析

Unit ㉕　Where Is the Supermarket? 超市在哪裡？

STORY

1

Jean：這張地圖讓我很困惑！這是什麼意思？我們應該要往哪個方向走？

Michael：我從來沒有來過這個小鎮。我們去找停車場裡的人給我們指引吧。

Jean：好主意！不好意思，請問你可以告訴我們要怎麼去超市嗎？

男子：可以啊，妳看到你們前方的小路嗎？沿著這條路朝花店的方向直走。在花店那左轉。你們會經過
消防局、麵包店和銀行。超市就在銀行旁邊。

Jean：謝謝你！

2

男子：這食物好吃！既然吃飽了，我想要去書店。我可以在哪裡找到書店？

女服務生：書店距離這裡五公里。您可以開車或搭公車或搭計程車。公車站就在我們餐廳的前面。但公
車慢，計程車快。

男子：我想要抵達那裡比較快的方法。

女服務生：好的，您可以搭計程車過那座很長的橋。讓計程車停在靠近大超市的地方。然後沿著超市走
人行道。從超市後面進到書店裡。

男子：非常感謝妳！

EXERCISES

| A.閱讀測驗 | 1. C　2. A |

| B.字彙填空 | 1. bakery　2. mean　3. enter　4. sidewalk　5. bank |

| C.字彙選擇 | 1. B　2. B　3. D　4. C　5. A |

Unit ㉖　A Trip to Southeast Asia 東南亞之旅

STORY

親愛的Marie：

　　妳好嗎？我正在東南亞旅行。這裡的海灘很美。

　　我的家人和我搭了Peach航空來這裡。這是我第一次搭飛機。真令人興奮！我們從機場搭地鐵到一個
城鎮，然後搭吉普車到我們的飯店。

　　天氣又熱又濕。太陽每天都很耀眼。飯店裡有個泳池。我穿我的新泳衣去泳池或去海裡游泳。海岸
的一部分是屬於這間飯店的。我正在學怎麼在海上衝浪。飯店裡的一位教練總是會跟我一起去，以確保
我的安全。

　　飯店裡有很棒的自助餐。我吃很多螃蟹和蝦子。我也喜歡美味的咖哩和其他亞洲的食物。

　　昨天我們坐吉普車去遊覽。這個地方充滿了果樹。我看到很多檸檬和柳橙樹。我們也去了一間很大
的廟。我們渴了，於是我們在另一個海灘停下來喝汽水和吃點心。我點了當地口味的爆米花。吃起來像
豬肉的味道！

　　我們這週末就要飛回家了。很快就見面囉！

Janet

A.閱讀測驗 1. C　2. D

B.字彙填空 1. thirsty　2. Asian　3. sun　4. trip　5. swimsuit

C.字彙選擇 1. A　2. A　3. D　4. C　5. D

Unit ㉗　In the Airport 在機場

STORY

1

Luke：我們終於到**中國**了，**世界**上最大的**國家**之一！這次**度假**好令人興奮呀！

Kathy：從**美國**到這裡真是好長的一段**飛行**啊。

Luke：至少是**直達的**。我們不用在旅途中轉機。我現在**需要**去**男廁**。

Kathy：我也需要去**女廁**。

Luke：看，**標示**是英文。

Kathy：那真是**有幫助的**！我一點也不懂中文。

2

男子：妳是**美國人**嗎？

李小姐：不，我不是。

男子：請**走**那**邊**。**外國人**在那裡排隊等待。

李小姐：噢，那裡好**擁擠**！

女子：妳是從**韓國**來的嗎？

李小姐：不是，是**中華民國**。我是**臺灣人**。

女子：啊，妳是從**臺灣**來的啊！那是一個很美的國家！

李小姐：謝謝。我看起來像**韓國人**嗎？

女子：抱歉。我昨天剛碰到了很多韓國人。妳來這個**國家**的**理由**是什麼？

李小姐：我只是**訪客**。我的主要**目**的是**拜訪**一些住在紐約的家人。**在那之後**，我**也**想要參觀一些其他的大城市。

女子：可以給我看一下妳的回程機票嗎？

李小姐：在這裡。

女子：好的，我會在妳的護照上蓋章。**歡迎**來到**美國**。

EXERCISES

A.閱讀測驗 1. B　2. C

B.字彙填空 1. China　2. crowded　3. country　4. welcome　5. ticket

C.字彙選擇 1. B　2. C　3. D　4. B　5. B

解析

Unit ㉘ A Letter of Complaint 一封投訴信

STORY

您好：

　　我寫這封信是要投訴關於我在你們飯店糟糕的一次住宿。房間一點也不**整潔**。地板沒有**拖**過。毛巾很髒。**地墊**上有奇怪的褐色**粉末**，**衣架**上掛著髒衣服。這裡不**允許抽菸**，但**實際上**我**發現**桌上有一堆菸蒂。

　　床很不**舒適**——**枕頭**感覺像**石頭**！**鑰匙**還鎖不了門，讓我很**擔心**我的安全。然而，沒有人**道歉**，飯店人員也不願意修那個鎖。我也請他們給我一些**香皂**和一支**牙刷**，但他們居然說我得付**費**才能取得！

　　我想要**收拾行李**離開，但我還是試著睡一覺。我無法**控制**空調，結果房間像**冷凍庫**一樣。然後我聽到很**大**的**聲音**，還聽到有人在樓上的房間地板上**跳動**。我上樓去敲門。一名男子說：「你應該不**介意**我們唱歌跳舞吧？」我回他：「我很**介意**。**請**不要再唱了。」他們沒聽我的話。

　　我很**後悔**住在你們飯店，希望你們會**改善**。**感謝**你們閱讀此信。

Owen Richards 敬上

EXERCISES

A.閱讀測驗　　1. A　2. C

B.字彙填空　　1. comfortable　2. towel　3. loud　4. voice　5. key

C.字彙選擇　　1. B　2. C　3. A　4. D　5. B

Unit ㉙ A Camping Trip 露營旅行

STORY

　　上週末，我和我的家人還有我們養的**小狗**一起去**露營**。我們帶了一些食物和睡袋。我用了一條**細繩**把我的睡袋繫在我的背包上。睡袋很重。

　　當我們抵達營地時，天色快暗了。我們很**睏**。我們**租**了一個**帳篷**，吃了**野餐**，然後就去**睡覺**。但我沒有睡很久。帳篷裡有一隻**蚊子**！牠一整個晚上都在叮我。

　　當太陽升起時，我留了一張**字條**給我的家人，然後去**慢跑**。我愛慢跑。慢跑有益**健康**。沿路的**風景**很棒。我看到了可愛的**鴿子**和一頭很漂亮的**雄鹿**。我還看到一隻**火雞**！牠比**雞**大很多。

　　後來，我們在**溪**裡玩。**青蛙**跳來跳去，那裡還有紫色的**蝴蝶**。我的鞋子裡進了很多**沙**，但我抓到了一條**魚**。看，我媽媽還幫牠拍了一張**照片**！我們**烤**了魚。我吃了新鮮的魚肉、很**厚**的一片麵包、一顆水煮蛋和一些水果當午餐。那是很健康的一餐。

　　我們把**多**的魚肉**炸**一炸擺在桌子上就去散步了。但當我們回來的時候，我們看到一隻熊正在吃我們的魚！

　　雖然這不是一個**完美**的旅行，但是很刺激！

EXERCISES

A.閱讀測驗　　1. C　2. D

B.字彙填空　　1. mosquito　2. scenery　3. tent　4. health　5. puppy

C.字彙選擇　1. C　2. B　3. A　4. D　5. A

Unit ㉚　Fashion Show 時裝秀

STORY

時尚部落格

　　紐約時裝週有一場很**精彩的**時裝秀。

　　Melissa Smith再次被**挑選**為**模特兒**。她穿著一件有**金色扣子**的**長版大衣**，手拿一個很小的黑色**皮包**。皮包上有小**鑽石**和其他**珍貴**的**寶石**。她脖子上還圍了一條**紫色**的圍巾，手指上戴著**金戒指**。我很欣賞她的**髮型**。那是有名的**髮型師**Kim Wu幫她設計的。

　　另一位模特兒是Katherine Brown。她是個大**美女**。她穿著一件黑色短洋裝，**細腰**上還繫了一條**銀色**的**皮帶**。她的**耳環**、**項鍊**和鞋子都很**搭配**。它們全是銀色的。

　　Ken Lee總是看起來很酷。他走上舞臺，脫下他的**灰色鴨舌帽**向我們**鞠躬**。他穿著亮橘色的長褲和一件花俏的**背心**，手拿一個很大的灰色**提包**。讓大家驚訝的是他竟跳了一段舞。我們都替他**鼓掌**。

EXERCISES

A.閱讀測驗　1. B　2. C

B.字彙填空　1. hairdresser　2. gray　3. purse　4. ring　5. narrow

C.字彙選擇　1. B　2. B　3. A　4. B　5. A

Unit ㉛　Reality Television 實境節目

STORY

　　這個新的電視實境節目**標題**為《我親愛的**鄰居**》。這個節目是關於四個人。他們住在彼此隔壁。**主持人**每個**星期**會給他們不同的任務。上個星期，他們得用極**少的**水來洗他們的髒**襪子**和**內衣**。這個星期，他們得合力修理一個**水槽**和**馬桶**。如果所有任務都成功的話，他們最後就能贏得**獎賞**。現在讓我們來認識這四名節目主角！

Zoe Bird
Zoe是位模特兒。她穿著**時尚的**衣服，總是照著**鏡子**，用**梳子**梳她的頭髮。她**體重過輕**。她的體重少於四十公斤！

Todd Jones
Todd非常**好笑**且**天真**。許多人喜歡他的**幽默感**。但他在跟別人**吵架**時很**粗魯**。

Lisa Long
Lisa很**有禮貌**又很**冷靜**。她從來不會和其他人吵架。她經常待在**爐具**邊，用**茶壺**泡茶。她總是看起來很**疲累**。

Ben Brown
Ben非常**強壯**。他說他很聰明，但這可能不是**真的**。他試著給所有人示範用**熨斗**燙**毛毯**最好的**方法**。他才

解析

燙了一半，毛毯就起火了！

在之後的節目這些鄰居將會發生什麼事？請繼續收看！

EXERCISES

A.閱讀測驗　1. C　2. D

B.字彙填空　1. fashionable　2. underweight　3. calm　4. title　5. sink

C.字彙選擇　1. B　2. D　3. D　4. C　5. B

Unit ㉜　Becoming an Actor 演員夢

STORY

「妳不能在**敲**開了我的心門後就逕自**離**去啊！」男子對女子**說**。

「抱歉，但我不能跟你在一起。我很**想家**。我不想在**海外**住下去了。」女子將一朵白**玫瑰遞給**男子，**揮手**向他**道別**。男子既難過又生氣。他把玫瑰**丟**向空中，但他又在玫瑰落地之前飛奔去**抓**住它。然後他**獨自**坐在**長凳**上，吸著**菸斗**。

我想要當演員。我嘗試加入戲劇**社**。在試鏡的時候，我飾演那名傷心的男子。之後我和戲劇社社長**會面**。

「你的演出沒有**觸動**我。你不能理解臺詞的**意思**嗎？」

「我當然能理解。」

「但你的**態度**太冷淡了。從**開始**到結束，你看起來一點也不難過啊！」

「我還只是**初學者**。」

「我們知道，」他**點頭**，「但我們無法**接受**你。」

我的腦中一片**空白**。我被**拒絕**了。房間裡瞬間變得寂靜。靜得連一根**針**掉落的聲音都會聽得見。

停頓一下之後，他繼續說：「你真的喜歡演戲嗎？如果不是，我**建議**你**放棄**當演員。」

他的話讓我想起一件事：我喜愛說**笑話**更勝於演戲。我可以將我講的笑話錄起來，製作成短片。我**意識到**我其實可以當一名YouTube創作者！

「感謝你的建議。我現在知道要做什麼事了！」

「**恭喜**！跟隨你的心，做你喜歡做的事吧。」

EXERCISES

A.閱讀測驗　1. C　2. D

B.字彙填空　1. joke　2. beginning　3. threw　4. advised　5. nodded

C.字彙選擇　1. B　2. B　3. A　4. B　5. D

Unit ㉝ A Cartoon Film 動畫片

STORY

親愛的爺爺：

　　我上星期六和朋友們一起去看了《動物大脫逃》。這是一部新的**動畫電影**。我們是去**購物中心**裡新開的**電影院**看的。我們的**座位**在VIP貴賓區。座位坐起來很舒服，而且我們面對**銀幕**的視野絕佳。

　　我一直都對動畫片很有**興趣**。我小時候，您經常**帶**我去看。現在我仍然覺得動畫片很有趣！

　　《動物大脫逃》裡面有許多優秀的男演員和女演員。Jenna Smith飾演的恐龍**角色**表現得很棒。她的配音很可愛！

　　在這部電影裡，一場**暴風雨**襲捲倫敦的**中央**地區，動物**角色**們逃出了倫敦動物園。小樹懶、袋鼠、無尾熊、河馬還有**斑馬跳**上一臺火車。其中樹懶是很**少見**的動物。牠們來到了一個奇怪的**下雪**地方。天氣**極冷**。**氣溫**非常低。牠們遇上了一個會說話的**雪人**，還一起在雪裡玩耍。

　　後來牠們全部被一條龍用**網子**給抓住了！那條龍**舔**了牠們的臉，**擺動**著牠的尾巴。突然間，**地震**發生。地震後，牠們看見一隻母**恐龍**。恐龍說她想要跟那條龍**交往**！龍很**驚訝**。恐龍跟龍說她有多麼愛他，但她還來不及說**完**，就被一聲巨響給**打斷**了。接下來發生了什麼事？我會在下封信告訴您。

愛您的
Anna

EXERCISES

A.閱讀測驗　1. B　2. B

B.字彙填空　1. character　2. zebra　3. bring　4. finish　5. mall

C.字彙選擇　1. D　2. A　3. D　4. D　5. D

Unit ㉞ Advertisements 廣告

STORY

超棒蜂蜜餅乾

想吃**獨一無二**的點心嗎？這些餅乾會是你最棒的**選擇**！這款超讚的零食能**很快**滿足你的**飢餓**感。而且非常美味！它們嚐起來比**一般**的餅乾更好吃。我們一包只**賣**二十元！如果你不喜歡的話，你可以整包**退還**並把錢拿回去！

極好蘋果汁

這款香甜蘋果汁有兩**公升瓶**裝和三百毫升**罐**裝。你也可以**選擇**我們的情人節果汁！**考慮**一下吧：從二月十四日至三月十四日，如果你**訂購一打**或更多的瓶裝或罐裝果汁，我們將免費**運送**！請至少在果汁預計送達的時間**前**一小時打給我們，並讓我們**知道**你看到了這則**廣告**。

神奇維修服務

我們可以**輕鬆**幫你修理**幾乎**任何東西——舊**機器**、破**玻璃**窗、壞掉的手機或**貴重**的手表——讓我們**展現**所能給你瞧瞧！要是你的衣服不**合身**，我們也可以修改！猜猜看我們是怎麼做的？我們使用特別的**工具**！給我們一天的時間，你的物品就能變得煥然一新。你可能**幾乎無法**相信，但我們沒有在**騙**你。這都是真的！

EXERCISES

A.閱讀測驗　1. B　2. C

B.字彙填空　1. honey　2. bottle　3. hurry　4. guess　5. machine

C.字彙選擇　1. B　2. A　3. D　4. D　5. C

Unit ㉟　History of Communication 傳播史

STORY

　　在過去，**資訊**流通的速度很慢。要獲得**國外的新聞**需要花上很長的一段時間。人們**會**從鄰居那聽到**當地**的消息。在十八世紀，人們開始從報紙和**雜誌**中得知**有關當**前發生的事件。

　　新聞從1920年代開始在**廣播**上被**播送**。大眾能獲得**國際**新聞而且能收聽**不同的頻道**和**節目**。在1940年，新聞開始在電視上被**報導**。

　　人們從1980年代開始使用**電子郵件**。在那**之前**，人們只**能郵寄**信件。**郵差**需要超過一個禮拜的時間遞送信件。而**現在**人們更常使用手機傳送訊息。

　　今日，有些人仍然閱讀**傳統的**報紙及雜誌。報紙通常每天都會發行。雜誌則有不同的**類型**，但它們通常一個月或一個禮拜會發行**一次**。

　　更多人喜歡在網路上看新聞。**記者**會在新聞網站和臉書上撰寫新聞報導，而人們**能夠**對這些報導**發表評論**。

　　現在每個人很容易就能**表達**自己的想法。我們可以聽到人們從不同**角度**談論同一件事情。**因此**，每當我們看到一則評論時，我們應該思考這則評論是否**適當**，而當我們想要發表評論時，我們應該思考我們的評論是否有**道理**。

EXERCISES

A.閱讀測驗　1. C　2. C

B.字彙填空　1. sense　2. magazine　3. type　4. e-mail　5. report

C.字彙選擇　1. C　2. B　3. A　4. A　5. D

Unit ㊱　Man-on-the-Street Interviews 街頭訪問

STORY

Mia：哈囉大家好！我是Mia，歡迎來到Mia的YouTube頻道。今天我要來做街頭訪問！我們的**主題**是「你生活中可以沒有**手機**嗎？」讓我們開始吧！

Mia：不好意思，可以請妳入鏡我的**影片**嗎？我要問妳一個**簡單的**問題：你生活中可以沒有手機嗎？

女子：不行，我無法**想像**沒有手機的生活。我**總是**用它來**當相機**，也會使用它聽音樂。我很少看**有線電視**，因為我都在我的手機上用Netflix看電影。我也會用它**搜尋**資訊、**上傳**照片，和**下載**遊戲。手機很方便，就像一臺電腦一樣。

Mia：你生活中可以沒有手機嗎？

男子一：不！在**現代**世界中，我不認為有任何人的生活可以缺少手機。有了手機，你可以在**任何地方**、任何時間使用**網路**。舉例來說，每當我需要一些資訊，我會問手機上的Siri。它就像一個聰明的**機器人**一樣。

Mia：你生活中可以沒有手機嗎？

男子二：這個嘛，**也許**我可以。我不是**太**常使用手機。手機有**正面**也有**負面**的影響。**有時候**它很有用，但有時候它浪費時間。一支簡單的**電話**就可以滿足我**基本的**需求——我只需要**撥打**號碼。我**避免**長時間看手機。對眼睛不好。我想我們都應該**減少**我們待在手機螢幕前的時間。

Mia：你會用它來聽音樂嗎？

男子二：從來沒有。其實我**仍然**在聽老式的**錄音帶**和CD。

Mia：哇！好酷！

EXERCISES

A.閱讀測驗　　1. C　2. D

B.字彙填空　　1. Internet　2. listen　3. camera　4. robot　5. avoid

C.字彙選擇　　1. B　2. C　3. B　4. A　5.C

Unit ㊲　Feeling Ill 身體不適

STORY

1

護理師：Zoe Wong小姐？Smith**醫生**現在可以幫妳看診了。

醫生：妳今天感覺如何？

Zoe：我**感覺**不太好。我**生病**了。我覺得我得了**感冒**。我一直**咳嗽**。我的**鼻子**流鼻水。我**喉嚨痛**，我的**頭**也感覺熱熱的。

醫生：把**嘴**張開，伸出**舌頭**。嗯……現在我們來量體溫。噢，妳有**發燒**。妳**頭痛**嗎？

Zoe：是的，我頭痛。

醫生：妳得了**流行性感冒**。妳應該回家**休息**。**服用**這個**藥**。妳幾天就會**康復**了。

Zoe：**好**，謝謝你。

2

護理師：Lee**太太**？

Lee太太：是的。

護理師：醫生現在可以幫您看診了。但您不能帶**動物**來這裡，**女士**。

Lee太太：我去**所有地方**都會帶著Spot。我要進去了。

醫生：妳怎麼了？

Lee太太：我之前抱著Spot的時候**跌倒**傷到我的**背**。很**痛**。

醫生：妳為什麼抱著牠呢？為何不讓牠自己走？

Lee太太：牠太胖了。牠不喜歡走路。

醫生：牠需要**節食**。不要抱著牠走來走去。讓牠**運動**。然後牠就會比較健康，而妳的背也不會**痛**了。

3

護理師：James Wu**先生**？

James：是的。

護理師：醫生要幫你看診了，先生。

醫生：你的臉色很**蒼白**。你看起來**病**了。

James：是的，我**胃痛**。

醫生：你吃到了什麼不好的東西嗎？

James：我吃了一些野莓。

醫生：以後不要再吃那些野莓了。吃些藥，你的**胃**很快就會感覺比較舒服。

EXERCISES

A. 閱讀測驗   1. C   2. D

B. 字彙填空   1. Miss   2. fever   3. tongue   4. sick   5. pale

C. 字彙選擇   1. D   2. D   3. B   4. C   5. D

Unit ㊳ Emergencies 緊急狀況

STORY

1

女子：您好，這是119緊急專線。請問您**打電話**的事由是？

男子一：有一場**意外事故**。一輛汽車撞到了一輛**卡車**。汽車**駕駛**的下巴上有**傷口**。他也傷到了**脖子**和**肩膀**。

女子：車上還有**其他**人嗎？

男子一：有，兩名**乘客**。坐前座的男子傷到**手臂**、**手腕**、**臀部**和腿。他的腿流很多血，可能需要急救**手術**。後座的女子看起來沒什麼大礙。安全帶保護了她**全身**沒有受傷。她只是感到**頭暈**。

女子：好，我們會**派**一輛**救護車**過去，把他們送到**醫院**。請問你們在哪裡？

男子：402**公路**的**高架橋**上，在花園**路**的上方。

2

女子：119緊急專線。請問有什麼緊急狀況？

男子二：有個男孩在餐廳昏迷了。**地址**是**寬廣街**59號。就在街**角**。

女子：他的呼吸還**規律**嗎？

男子二：沒有，他已經停止呼吸。

女子：好，我們會迅速抵達那裡。你現在可以幫他做心肺復甦嗎？

男子二：我試試看。

3

女子：119緊急專線。需要什麼協助？

男子三：一名女子從**月臺**上掉下去了！她出不來！她**身體無力**，而且她傷到**膝蓋**和**腳踝**。

女子：按下月臺上的緊急停止按鈕和對講機的按鈕！然後叫那名女子待在月臺下方的縫隙。那裡的小空間是比較安全的**位置**。我們會盡快到那裡。

Unit ㊴　When You Feel Low 當你處在低潮

STORY

好好對自己			
公開社團・4251名成員			
討論	聊天	相片	活動

Sophie Smith　　　　　　　　　　　　　　　　　　　　　　　　　十月六日 19:14

我們都**渴望**幸福。事實上，我們的幸福**取決於**我們的想法。雖然正向思考不能讓你一直感到快樂，但它會是你的**精神力量**，可以**引導**你走過艱鉅的時刻，讓你感覺比較好過。你處在低潮的時候都跟自己說些什麼？在這篇貼文下方留下你的答案吧！

104		8則留言・11次分享
	讚　　　　　　　　留言　　　　　　　　分享	

Joseph Williams

「我**相信**這世界上還是有很多**良善**。」

Alice Jones

「如果你下定**決心**，整個**宇宙**都會幫助你。」

Jordan Davies

「雖然**人生**很難，但也有各式各**樣**美好的事物值得享受。」

Maria Taylor

「如果有人對你很刻薄，就為他們的**靈魂**禱告吧，因為他們一定是感到**缺乏快樂**。如果有人對你無禮，就以**溫柔**的態度**原諒**他們吧，因為神一開始就先原諒了我們。」（一位**牧師**跟我說的。）

Andrew Wilson

「**相信**你自己，永遠不要失去**希望**。」

Claire Evans

「不要害怕。神會祝福你，**天使**會**保護**你。」

Superhero T. Roberts

我有**癌症**。我不知道能不能**治癒**，但我從不**懷疑**我人生的意義。我總是告訴自己，我人生中的每個**時刻**都是一份禮物。

解析

Charlie Brown

「找到一個**寧靜的**地方，**給**自己一份美味的餐點，再從音樂中得到**快樂**，然後你就會覺得好一點了。」

EXERCISES

A.閱讀測驗　1. B　2. C

B.字彙填空　1. pray　2. guide　3. believe　4. protect　5. forgive

C.字彙選擇　1. C　2. B　3. C　4. A　5. D

Unit ㊵ What Kind of Person Are You? 性格測驗

STORY

　　你是個**什麼樣**的人呢？做這個測驗你就會知道！

1. 當你感到**尷尬的**時候，你會怎麼做？
   A. 變得**沉默**。　　　　　　　　　　B. 去別的地方。
   C. **責怪**別人。　　　　　　　　　　D. **微笑**並試著說些什麼。

2. 你參加一個有**很多人**的派對。你當下的感覺**如何**？
   A. 我覺得很平靜。　　　　　　　　　B. 我覺得很緊張。
   C. 我想要成為注目焦點。　　　　　　D. 我覺得**充滿活力**。

3. 以下這些生物你比較**害怕**哪一個？
   A. 蛇。　　　　B. 老鼠。　　　　C. 毛毛蟲。　　　　D. 蟑螂。

4. 如果你可以遇見一位希臘女神，並從她那裡得到一件禮物，你最想要見到**誰**？
   A. 雅典娜（智慧女神）。　　　　　　B. 阿芙蘿黛蒂（愛神）。
   C. 赫拉（眾神之后）。　　　　　　　D. 赫伯（青春女神）。

5. 如果群體中突然一陣**寂靜**，你會怎麼樣？
   A. 這不會讓我**困擾**。　　　　　　　B. 我會**有點擔心**。
   C. 我會想要**大叫**。　　　　　　　　D. 我會開始講很多話。

　　現在，讓我們看看你是什麼類型的人吧！

　　如果你選了至少兩個A，你是一個很**獨立的**人。你不會讓其他人使你感到**不開心**。你經常隱藏自己的**情緒**。

　　如果你選了至少兩個B，你不會忽略你的**感受**。當你**難過的**時候你就**哭**。有時候你會有一點**懶惰**。

　　如果你選了至少兩個C，你很容易**生氣**。當你感到**憤怒**時，你會找到**理由**和他人**吵架**。

　　如果你選了至少兩個D，你喜歡一直待在人群中，但要你自己獨立工作會有**困難**。

EXERCISES

A.閱讀測驗　1. A　2. B

B.字彙填空　1. mad　2. afraid　3. smile　4. cry　5. worry

C.字彙選擇　1. A　2. B　3. B　4. C　5. D

Unit ㊶ Questions about Love 愛情提問

STORY

親愛的安妮

這個建議專欄針對愛情和**友情**的疑問為你**提供**解答。

> 親愛的安妮：
> 　　上**週末**我和我的**伴侶**一起出門時，他開始**牽**我的**手**、**擁抱**我，還會在其他人面前**親吻**我的**嘴唇**。**起初**我覺得很**甜蜜**。後來我看到一個**女人**，也就是他的**前任**女友正在看著我們！她為了另一名**男子**離開了我男友，但現在她又是**單身**了。我想我男友很**想念**她，而想要讓她嫉妒。如果他回到她的身邊我會心碎。他不知道我看到了她。我該怎麼做？
> Jessica

Jessica，如果他真的是利用妳把前女友找回來的話，那他就是個**自私**又**幼稚的**人。**誠實**很重要。妳應該去問他這件事。談話的**結果**可能不會很**愉快**，但知道真相比繼續跟沒看見妳**價值**的人在一起要好。

> 親愛的安妮：
> 　　我**戀愛**了！我第一次在公車站看到這個女生的時候就愛上她了。然後我**第二天**和**第三天**也都看到她。每個**平日**，她都搭同一班公車。我一直跟蹤她。有次她很**粗心**，掉了一條**手帕**。我把它撿起來收好。但她看到我這麼做就對我大吼。我又**沒有**做錯**什麼事**。我要怎麼讓她愛上我呢？
> 帥哥

如果那個女生不喜歡你，那是你的**錯**。你需要**尊重**她的**個人**空間。也許你不**擅言辭**，但那並不是可以跟蹤別人的藉口。那並不會讓任何人喜歡上你；這樣只會嚇到別人而已。

EXERCISES

A.閱讀測驗　　1. A　2. C

B.字彙填空　　1. weekdays　2. careless　3. single　4. result　5. value

C.字彙選擇　　1. D　2. A　3. A　4. C　5. C

Unit ㊷ A Different Fairy Tale 不一樣的童話

STORY

　　在很久很久以前，有一位**富有的**國王和皇后統治著一個**美麗**的王國。他們深**愛**他們的**人民**，過著非常**快樂**的日子。但國王和皇后**希望**能生下一個**寶貝**王子或是**公主**。

　　有一天，一名**失明的**陌生人前來拜訪皇后，對她說：「我雖看不見您，但我知道您快要有小寶寶了。她會是一個**好女孩**。」

　　「謝謝你帶來這個好消息。」皇后說。

　　「我也有個**壞**消息，」陌生人說：「**未來**會有一個**巨人**到來，試圖要**殺**掉您的**孩子**。」

　　皇后很**生氣**。「你這個**傻子**！」她**大喊**說：「現在給我**離開**！」於是陌生人就離開了。

　　皇后那年誕下了一個嬰兒，是位公主。因為國王和皇后很害怕預言所說的那個巨人，便不讓公主離開**城堡**。公主感到**孤單**又**無聊**，於是她就逃跑了。她遇到了一個**貧窮的**男孩。他們**成為**朋友，在王國裡四處遊走，形影不離。

幾年之後，男孩變得更高且更壯了。有一天，公主發現男孩看起來就像巨人一樣！

「你為什麼看起來像個巨人啊？」公主問。

「我是巨人啊。」

「你是嗎？但有個陌生人說巨人會試著殺掉我！」

「我不會殺妳！會相信一個陌生人是很**愚蠢**的！」

「但你為什麼總是**跟著**我呢？你想要殺掉我嗎？」

「我親愛的公主殿下，妳真是不**聰明**！我跟著妳是因為我喜歡妳啊！」

公主決定相信巨人。她也喜歡他。

從此之後，公主和巨人就過著幸福快樂的日子。

EXERCISES

A.閱讀測驗　1. B　2. A

B.字彙填空　1. happy　2. blind　3. bored　4. poor　5. rich

C.字彙選擇　1. A　2. C　3. A　4. B　5. D

Unit ㊸　A Detective Story 偵探故事

STORY

我是偵探Donna。如果有人**搶劫**商店、偷取包包或做其他一些**鬼鬼祟祟的**事情，我有**信心**可以查出**真相**；發現是誰所犯的罪行。讓我來告訴你，我是如何**解決**我上一樁**案件**。

一位**漂亮苗條的**女士站**在**我的辦公室**門口**。她**看起來**憂心忡忡。「請進。」我說。

「我的情書不見了。我想是我辦公室裡的一個女生偷走的。」

「她**為什麼**要偷這個呢？」

「她很**嫉妒**我，**因為**寫這封信給我的人是辦公室裡的一個**帥哥**。這個人是她的前男友。她想要他回到她身邊。她很**貪心**！」

「妳看到她偷的嗎？」

「沒有。其實我看到是個**男子**偷的。我想應該是她叫一個男的去幫忙偷。」

「那個男人長什麼樣子？」

「他留著長**頭髮**和**落腮鬍**。他很**胖**。他穿著長大衣。當我看到他的時候，他就很快**不見蹤影**了。我沒有清楚看到他的**臉**，但我**記得很醜**。我沒有看到他的**眼睛**，因為他戴著墨鏡。」

「那個女生的前男友長什麼樣子？」

「他滿**好看的**，而且他非常**瘦**。」

「他有比那個**小偷**高嗎？」

「這個嘛，他們差不多一樣高。」

後來，我發現了一頂假髮、假鬍子、一副墨鏡、一個醜陋的面具，還有一件寬大厚重的大衣，就放在那位帥哥的辦公桌**後面**。而那位帥哥說，他從來沒有寫給那位女士什麼情書。

A.閱讀測驗 1. D 2. D

B.字彙填空 1. beard 2. entrance 3. disappeared 4. eyes 5. remember

C.字彙選擇 1. A 2. A 3. C 4. B 5. C

Unit 44 Scary Stories 恐怖故事

STORY

現在是晚上十二點鐘。Katie、Jim和Helen穿著睡衣和拖鞋。他們點了一根蠟燭，然後開始講恐怖故事。

Jim：我們來講恐怖故事吧。

Helen：好啊，Katie，妳先說。

Katie：我的故事會讓你們害怕。過去很久以前，一個小村莊裡有個舊火車站。每天晚上十二點四十五分，人們會聽到火車的聲音，但沒有人看到有火車來。有個女子決定要找出那究竟是怎麼一回事。她說她不害怕。當火車聲響出現時，她就站在鐵軌上。突然間，一陣霧包圍了她。當霧散去後，只剩下骨頭、頭髮和指甲！有人在那個女子死去後還看到了她的鬼魂。

Helen：那個女子真是不明智！她不應該站在鐵軌上的！

Jim：讓我告訴你們我的故事。這其實是個祕密。這附近有個怪物！牠會在像這樣多霧的夜晚出現。他的皮膚很蒼白，他的手沾滿了血。他很殘忍又邪惡。他經常打小孩！

Katie：那聽起來很可笑。我不相信你。

Helen：噢！蠟燭熄滅了。我感覺到濕濕的東西！

Helen和Katie尖叫並把燈打開。

Katie：那張臉是什麼？啊！救命！

Helen：喔，那只是Jim戴著面具而已。

Jim：哈哈哈！

Helen：讓我來說我的故事。極少人知道，但我有一個很特別的洋娃娃……。

孩子們直到黎明都無法入睡。

EXERCISES

A.閱讀測驗 1. D 2. A

B.字彙填空 1. fog 2. silly 3. secret 4. doll 5. wise

C.字彙選擇 1. D 2. C 3. B 4. B 5. A

Unit 45 The Magician and the Swan 魔法師與天鵝

STORY

在一個美麗的王國，公主即將和王子結婚了。他們的婚禮辦在公主生日的那一天。整個王國都為了這樁喜事而被裝飾佈置。按照傳統，王子穿了西裝並打領帶，而公主穿了白色長襬洋裝並戴藍色手套。那天是個晴朗的日子，他們在瀑布前結婚。陽光透過水滴反射形成了雙層彩虹。

邀請函被寄送給每一位**客人**，他們得將邀請函出示給**守衛**看。一名男子和他的**僕人**來到這場婚禮，但他們並沒有受到邀請。僕人從他的**口袋**裡拿出一個**信封**。

「這並不是邀請函，」警衛說。「告訴你的**主人**他不能進來。」

但這個僕人似乎又**聾**又**啞**。他什麼也沒說，而他和他的主人繼續往前走。

「你們要去**哪裡**？說些**什麼**啊！快停下來！」警衛**堅持**要求。

那個主人其實是個**魔法師**。他**忌妒**這對佳偶，因為他自己想要娶那位公主。他用**魔法**把警衛變成了**天鵝**。

天鵝飛到天空中大叫。他**讓**所有人**驚訝**。

「那隻天鵝在做什麼？」王子問。

「**聽起來**他似乎是試著要告訴我們什麼。」公主說。

天鵝飛向魔法師然後攻擊他。魔法師很生氣。他從雙手射出火焰，但天鵝並不害怕。那隻天鵝是個**英雄**。他用鳥喙把魔法師叼起，然後把他帶走了。

EXERCISES

A.閱讀測驗　1. C　2. D

B.字彙填空　1. couple　2. invitation　3. envelope　4. magician　5. rainbow

C.字彙選擇　1. D　2. D　3. D　4. C　5. D

Unit ㊻　Fables 寓言故事

STORY

螞蟻和獅子

　　森林中全部的動物都害怕**獅子**。他非常**傲慢**。他坐在通往**河流**的路前，說**沒有任何**動物可以讓他移動一步。一隻**兔子**跳向他。「如果你靠近，我就把你整隻**吞**掉！」獅子說。

　　一隻**勇敢**的**螞蟻**想到了一個主意。他是如此地小，獅子沒有辦法看到他。他**咬**了獅子的**腳趾**一口。「噢！」獅子叫著，**舉起**他的腳趾。然後螞蟻又咬了獅子的**耳朵**。獅子搖搖腦袋，然後就走掉了。

　　「我**剛**讓你移動了！」螞蟻說。這隻**卑微的**小螞蟻贏過了那隻自大的獅子。

小氣的鵝

　　「看看我的**玉米**！」鵝說。

　　「你願意分享一點給我嗎？」**大老鼠**問。「我沒有**任何**一丁點。」

　　「我才不要，想要就自己想辦法。」鵝說。

　　「你好**吝嗇**。你應該**慷慨**一點。」老鼠說。

　　一隻**狐狸**走向鵝。「我看到外面一隻**公牛**正拉著一推車的玉米。你可以到那邊拿到更多玉米。」愚蠢的鵝相信了**不誠實**的狐狸，把他的玉米留給了狐狸和老鼠。

頑皮的**驢子**

　　有一隻頑皮的驢子總是喜歡玩他的食物。他的媽媽叫他不要**浪費**食物，但他就是不聽話。

　　「我**寧願**玩食物也不要吃它們！」他說。

　　「**至少**在戶外不要把它們踢得到處都是。」他的媽媽說。

　　驢子不聽他媽媽的話。他在穀倉外一邊跑一邊玩乾草。有隻**很瘦的狼**看到了他。

　　「我**還沒**有吃我的晚餐，」狼說。「我要來吃掉這隻**驢子**！」

A.閱讀測驗 1. C 2. A

B.字彙填空 1. naughty 2. bite 3. pull 4. dishonest 5. waste

C.字彙選擇 1. C 2. D 3. D 4. B 5. A

Unit 47 Poetry 詩歌

STORY

讓我們來唸一些**短詩**吧！

---

1 天氣圖

北、南、東、西，
哪裡天氣最好？
來看這個天氣地圖；
東部有**陣雨**。
至少帶件**雨衣**或雨傘。
南部**閃電**要小心。
北部會下雪；
最讓人興奮。
西部地區出太陽；
天氣最好。

---

2 形狀

圓圓的是月亮。
正方形的是箱子，每個邊都一樣。
　　　一
　　　個大
　　三角形
　　加條**直線**
　　　　變
　　　　成
　　　　樹
　　　　。
一個**長方形**有兩個**寬**邊和兩個短邊。
一顆**星星**在**遙遠**的天空閃耀**光芒**。

---

3 俳句

嘿！看看我的蘋果！
桶裡裝了滿滿一**磅**。
我的水桶**深**又**沉**。

---

4 五行打油詩

有個身穿粉色衣服的過重男子。
他的襯衫沾滿了**墨水**。
他的褲子沾滿了**膠水**。
他完全知道該怎麼辦。
把衣服放進**烘衣機**前，他先在水槽把衣服洗過。

EXERCISES

A.閱讀測驗 1. D 2. D

B.字彙填空 1. raincoat 2. map 3. shower 4. moon 5. triangle

C.字彙選擇 1. C 2. D 3. B 4. A 5. A

解析

Unit ㊽ Proverbs and Idioms 諺語和慣用語

STORY

　　英文裡有許多諺語和慣用語。它們既有用又有趣。讓我們來學一些吧！

諺語：

- 對某人來說是**垃圾**，對**另一人**而言卻是**寶物**：**舉例來說**，你可能會覺得舊**車輪**是垃圾，但我可以把它拿來做成鞦韆！
- 早起的鳥兒有**蟲**吃：如果你想要**好好**經營人生，就先從早起開始吧！
- 每座山都有山谷：人生中有很多起伏。沒有人可以一直都在最**頂端**。要不斷**向前**行，而不是**向後**退。
- 我們除了**恐懼**本身沒有什麼好害怕的：經常感到害怕**比**我們所害怕的事物本身還要糟糕。
- **漁夫**在惡水中捕魚：如果你正處在糟糕的情況當中，試著從中得到一些好處吧！

慣用語：

- **特價**：以比平常更低的價錢販售
- 借題煩惱、杞人憂天：擔心你不需要擔心的事情
- **借給**人一隻耳朵：仔細聆聽
- 看好你的背後：小心你**身邊**的人
- 擁有綠**拇指**：擅長**種植**，讓植物**生長**
- 把**手指**伸到每個派裡：忙於各式各樣的活動中
- 乾得像沙漠：非常乾燥
- 蝸牛的步伐：非常緩慢
- 吠叫的**蜘蛛**：放屁（如果你放屁的時候感到尷尬，你可以說那只是蜘蛛叫！）

EXERCISES

A.閱讀測驗	1. D　2. B

B.字彙填空	1. another　2. dry　3. borrow　4. grow　5. lend

C.字彙選擇	1. B　2. A　3. C　4. C　5. B

Unit ㊾ Protect the Animals 保護動物

STORY

　　許多動物很快就不會再**存在**於**地球**上了，因為**氣候**變遷以及**人類**活動的關係。如果我們希望牠們能夠**生存**，我們需要保護**大自然**。這裡有一些關於這些動物的**事實**。

海洋裡：

- **鯊魚**：因為**交易**的關係，鯊魚的數量越來越少了。**獵人獵捕**牠們，再販賣牠們身體的各部位，**尤其是**鰭。
- **鯨魚和海豚**：牠們變得稀有，因為漁民獵捕、氣候變遷還有水**汙染**的關係。
- 海**龜**：人們為了獲得牠們的肉、皮和卵而殺牠們。而牠們產卵的海灘也遭到破壞。

陸地上：

- **熊貓**：目前只剩下大約兩千隻的野生熊貓，因為人們破壞牠們的**自然環境**。十年前熊貓的數量更少，

但由於人們為幫助牠們所付出的努力，牠們的**數量又開始增加**。

· **老虎**：牠們因為獵人而變得越來越少。有時候牠們會誤入**陷阱**。

· **大象**：大象住在非洲的**平原**。牠們因為象牙交易而被殺。

天空中：

· **蝙蝠**：許多種類的蝙蝠可能很快會從世界上消失，因為牠們居住的森林受到大火和人類活動的破壞。

· **蜜蜂**：蜜蜂從花朵**採集**花粉，好讓牠們製造蜂蜜。有些種類的蜜蜂已經變得非常稀有。

· **老鷹**：菲律賓鷹，又稱食猿鵰，已經變成世界上最稀有的**鳥類**之一。

EXERCISES

A.閱讀測驗	1. D 2. C

B.字彙填空	1. exist 2. environment 3. air 4. hunt 5. climate

C.字彙選擇	1. C 2. B 3. A 4. C 5. A

Unit ㊿ Uncle John's Farm 約翰叔叔的農場

STORY

Ava和Matt正在參觀Ava的叔叔在**鄉下**的**農場**。

Ava：嗨，John叔叔！這是我的朋友Matt。

John叔叔：嗨，Matt。我是個**農夫**。我們這裡總是從早上一大**早**忙到晚上很**晚**。讓我們走上這個小**山坡**，我讓你看看這個農場。

Matt：那真是段好長的路！我的鞋子都沾滿了**泥**！

John叔叔：我們現在走進這**圍欄**吧。確定你把**柵欄門**關上，這樣**山羊**才不會吃我的玉米。

Matt：牠們會吃玉米？

Ava：牠們什麼都吃！玉米、**甘藍菜**、**豆子**……牠們去年**夏天**甚至還咬了我的帽子！但牠們非常可愛。

Matt：噢，那是山羊寶寶嗎？

John叔叔：不是，那是**小綿羊**。是綿羊寶寶。山羊和綿羊可能看起來很**相似**，但牠們不一樣。

Matt：牠的羊毛非常柔軟耶！

Ava：我們**冬天**的時候會用牠們的羊毛保暖。

Matt：你們看，那裡有個**池塘**。有鴨子在**岸**邊休息。你們會吃牠們嗎？

John叔叔：有時候會。我們去看那裡的**馬**吧。

Ava：我愛這些馬！我們明天可以騎馬。

Matt：這些箱子是什麼？

Ava：這些是**雞**的**窩**。我們從這裡**收集**雞蛋。看看這包**種子**。John叔叔**春天**的時候會種下它們。我**秋天**的時候會幫他**採**一些蔬菜。

Matt：你們從農場獲得很多食物嗎？

Ava：對呀。從**母牛**身上獲得牛奶和**起司**，從**豬**身上得到**火腿**……。

Matt：噢，你讓我覺得好餓！

　1. C　2. C

　1. late　2. duck　3. farm　4. early　5. ham

　1. D　2. D　3. B　4. B　5. B

Unit 51　A Super Typhoon 超級強颱

STORY

　　我們帶給您有關超級強颱Bertha最新的天氣預報。它在只有幾百公里遠的距離逐漸形成。

　　現在您可以在螢幕上看到從太空中拍攝的衛星雲圖。當海上的暖空氣向上流動與冷空氣交會時，就形成颱風。一個巨大的雲團產生，而暴風氣旋從周圍的暖氣流中獲得能量。這個颱風預計會在朝海岸前進的過程中增強。它會在明天清晨四點時登陸。

　　在暴風移動路徑中心的人們有很大的危險。猛烈的風會以每秒50公尺(每小時180公里)的風速吹送，會搖動建築物的頂部。看看這個天氣圖。這個雲團符號顯示颱風影響最嚴重的地區。颱風眼邊緣經過的地方，天空會多雲、打雷、颱風下雨，是暴風雨的天氣。

　　明天所有地區皆停班停課，除了大島之外。為了安全起見，在山區的民眾可能需要盡快從山區撤離。颱風預計會在週五傍晚離開。週六將會回到晴朗涼爽的天氣。

　1. B　2. D

　1. sky　2. latest　3. cold　4. safe　5. wind

　1. B　2. B　3. A　4. D　5. D

Unit 52　Taking Care of the Earth 照顧地球

STORY

　　汙染正在破壞我們的星球。我們可以做什麼來讓地球成為能讓每個人居住起來更舒適的地方呢？

1. 回收

　　一般垃圾和可回收垃圾並不相同。垃圾桶的蓋子上通常會說明要如何回收垃圾。舉例來說，把塑膠放進左邊的桶子，紙類放進中間的桶子，而金屬則放進右邊的桶子。

2. 不要浪費任何東西

　　工廠貨品的生產過程會汙染環境。我們應該努力，盡可能重複利用而不要浪費任何東西。 舉例而言，我們應該最大限度利用廢紙。

3. 省水和省電

　　當水龍頭沒有在使用時，要把它關上。離開房間時，把燈關掉。試著使用電風扇而不用冷氣。當你要購買像電視、洗衣機或電冰箱等物品時，看一下能源標籤上的圖表。試著購入使用低量能源且產生較少熱的產品。

4. 清理地上的垃圾

　　體貼其他人。不要把垃圾丟在地上。看到垃圾就把它撿起來。

5. 搭乘公共的交通工具

　　車子的**引擎**需要**汽油**才能運轉，而這會汙染空氣。最好是搭乘**捷運**或是**地鐵**，因為這些交通工具不需要汽油。它們是用**電力**來運行。

6. 種樹

　　人們砍樹來製造**木材**和紙。種樹對環境有益，因為綠色的**葉子**可以讓空氣更乾淨。

EXERCISES

A.閱讀測驗　　1. D　2. B

B.字彙填空　　1. garbage　2. waste　3. ruin　4. leaf　5. engine

C.字彙選擇　　1. D　2. A　3. B　4. D　5. C

Unit ⑬　A Dream Job 夢想的工作

STORY

Jessica：你以後想要當什麼，Henry？

Henry：我的**夢想**是當一名**廚師**，但我的父母覺得我**應該**當**商人**或是**工程師**。他們說我應該**專心**學數學，並試著在**每一**門**課程**都拿好**成績**。

Ruby：我覺得你應該做你熱愛的事情！你在做料理的時候也會用到數學，不是嗎？

Henry：是啊，當我**準備**食物的時候，我得**仔細**測量所有的東西。這也是一種**藝術**。

Jessica：我知道！你才剛做了一個蒙娜麗莎蛋糕！超酷的！你**一定**是個**藝術家**才能做出那樣的蛋糕。

Henry：謝謝。我必須得非常**勤奮**才行，如果我想要成為一名**成功**的廚師。

Jessica：那妳呢，Ruby？妳夢想的工作是什麼？

Ruby：當我在唸小學時，我的夢想是當**歌手**或是**女演員**。

Henry：當我還是小孩的時候，我也想當**演員**！

Ruby：但我不擅唱歌和演戲。我喜歡**社會科學**。我想成為一名**外交官**或是**律師**。

Henry：妳可以當**警察**啊！妳很**聰明**，又跑得很快。妳可以抓那些不**遵守**法律的人！

Ruby：我不行！我不夠勇敢。我對法律的**原則**很感興趣。我想我**會**在**大學**時取得法律**學位**。那妳呢，Jessica？

Jessica：我還不知道。

Henry：妳喜歡寫作。妳可以當**作家**或**報社記者**！

Ruby：妳的溝通技巧很好。妳可以當**祕書**！

Jessica：這兩個主意都很棒。謝謝你們！

EXERCISES

A.閱讀測驗　　1. C　2. C

B.字彙填空　　1. cook　2. dream　3. obey　4. focus　5. grade

C.字彙選擇　　1. B　2. D　3. C　4. D　5. A

Unit ㊙ Who Am I? 猜猜我是誰

推開我的門,我會幫你修剪和梳理頭髮。
我是誰?理髮師!

如果你牙痛,我會幫你治療並清潔你的牙齒。
我是誰?牙醫!

我照顧孩童,但我不是家庭主婦。
我幫他們洗澡,並把他們放到床上小睡片刻。
當他們起床時,我會餵他們吃東西。那就是我忙碌的生活。
我是誰?保姆!

我會站在櫃臺後方
然後向你打招呼,不論你在任何時候來我的便利商店。
你可以買東西、影印、列印,甚至做更多其他的事。
我會告訴你你購買的東西總共要花多少錢。
總共是八十元,而找你的零錢是二十塊錢銅板。
我是誰?店長!

我為雜誌和書本畫圖。
人們喜歡把這些圖片剪下貼在他們的筆記本上。
看看這用水彩畫的人群!
我也在紙上創造美麗的物件和圖案。
我是誰?畫家!

我在船上工作,並看著太陽在海上升起。
這艘船不是靠蒸汽推動。
我的船上有兩個抽水幫浦來讓它更安全。
我是誰?水手!

EXERCISES

A.閱讀測驗	1. A　2. B
B.字彙填空	1. toothache　2. steam　3. brush　4. push　5. coin
C.字彙選擇	1. B　2. D　3. D　4. D　5. C

Unit ㊙ A Successful Interview 成功的面試

助理:Kelly Williams女士,老闆現在可以見妳了。坦白說,妳看起來很緊張。不用那麼緊張。
Kelly:謝謝。我只是很興奮有機會可以在這裡工作。

Lin先生：哈囉，我是James Lin。我很**高興**妳今天可以來**面試**。

Kelly：謝謝您。這是個如此**令人興奮**的機會。

Lin先生：如妳所知，這個**工作**是在我們的**辦公室**裡擔任**職員**。可以告訴我為什麼妳會想來我們**公司**工作嗎？

Kelly：你們的**生意**很成功，而且你們一直引領潮流。你們雖然不是一間非常大的公司，但你們一年賺進好幾億，因為你們能真的了解顧客的需求。

Lin先生：很好。我們想要**僱用**非常了解我們公司的人。那妳有什麼**技能**呢？

Kelly：我曾在一間小**商店**工作一年，自從那以後到現在，我就一直在**百貨公司**工作。我**有責任感**、有耐心也很善於獨立作業。我在行銷方面很**熟練**，而且我在制定行銷**計畫**時總是扮演**積極**的角色。

Lin先生：妳是我們想要**僱用**的類型。妳期望我們**付**妳多少薪水呢？

Kelly：我希望能比我現在的收入再多**賺幾千元**，但能在一間好公司工作，錢的數目就不是那麼重要。

Lin先生：我相信我們可以達成一個好的**協議**。我們**明天**前會做出**決定**。然後我們**可能**會給妳一份**合約**，妳可以決定是否要接受。

Kelly：謝謝，我會期待收到您的通知。

EXERCISES

A.閱讀測驗   1. D   2. B

B.字彙填空   1. exciting   2. department store   3. decision   4. tomorrow   5. patient

C.字彙選擇   1. C   2. D   3. B   4. A   5. B

Unit 56   A Mad Scientist 瘋顛科學家

STORY

Henry：喂？

Smith女士：是Henry嗎？我是Smith女士，從辦公室打來。

Henry：哈囉，妳好嗎？

Smith女士：我很**好**，但你還好嗎？你今天早上為什麼**缺席**在新**分公司**舉行的會議？**或許**你能**提供**我一個好理由來向我們的客戶解釋，我會很**感激**的。

Henry：妳是**認真**的嗎？喔，我是說，我很抱歉。我的**想法**是……塞車？

Smith女士：太**容易**看出那是**假**的了。那時交通並不壅塞。

Henry：妳又沒有說這得是**真**的理由。這個嘛，我「嗜眠症」。

Smith女士：什麼啊？請不要用那麼困難的**術語**！

Henry：我的意思是我當時還**在睡覺**。

Smith女士：這並不是個好理由。你今天早上**有必要**到場。這是個**大**問題。我們等著開始會議**等**了**幾乎**一個小時。**然後**因為你沒有來，我們得**取消**會議。

Henry：對不起，但要我這麼早就起來很**困難**。我**熬夜**一整個晚上試著要發明出新的**東西**。

Smith女士：那是你自己的**私**事。你什麼時候**可以安排**另一場會議，談談要怎麼**使用**你**設計**的機器？我**認為**下午可能會比較好。

Henry：我**可能**明天下午可以。

Smith女士：客戶**跟**我**都不**想再等你一次了。如果你到時候沒有出席，我們就會嘗試在沒有那個機器的情況下**完成**這項專案。

Henry：我了解。這不是個小問題。我明天會到場的。

Unit 57　About Wars 關於戰爭

STORY

　　綜觀歷史上的所有**時期**，我們無法**略過**一個事實：人類深受**戰爭**的**影響**。戰爭往往是因為一方認為另一方是**錯的**，而他們**處理**這個問題的方法就是攻打對方。在**古代**，戰爭**主要的**理由就是爭奪領土或食物的支配權。如果**敵人**試圖要占領某人的土地或牲口，被侵略的人的鄰居們就會覺得他們有**義務**要幫忙對抗。他們使用木頭和**金屬**製作武器。**最終**有一方會贏得**勝利**。為求**和平**，雙方**承諾**停止繼續**傷害**對方。

　　戰爭在**槍支**發明之後變得更加**危險**。**像**美國西部地區以前沒有法律，而**牛仔**們會為了爭奪牛隻和能**挖**金礦的地點而攻打並**追趕**他們的敵人。

　　現在，幾乎每個國家都有**軍人**和**軍隊**。他們擁有強大的武器像是**炸彈**和**坦克車**，能夠在**瞬間**將目標毀滅。有的軍人所**領導**的軍隊在空中駕駛**直升機**，也有的在海上以**船艦**作戰。在船艦上，**船長**下命令，所有人遵從。船艦長期停泊在岸邊，如果有任何狀況**發生**時，他們就可以準備採取**行動**。軍人們在戰爭中展現**勇氣**，但是在現代，義務有時只是加入軍隊的**次要**理由。人們選擇從軍可能單純只是作為職業，並且希望未來戰爭會越來越少。

EXERCISES

A.閱讀測驗　　1. C　2. B

B.字彙填空　　1. end　2. chase　3. enemy　4. victory　5. promise

C.字彙選擇　　1. D　2. B　3. D　4. D　5. B

Unit 58　Latest News 新聞快報

STORY

搶案

　　便利商店的**警報器**響起，警察被呼叫前去阻止**犯罪**。他們太晚**抵達**現場而來不及採取**行動**。一名男子**用手電筒攻擊**了店員的頭部。然後行搶她的**皮夾**，以及店內的一**捆**百元鈔票。店員說她的錢包裡只有七十七分錢。

　　該**竊賊**身穿黑色**短褲**和白色棉**T**。店員稍早注意到該名男子，他一直在店內等待，**直到**所有顧客都離開。這名男子的衣服被發現丟棄在通往**地下道**的樓梯最底階旁的小**籃子**中。警方已經**偵查到**男子的指紋，指紋已**顯示**他的分身。警方現在正試圖**追查**這名男子。

意外事故

　　一位老太太在**穿越**馬路時被車子撞到。她因看不清楚而無法**判斷**紅綠燈的顏色。駕駛看到老太太後**突然**煞車，所以她的傷勢並不嚴重。該名駕駛必須出**庭**受審，但很可能法官會**叛**他**無罪**。

謀殺案

　　一名男子**中毒**而死。警方接受鄰居報案說從該房子傳出奇怪**噪音**後，**踢**門而入。男子被發現**死**在一個幾乎空了的杯子旁，而杯中物必是造成死亡的**原因**。警方從該杯子中採集**樣本**進行檢驗。現場所**見**之處除了一名女子之外沒有其他人。女子說她什麼都不知道，並**拒絕**回答任何問題。警方認為她在**說謊**。

EXERCISES

A.閱讀測驗　　1. A　2. D

B.字彙填空　　1. judge　2. kick　3. lie　4. sample　5. shorts

C.字彙選擇　　1. B　2. A　3. A　4. C　5. A

Unit ⑤⑨ About Government 關於政府

STORY

　　歡迎來到《數**世紀**以來政府型態》展覽。世界上有許多不同的**政府**體制**系統**。對群居在**社會**中的人們來說，能有一位領袖來解決他們**之中**所發生的問題，是一件很**重要**的事。

　　有些**地方**是由一位領導人統治直到他或她離世，而有些地方會用**投票**的方式**選出總統**和政府組成**成員**。每個人都享有**同等**的投票權。以上**後者**所說的政府形式稱為民主政體。民主政府有不同的**層級**，從國家到州再到**城市**，各層級又被分成不同的**部門**。

　　這裡是一個**市中心**的模型。**磚**造的市政府建築上有個**旗子**。市政府被**建築**在城鎮廣場的中心，廣場是舉辦**社交**活動的地方。人們可以來到市政府並分享他們的**意見**。他們會決定他們的領導人**是否誠實**可信。而領導人們只會在任期中留在他們的崗位，**直到**下一次選舉，所以他們會努力讓人民滿意。他們發表**演講**，承諾未來的**進步**。他們說會幫助**勞工**們得到更高的**收入**。如果領導人無法兌現承諾，民眾有**自由**在下次選舉投票來**反對**他。

　　現在讓我們移動至過去。下一個模型是城堡中的一位國王和皇后……

EXERCISES

A.閱讀測驗　　1. B　2. D

B.字彙填空　　1. president　2. progress　3. equal　4. member　5. important

C.字彙選擇　　1. C　2. A　3. D　4. D　5. D

解析

Unit 60 A Debate about Grades 一場關於分數的辯論

STORY

　　是時候進行最後一場的**辯論**演講了。辯論主題是「成績在**教育**中的**重要性**」。以下是正方的申論：

　　我想每個學生的**目標**應該都是成為學校中最優秀的學生。如果我們在**青少年**時期就得到**成功**，我們將能享有成功的人生。我們努力克服困難的**科目**，那讓我們有**經驗**能面對其他的困難。有些人說成績並不重要，說成績只是像在一條**線**上的**點**，標示著學生們和彼此**相比**後的差距。他們說總是試圖要贏過別人的心態會對學生有不良的**影響**。我不同意這樣的說法。在職場上會有競爭和**壓力**。學生需要在年少的時候學習如何處理，甚至是從**幼兒園**開始。仔細記憶一大堆**字詞**也許不是很有趣，但這會幫助他們培養好的**記憶力**以及**專注**能力。

　　現在是反方的申論：

　　教育的**目標**應該是**啟發**學生對學習的熱愛，並自主**發現**新事物。老師應該以**幽默**的方式**教學**，讓學生享受樂趣。他們不應該只是給學生**零**分這樣的爛成績，而是鼓勵他們**改正**自己的錯誤。**舉例**來說，老師可以在錯誤處的附近畫**圓圈或**星號，然後要求學生合作找出解答。比起讓學生因為答錯而感到挫折，不如在學生表現良好時**讚美**他們來得更好。**重點**是，如果我們不過度注重成績，學生就會有更多的自信和創造力。

　　裁判對於哪方獲勝的意見**分歧**。那你覺得呢？你同意哪一位**演講者**的論述呢？

EXERCISES

A.閱讀測驗　　1. D　　2. B

B.字彙填空　　1. praise　2. kindergarten　3. experience　4. debate　5. word

C.字彙選擇　　1. B　2. D　3. C　4. A　5. B

基礎英文法養成篇

英文學很久，文法還是囧？
本書助你釐清「觀念」、抓對「重點」、舉一反三「練習」，
不用砍掉重練，也能無縫接軌、輕鬆養成英文法！

陳曉菁　編著

特色一： 條列章節重點
每章節精選普高技高必備文法重點，編排環環相扣、循序漸進。

特色二： 學習重點圖像化與表格化
將觀念與例句以圖表統整，視覺化學習組織概念，輕鬆駕馭文法重點。

特色三： 想像力學文法很不一樣
將時態比喻為「河流」，假設語氣比喻為「時光機」，顛覆枯燥文法印象。

特色四： 全面補給一次到位
「文法小精靈」適時補充說明，「文法傳送門」提供相關文法知識章節，
觸類旁通學習更全面。

特色五： 即時練習Level up!
依據文法重點設計多元題型，透過練習釐清觀念，融會貫通熟練文法。

全民英檢初級模擬試題（修訂四版）

Barbara Kuo 編著

符合全民英檢最新題型

讓你輕鬆應試！

★ 聽說讀寫樣樣都有
完整收錄全民英檢初級聽、說、讀、寫的模擬試題，共 10 回內容，輕鬆熟悉所有題型。

★ 全真模擬測驗模式
內容融入核心素養，題型、題數、情境、用字皆符合全民英檢初級程度。

★ 附電子朗讀音檔
試題音檔由專業外籍錄音員錄製，培養英文語感，提升應試熟悉度。

★ 附解析附冊
內容包含聽力腳本、試題翻譯及解析，方便完整對照，有效理解考題脈絡。

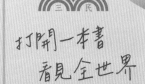

英文
會考系列

國中教育會考、全民英檢初級、統一入學測驗適用

透過看圖看故事，輕鬆學會常用 2000 單字！

輕鬆讀出

國中必備

Build Vocabulary through Reading

字彙力

Susan M. Swier　著

隨堂評量

三民書局

輕鬆讀出國中必備字彙力
Build Vocabulary through Reading

隨堂評量
Contents

A. 字彙填空（每題 5％）

_____ 1. Jim is married to Mary. Jim is Mary's _____.

_____ 2. My brother doesn't talk because he is _____.

_____ 3. My aunt's son is my _____.

_____ 4. How much do the shoes _____?

_____ 5. What is the _____ of this hat?

_____ 6. You should wear a _____ because it is cold today.

_____ 7. Let's do it! I _____ it's a good idea.

_____ 8. There are many trees in the _____.

_____ 9. The two cars are in the _____.

_____ 10. You can wash your hands in the _____.

| think | woods | price | bathroom | husband |
| garage | cousin | cost | jacket | shy |

B. 字彙選擇（每題 5％）

( ) 1. Look at the picture. What is the girl
doing?
(A) She is walking in the woods.
(B) She is climbing a tree.
(C) She is picking flowers.
(D) She is climbing a big rock.

( ) 2. My aunt is _____. She always helps others.
(A) short　　(B) chubby　(C) cute　　(D) kind

( ) 3. My father's _____ is my aunt.
(A) sister　　(B) daughter　(C) wife　　(D) niece

1

(　　) 4. I keep my clothes and shoes in the _____.

    (A) stairs   (B) door   (C) curtain   (D) closet

(　　) 5. You can buy many things at the _____.

    (A) post office   (B) police station

    (C) convenience store   (D) motorcycle

(　　) 6. The old man is Sally's _____.

    (A) grandpa   (B) grandma   (C) mom   (D) daughter

(　　) 7. Look, there's a bird on the _____.

    (A) kitchen   (B) roof   (C) room   (D) bedroom

(　　) 8. In winter, I wear a _____ to keep warm.

    (A) shirt   (B) skirt   (C) shoe   (D) sweater

(　　) 9. Kevin: Where is Dad?

    Penny: He's _____. I'll call him to come down.

    (A) downstairs   (B) upstairs   (C) stairs   (D) clean

(　　) 10. There are fresh fruits and vegetables at the _____.

    (A) post office(B) zoo   (C) church   (D) market

A. 字彙填空（每題5%）

_____ 1. This table is _____ two chairs.

_____ 2. A carrot is a _____ . It is not a fruit.

_____ 3. I'm sorry. I can't do _____ to help.

_____ 4. These _____ are red and sweet.

_____ 5. We can have ice cream for _____ .

_____ 6. A flashlight is _____ when it is dark.

_____ 7. This hat is _____ . It costs too much!

_____ 8. We have _____ waited for three hours.

_____ 9. Don't drink the water from the bottle. Pour some in the _____ .

_____ 10. Riley seldom wears dresses. There is _____ one dress in her dresser.

between	only	useful	anything	already
vegetable	expensive	glass	dessert	strawberries

B. 字彙選擇（每題5%）

(　　) 1. Look at the picture. Where is the rabbit?

(A) On the table.

(B) Under the table.

(C) Above the shelf.

(D) In the shelf.

(　　) 2. Can you turn on the _____? It's dark in here.

(A) microwave　(B) refrigerator　(C) lamp　　(D) closet

( ) 3. Chris: I don't like this movie.

Helen: I don't like it _____.

(A) neither   (B) not   (C) only   (D) either

( ) 4. This pink shirt is too small. Are there any _____ pink shirts?

(A) other   (B) anything   (C) much   (D) upper

( ) 5. Mom: What were you doing _____ I was out?

George: I was doing my homework.

(A) through   (B) while   (C) without   (D) by

( ) 6. A beautiful house often _____ in my dreams.

(A) appears   (B) charges   (C) wants   (D) checks

( ) 7. Richard: What's your favorite fruit?

Laura: _____.

(A) Bananas   (B) Onions   (C) Potatoes   (D) Lanterns

( ) 8. This fruit costs ten _____.

(A) dollars   (B) pieces   (C) apples   (D) mango

( ) 9. There is a lot of food on the _____.

(A) plate   (B) ball   (C) gram   (D) cup

( ) 10. Amy: You stepped on my foot!

Jim: Oh, I'm _____. I didn't mean to.

(A) terrible   (B) sorry   (C) horrible   (D) dirty

A. 字彙填空 (每題5%)

_____ 1. I like this restaurant. The food here is so _____!

_____ 2. Let's take a break and eat fruit for a _____.

_____ 3. What did you do _____ week?

_____ 4. Would you like a _____ of coffee?

_____ 5. You need to wait for the water to _____.

_____ 6. My parents had _____, and I had a soft drink.

_____ 7. I need a _____ of bread from the supermarket.

_____ 8. How many _____ of butter do we need?

_____ 9. The windows are dirty. I need to _____ them.

_____ 10. Kim doesn't eat hamburgers because she is on a _____.

yummy	boil	loaf	snack	grams
last	wash	diet	cup	beer

B. 字彙選擇 (每題5%)

(　　) 1. Look at the picture. What is the girl doing?

　　　(A) She is spreading the butter.

　　　(B) She is tasting the butter.

　　　(C) She is slicing the butter.

　　　(D) She is filling the butter.

(　　) 2. The food is very spicy because there is too much _____ in it.

　　　(A) salt　　　(B) butter　　(C) cream　　(D) pepper

(　　) 3. Most people eat _____ around noon.

　　　(A) dinner　　(B) breakfast　(C) lunch　　(D) dessert

(   ) 4. I _____ to eat some ice cream.

      (A) bake   (B) taste   (C) mix   (D) want

(   ) 5. You shouldn't _____ too much time watching TV.

      (A) celebrate   (B) spend   (C) write   (D) share

(   ) 6. The children were happy when they opened their _____.

      (A) customs   (B) gifts   (C) vinegar   (D) lanterns

(   ) 7. Lindsay: This dish is the most delicious!

      Dan: Yes, I _____ with you.

      (A) agree   (B) do   (C) have   (D) hang

(   ) 8. I just need a _____. I don't need a big plate.

      (A) saucer   (B) toast   (C) sugar   (D) card

(   ) 9. Helen: This soup is very _____.

      Mom: Yes, because I just cooked it.

      (A) sour   (B) hot   (C) bitter   (D) sweet

(   ) 10. Tom: You go to the food fair every year, don't you?

      Katie: _____. I love it. There are lots of kinds of food to try.

      (A) Right   (B) No   (C) Maybe   (D) Please

第4回

Unit 13～16

A. 字彙填空（每題5％）

_____ 1. How many _____ do you have each day?

_____ 2. Do you like to _____ to music?

_____ 3. There is one hamburger for _____ of us.

_____ 4. My eight-year-old sister studies in _____ school.

_____ 5. I had a _____ time at the park.

_____ 6. The _____ rings when the class starts.

_____ 7. I can't play because I need to _____.

_____ 8. I gave my dad a gift on _____.

_____ 9. Carter is a _____ actor. Many people know him.

_____ 10. What is your favorite _____? Christmas or New Year?

bell	each	study	famous	elementary
holiday	great	listen	lessons	Father's Day

B. 字彙選擇（每題5％）

( ) 1. Look at the picture. Who is this?

(A) A singer.

(B) A teacher.

(C) A scientist.

(D) A driver.

( ) 2. In _____, we play sports.

(A) geography (B) Chinese

(C) PE (D) English

( ) 3. Sally: Today is Wednesday. Do you want to go to the park after school tomorrow?

Jane: No, I can't. I have a music lesson on _____.

(A) Wednesday (B) Thursday (C) Tuesday (D) Saturday

( ) 4. Teacher: Can you _____ this question?

Ben: No, I can't. I don't know that.

(A) answer (B) ask (C) emphasize (D) present

( ) 5. Carrie: Will we still be in the same school next year?

Ted: No, you'll still be in primary school, and I'll be in _____.

(A) work (B) junior high school

(C) senior high school (D) university

( ) 6. I don't know if I can go to the party. I have to _____ it with my parents.

(A) punish (B) read (C) succeed (D) discuss

( ) 7. Bill: What do you _____ to happen?

Sandy: I think the paper will catch on fire. Let's wait and see.

(A) fail (B) limit (C) know (D) expect

( ) 8. Camilla is very tired. She doesn't have the _____ to talk.

(A) energy (B) matter (C) base (D) question

( ) 9. I'm making lunch for my mom because it's _____.

(A) Mother's Day (B) Moon Festival

(C) Father's Day (D) Valentine's Day

( ) 10. Making a cake is a _____ idea! Let's do it.

(A) boring (B) terrible (C) marvelous (D) colorful

A. 字彙填空（每題 5%）

_____ 1. Look at the blackboard and read the word _____.

_____ 2. Luke doesn't _____ a pet. He wants to buy one.

_____ 3. Don't make that hand _____ here. It's not polite.

_____ 4. Look at the dancer's _____. It's beautiful!

_____ 5. It's healthy to do _____ every day.

_____ 6. We took a _____ at the beginning of class.

_____ 7. Jim wears _____ to run.

_____ 8. Ten _____ four is six.

_____ 9. This _____ is an exciting story.

_____ 10. I don't wear _____ lenses. I wear glasses.

gesture	exercise	aloud	quiz	minus
own	novel	sneakers	contact	movement

B. 字彙選擇（每題 5%）

(　　) 1. Look at the picture. What is the girl doing?

(A) She is reading.

(B) She is drawing.

(C) She is writing.

(D) She is speaking.

(　　) 2. Jeff: What do I need for the math class?

Kim: You need a _____ to measure things.

(A) exit　　　(B) tear　　　(C) ruler　　　(D) sheet

(　　) 3. John: I don't understand this problem.

Beth: I'll _____ it to you.

(A) explain　　(B) question　(C) support　(D) drop

(   ) 4. I _____ this sentence because it is important.

     (A) spell   (B) speak   (C) pass   (D) underline

(   ) 5. Sally: What was your _____ on the exam?

     Scott: I got 95 points.

     (A) number   (B) total   (C) quiz   (D) error

(   ) 6. You can find the answer on _____ 120.

     (A) paper   (B) page   (C) workbook (D) pencil

(   ) 7. I haven't seen a movie _____ last month.

     (A) since   (B) besides   (C) though   (D) inside

(   ) 8. A piece of the _____ is missing.

     (A) card   (B) novel   (C) chess   (D) puzzle

(   ) 9. Kelly: What are you doing with that _____?

     John: My friends and I are going to have a tug of war.

     (A) T-shirt   (B) Frisbee   (C) slide   (D) rope

(   ) 10. The team _____ because their score was the best.

     (A) lost   (B) played   (C) won   (D) left

A. 字彙填空（每題 5%）

_____ 1. There are sixty _____ in one hour.

_____ 2. Blue is my _____ color. I like blue the most.

_____ 3. Spring is a beautiful _____.

_____ 4. Aiden has many _____. He can sing and dance very well.

_____ 5. The _____ is long and dark.

_____ 6. You need to _____ the drum hard!

_____ 7. When do you have _____ time?

_____ 8. Forty plus forty is _____.

_____ 9. I'm not _____ how that happened.

_____ 10. My sister is interested in sports. She likes to play _____.

favorite	talents	minutes	season	free
tunnel	sure	eighty	volleyball	beat

B. 字彙選擇（每題 5%）

(   ) 1. Look at the picture. What is she doing?

(A) Running.

(B) Swimming.

(C) Skiing.

(D) Playing volleyball.

(   ) 2. Will you play the game _____ us?

(A) and   (B) by   (C) in   (D) with

(   ) 3. Kim: Hi, I'm Kim.

Pam: I'm Pam. It's nice to _____ you.

(A) bark   (B) run   (C) meet   (D) exercise

(   ) 4. In _____, you hit a small, hard ball with a long metal stick.

     (A) golf   (B) basketball (C) badminton   (D) skiing

(   ) 5. Melissa: Where did you see the dinosaur bone?

     Luke: It was inside a _____.

     (A) stationery store   (B) home

     (C) museum   (D) supermarket

(   ) 6. It's _____ that we will be late because there are a lot of cars on the road.

     (A) usual   (B) likely   (C) free   (D) available

(   ) 7. I have to help my mom do _____ every day.

     (A) tower   (B) housework(C) kite   (D) trick

(   ) 8. The singer has written one song, but the album is not yet _____.

     (A) bright   (B) complete   (C) noisy   (D) quiet

(   ) 9. Isaac blows into the _____ to play it.

     (A) flute   (B) drum   (C) piano   (D) violin

(   ) 10. My mom likes _____ music, from more than 200 years ago.

     (A) pop   (B) jazz   (C) classical   (D) rock

SCORE

NAME:

A. 字彙填空（每題5%）

_____ 1. Do you _____ if I come in?

_____ 2. There is sand on the _____.

_____ 3. The _____ goes over the river.

_____ 4. Please _____ your name here.

_____ 5. Please _____ the store by this door.

_____ 6. You can swim in this swimming _____.

_____ 7. The parents try to _____ their children.

_____ 8. I need some _____ to take a bath.

_____ 9. An _____ is from the USA.

_____ 10. The dog did not _____ me to come near.

bridge	enter	beach	pool	sign
control	allow	mind	soap	American

B. 字彙選擇（每題5%）

(   ) 1. Look at the picture. What is he eating?

    (A) Crab.

    (B) Popcorn.

    (C) A burger.

    (D) A lemon.

(   ) 2. Jerry: Can I walk to the store?

    Kate: Yes, it is only one _____ away.

    (A) sidewalk   (B) parking lot

    (C) foreigner   (D) kilometer

(   ) 3. Lisa: Where are you, George?

George: I'm right _____!

(A) quick   (B) here   (C) near   (D) far

(   ) 4. For your _____, don't go into the water when the weather is bad.

(A) buffet   (B) safety   (C) trip   (D) thirsty

(   ) 5. The bathroom is on the other _____ of the room.

(A) stamp   (B) country   (C) front   (D) side

(   ) 6. Sally: What do you _____ to buy at this store?

John: Some fruits and vegetables.

(A) visit   (B) thank   (C) pack   (D) need

(   ) 7. Wendy: Where are you going on _____?

Henry: I'm going to the beach.

(A) flight   (B) vacation   (C) sheet   (D) voice

(   ) 8. The hotel needs to _____. It's not very good now.

(A) regret   (B) improve   (C) jump   (D) smoke

(   ) 9. Lisa: Why are you so angry? I'd like to know the _____.

Kate: I heard Aria say something bad about me.

(A) towel   (B) pile   (C) reason   (D) mat

(   ) 10. The _____ on the bed are dirty. Please change them.

(A) stones   (B) pillows   (C) tickets   (D) keys

SCORE

NAME:

A. 字彙填空（每題5%）

_____ 1. They cut the cake in _____.

_____ 2. Turn the light on. It's _____ in here!

_____ 3. I wanted to _____, but I didn't give up.

_____ 4. A _____ is a baby dog.

_____ 5. The door is too _____. The table will not go through it.

_____ 6. Can you please _____ me that book?

_____ 7. I wear a _____ around my neck when it is cold.

_____ 8. Madelyn was surprised to know that she won first _____.

_____ 9. There is a beautiful red _____ in the garden.

_____ 10. Alice looked at herself in the _____.

dark	puppy	narrow	scarf	prize
half	mirror	quit	hand	rose

B. 字彙選擇（每題5%）

(   ) 1. Look at the picture. What is on the leaf?

(A) A butterfly.

(B) A frog.

(C) A fish.

(D) A turkey.

(   ) 2. We can _____ a car to use for a few days.

(A) buy   (B) camp   (C) hike   (D) rent

(   ) 3. The baseball player wears a _____ on his head.

(A) coat   (B) diamond   (C) button   (D) cap

( ) 4. A diamond _____ was placed around the princess's neck.

    (A) earring   (B) coat   (C) necklace   (D) hat

( ) 5. The TV show uses _____ to share ideas. It makes me laugh.

    (A) funny   (B) humor   (C) underwear   (D) stove

( ) 6. My brother is _____. He wants to sleep.

    (A) polite   (B) childlike   (C) rude   (D) tired

( ) 7. Maria: The _____ is dirty. It won't flush.

    Tim: Sorry, I put too much paper in it.

    (A) toilet   (B) sink   (C) iron   (D) teapot

( ) 8. Let's _____ the show. It must go on.

    (A) throw   (B) catch   (C) tell   (D) continue

( ) 9. I was _____. There was no one else in the room.

    (A) overseas   (B) alone   (C) homesick (D) away

( ) 10. Just _____ your head if the answer is yes.

    (A) wave   (B) nod   (C) accept   (D) pause

第9回

Unit 33～36

SCORE

NAME:

A. 字彙填空（每題5%）

_____ 1. Internet is important in the _____ world.

_____ 2. What is the _____ outside today?

_____ 3. I can _____ believe the story is true!

_____ 4. The program will be _____ on radio.

_____ 5. The fire alarm _____ the movie.

_____ 6. An _____ came on TV in the middle of the show.

_____ 7. I have one new _____ in my phone. I need to check it.

_____ 8. Hudson watched a _____ on his phone.

_____ 9. You should pay attention to both national news and _____ news.

_____ 10. We can use a _____ to answer calls, take pictures, and go online.

| temperature | hardly | video | message | advertisement |
| broadcast | foreign | modern | cell phone | interrupted |

B. 字彙選擇（每題5%）

( ) 1. Look at the picture. What is he doing?

    (A) He is riding a bike.

    (B) He is selling a bike.

    (C) He is choosing a bike.

    (D) He is fixing a bike.

( ) 2. The movie star is _____ the singer. They have been together for a month.

    (A) guessing   (B) freezing   (C) swinging   (D) dating

(　　) 3. Matt: Where is my _____?

　　　　Elaine: It is in the middle of the row.

　　　　(A) mall　　　　(B) seat　　　　(C) character　(D) role

(　　) 4. Salesman: Do you want to buy this computer?

　　　　Jane: I need some time to _____.

　　　　(A) finish　　　　(B) consider　(C) deliver　(D) come

(　　) 5. Customer: I'm not sure if I like this camera. It might not work

　　　　　　　well.

　　　　Salesman: You can return it if you're not _____.

　　　　(A) unique　　(B) surprised　(C) satisfied　(D) rare

(　　) 6. If you want to know more about other countries, you can watch

　　　　_____ news.

　　　　(A) local　　　　(B) private　　(C) international　(D) fair

(　　) 7. The _____ makes things faster than people could by hand.

　　　　(A) program　(B) magazine　(C) machine　(D) mailman

(　　) 8. They left a _____ review because they didn't like the hotel.

　　　　(A) positive　(B) terrific　　(C) ordinary　(D) negative

(　　) 9. It is _____ to buy books online.

　　　　(A) whole　　(B) traditional　(C) convenient　(D) basic

(　　) 10. I cannot _____ life without technology. I use it all the time.

　　　　(A) listen　　(B) watch　　(C) record　　(D) imagine

SCORE

NAME:

A. 字彙填空（每題5%）

_____ 1. You will meet many _____ of people in your life.

_____ 2. I'm going to the post office to _____ a letter.

_____ 3. Don't _____ so loudly!

_____ 4. I'm tired. I want to _____ for a while.

_____ 5. She is _____ and doesn't like to ask for help.

_____ 6. Sarah broke her leg and needs three months to _____.

_____ 7. You have to go over this _____ and then turn right.

_____ 8. Take this _____ three times a day, and you will get well soon.

_____ 9. My cat is _____; she sleeps all the time.

_____ 10. The old lady is in the hospital because she has _____.

medicine	rest	recover	overpass	send
cancer	kinds	lazy	yell	independent

B. 字彙選擇（每題5%）

( ) 1. Look at the picture. What is wrong with the car?

    (A) It has a bad driver.

    (B) It was in an accident.

    (C) It is on fire.

    (D) It has a flat tire.

( ) 2. _____ Chen has been married for five years. John is her husband.

    (A) Ma'am   (B) Mr.   (C) Mrs.   (D) Miss

(　　) 3. I heard Dan _____ in class. He must be sick.

　　(A) coughing　(B) falling　(C) calling　(D) feeling

(　　) 4. John: Where is the restaurant?

　　Katie: It's on the other side of the _____.

　　(A) operation　(B) position　(C) road　(D) stomach

(　　) 5. The doctor's desk is in the _____ of the room.

　　(A) corner　(B) ambulance (C) throat　(D) address

(　　) 6. The river is _____. We can't jump across it.

　　(A) flat　(B) regular　(C) broad　(D) well

(　　) 7. There is _____ and peace at Christmas.

　　(A) lack　(B) cancer　(C) desire　(D) joy

(　　) 8. Aaron _____ that he will pass the exam.

　　(A) serves　(B) guides　(C) blesses　(D) hopes

(　　) 9. _____ is that man outside?

　　(A) Who　(B) Which　(C) When　(D) What

(　　) 10. There was _____ in the room. I didn't hear a sound.

　　(A) noise　(B) silence　(C) anger　(D) trouble

第11回

Unit 41～44

A. 字彙填空 （每題5%）

_____ 1. I _____ I could fly.

_____ 2. Tom is _____ and will not share.

_____ 3. Every _____ has to go to school.

_____ 4. The actor is so _____. I like all his movies!

_____ 5. I asked my friend for some _____ about the problem.

_____ 6. Gloria wore a white mask to look like a _____.

_____ 7. I'm going to see my grandparents this _____.

_____ 8. The bus only stops at the small _____ once a day.

_____ 9. A girl will _____ a woman when she is older.

_____ 10. The cat is _____ and keeps wanting more food.

selfish	advice	child	wish	weekend
become	greedy	ghost	village	handsome

B. 字彙選擇 （每題5%）

(   ) 1. Look at the picture. What are they doing?

(A) Kissing.

(B) Holding hands.

(C) Hugging.

(D) Shaking hands.

(   ) 2. I can _____ you a place to stay for one night.

(A) miss   (B) offer   (C) respect   (D) take

(   ) 3. James is known for his _____. He always says what he really thinks.

(A) friendship   (B) handkerchief (C) honesty   (D) lip

(　　) 4. Lisa is _____. She learns things quickly.

      (A) stupid　　(B) silly　　(C) clever　　(D) beautiful

(　　) 5. It is time to _____ now. Let's go home.

      (A) become　　(B) climb　　(C) love　　(D) leave

(　　) 6. Queen: Why do you feel _____?

      Princess: Because I am alone here. I have no friends.

      (A) good　　(B) lonely　　(C) happy　　(D) cruel

(　　) 7. I am _____ about giving a speech because I prepared well.

      (A) jealous　　(B) sneaky　　(C) confident　(D) angry

(　　) 8. Chris: Do you think he is telling the _____ about the missing money?

      Rachel: No, I think he's lying.

      (A) truth　　(B) face　　(C) story　　(D) case

(　　) 9. You can wear _____ on your feet inside the house.

      (A) skins　　(B) dolls　　(C) slippers　(D) pajamas

(　　) 10. Penny: Please stop talking. Let's listen to the teacher.

      John: OK. That's a _____ thing to do.

      (A) wise　　(B) single　　(C) foggy　　(D) talkative

SCORE

NAME:

A. 字彙填空（每題5%）

_____ 1. The _____ children played in the mud.

_____ 2. Let's take a photo of the beautiful _____.

_____ 3. The table is too _____ to move through the door.

_____ 4. I _____ that you tell me the truth.

_____ 5. The _____ caught a big fish.

_____ 6. Don't _____ the paper. We can use it again.

_____ 7. The pen won't write because there is no _____ in it.

_____ 8. You can't ride this bicycle because it is missing a _____.

_____ 9. Adeline is a great singer. She sings very _____.

_____ 10. When Ezra saw the dog, he was afraid and took a step

_____.

insist	naughty	waste	ink	waterfall
well	wide	wheel	backward	fisherman

B. 字彙選擇（每題5%）

( ) 1. Look at the picture. Where are they?

(A) In a valley.

(B) In the desert.

(C) In the mountains.

(D) By the sea.

( ) 2. The _____ person needs to read people's lips to see what they

are saying.

(A) deaf   (B) dumb   (C) silly   (D) blind

( ) 3. Let's _____ the house for the party.

    (A) marry   (B) bite   (C) decorate (D) mix

( ) 4. That animal looks a bit like a horse. It is a _____.

    (A) rabbit   (B) donkey   (C) rat   (D) goose

( ) 5. The cook at this restaurant is _____; he puts a lot of meat in the rice.

    (A) proud   (B) humble   (C) stingy   (D) generous

( ) 6. Sarah: Are there _____ cookies in the jar?

    Peter: Yes, there are a few.

    (A) none   (B) no   (C) most   (D) any

( ) 7. _____ people like the story, but I don't.

    (A) Most   (B) Big   (C) Wide   (D) Same

( ) 8. The toy is a strange _____ and won't fit in the box.

    (A) shape   (B) square   (C) pound   (D) map

( ) 9. Don't throw _____ on the ground.

    (A) fear   (B) chances (C) trash   (D) top

( ) 10. I don't want to _____ James money because he might not pay me back.

    (A) lend   (B) borrow   (C) take   (D) need

第13回

Unit 49～52

SCORE

NAME:

A. 字彙填空（每題 5%）

_____ 1. The bird built a _____ in a tree.

_____ 2. A _____ uses flowers to make honey.

_____ 3. It is _____ to give your seat to older people.

_____ 4. We set a _____ to catch the mouse.

_____ 5. It is _____ and looks like it will rain soon.

_____ 6. In many places it snows in _____.

_____ 7. Don't stand too close to the _____ of the water. You might fall in.

_____ 8. Turn the _____ all the way off after you wash your hands.

_____ 9. The _____ of that city has grown from 100,000 to 500,000.

_____ 10. My parents were speaking in _____ voices. I couldn't hear them clearly.

bee	trap	winter	nest	population
cloudy	edge	faucet	low	considerate

B. 字彙選擇（每題 5%）

( ) 1. Look at the picture. Where is the cat?

(A) On the left.

(B) In the middle.

(C) On the right.

(D) At the back.

( ) 2. Sally: Why do people _____ animals?

    Matt: Because they want to eat them or sell them.

    (A) pollute   (B) hunt   (C) tell   (D) exist

( ) 3. I like to hike in the mountains and be outside in _____.

    (A) environment (B) nature   (C) air   (D) land

( ) 4. The _____ will start to grow in a few days.

    (A) milk   (B) ham   (C) seeds   (D) cheese

( ) 5. Teacher: Why are you _____?

    Student: I'm sorry. My alarm clock is broken.

    (A) early   (B) late   (C) similar   (D) safe

( ) 6. We walked along the _____ of the ocean.

    (A) symbol   (B) space   (C) shore   (D) typhoon

( ) 7. The runner _____ speed at the end and passed all the others.

    (A) saw   (B) struck   (C) shook   (D) gained

( ) 8. A puppy _____ into a dog over the first year.

    (A) shuts   (B) gathers   (C) develops   (D) survives

( ) 9. We took a class trip to learn about the _____ of recycled bags.

    (A) engine   (B) ground   (C) production (D) maximum

( ) 10. Katie: How do you think you did on the test?

    Michael: I made my best _____, so I hope I did well.

    (A) pollution (B) gas   (C) effort   (D) planet

SCORE

NAME:

A. 字彙填空（每題5％）

_____ 1. Cindy is _____ about the exam.

_____ 2. There is a big _____ in the shopping mall.

_____ 3. Sarah takes a painting class because she likes _____.

_____ 4. I want to _____ money to buy a big house.

_____ 5. They _____ to open a new store next month.

_____ 6. Madison has worked for the computer _____ for fifteen years.

_____ 7. I didn't hear the knock on the door because I was _____ in bed.

_____ 8. I need to _____ the dog because he is dirty.

_____ 9. It isn't _____ to go to school so early. You can leave half an hour later.

_____ 10. The _____ helps the boss do many things and answers phone calls in the office.

secretary	bathe	crowd	earn	art
company	nervous	asleep	plan	necessary

B. 字彙選擇（每題5％）

( ) 1. Look at the picture. Who is she?

    (A) A lawyer.

    (B) A singer.

    (C) A cook.

    (D) A police officer.

( ) 2. The lawyer has strong _____ and always does what he believes is right.

　　(A) newspapers (B) principles　(C) grades　　(D) degrees

( ) 3. Tom: What do you think of Lisa's new style?

　　Mary: I think it's _____. It's creative and different.

　　(A) diligent　　(B) careful　　(C) busy　　(D) cool

( ) 4. You need to _____ the dog when he's hungry.

　　(A) feed　　(B) brush　　(C) greet　　(D) lay

( ) 5. Charlotte: Have you _____ been to the zoo?

　　Mike: No, I have never been there.

　　(A) altogether　(B) any　　(C) ever　　(D) always

( ) 6. We'll call you on Monday to let you know our _____.

　　(A) care　　(B) million　(C) coin　　(D) decision

( ) 7. Brenda is _____. She tells people the truth even if it might upset them.

　　(A) frank　　(B) glad　　(C) careful　(D) responsible

( ) 8. The football game will be _____. I can't wait to watch it!

　　(A) excited　(B) exciting　(C) bored　(D) boring

( ) 9. Kathy: Why were you _____ yesterday?

　　James: I stayed home because I had a stomachache.

　　(A) serious　(B) absent　　(C) fine　　(D) regular

( ) 10. I _____ Sarah is coming because her name is on the guest list.

　　(A) complete　(B) provide　(C) assume　(D) appreciate

SCORE

NAME:

A. 字彙填空（每題5%）

_____ 1. You are taller _____ I am.

_____ 2. In 1944, many countries were at _____ .

_____ 3. Don't drink that! It's _____ !

_____ 4. What is your _____ about the new principal?

_____ 5. What will happen _____ I push this button?

_____ 6. The friends fought because neither of them thought that they were _____ .

_____ 7. The clerk pushed the _____ button to call for help.

_____ 8. You can't steal others' money. That is _____ the law.

_____ 9. Sally is upset because she got a _____ on the test.

_____ 10. You can see the artist's new _____ at the museum.

war	wrong	alarm	poison	against
opinion	design	than	if	zero

B. 字彙選擇（每題5%）

(   ) 1. Look at the picture. What is she doing?

(A) Driving on the street.

(B) Going under the street.

(C) Crossing the street.

(D) Dancing on the street.

(   ) 2. When the leader gives a _____, everyone listens.

(A) victory   (B) command   (C) tank   (D) bomb

(   ) 3. Both sides talked to each other and decided to make _____.

(A) enemy   (B) duty   (C) peace   (D) courage

(　　) 4. This is a difficult situation to _____.

　　　(A) handle　　　(B) promise　　(C) dig　　　　(D) hurt

(　　) 5. What is that loud _____? It sounds like a bomb went off!

　　　(A) sample　　　(B) scene　　　(C) cause　　　(D) noise

(　　) 6. Those clothes are _____. There are too many holes in them.

　　　(A) sudden　　　(B) strange　　(C) suitable　(D) great

(　　) 7. Paul: Do you prefer movies or books?

　　　Kristy: I prefer the _____. I love reading.

　　　(A) century　　　(B) department (C) system　　(D) latter

(　　) 8. There is a large difference in _____ between the poor and the rich.

　　　(A) income　　　(B) brick　　　(C) flag　　　(D) point

(　　) 9. Chris: What are you worried about?

　　　Rachel: I feel a lot of _____ from my parents. They want me to get the highest grades.

　　　(A) debate　　　(B) experience (C) memory　　(D) pressure

(　　) 10. No one's _____ is really complete. There are always new things to learn.

　　　(A) youth　　　(B) example　　(C) kid　　　　(D) education

第1回

A. 字彙填空

1. husband   2. shy   3. cousin   4. cost
5. price   6. jacket   7. think   8. woods
9. garage   10. bathroom

B. 字彙選擇

1. B   2. D   3. A   4. D   5. C
6. A   7. B   8. D   9. B   10. D

第2回

A. 字彙填空

1. between   2. vegetable   3. anything
4. strawberries   5. dessert   6. useful
7. expensive   8. already   9. glass   10. only

B. 字彙選擇

1. B   2. C   3. D   4. A   5. B
6. A   7. A   8. A   9. A   10. B

第3回

A. 字彙填空

1. yummy   2. snack   3. last   4. cup   5. boil
6. beer   7. loaf   8. grams   9. wash   10. diet

B. 字彙選擇

1. A   2. D   3. C   4. D   5. B
6. B   7. A   8. A   9. B   10. A

第4回

A. 字彙填空

1. lessons   2. listen   3. each   4. elementary
5. great   6. bell   7. study   8. Father's Day
9. famous   10. holiday

B. 字彙選擇

1. C   2. C   3. B   4. A   5. B
6. D   7. D   8. A   9. A   10. C

第5回

A. 字彙填空

1. aloud   2. own   3. gesture   4. movement
5. exercise   6. quiz   7. sneakers   8. minus
9. novel   10. contact

B. 字彙選擇

1. B   2. C   3. A   4. D   5. B
6. B   7. A   8. D   9. D   10. C

第6回

A. 字彙填空

1. minutes   2. favorite   3. season   4. talents
5. tunnel   6. beat   7. free   8. eighty   9. sure
10. volleyball

B. 字彙選擇

1. B   2. D   3. C   4. A   5. C
6. B   7. B   8. B   9. A   10. C

第7回

A. 字彙填空

1. mind   2. beach   3. bridge   4. sign   5. enter
6. pool   7. control   8. soap   9. American
10. allow

B. 字彙選擇

1. C   2. D   3. A   4. B   5. D
6. D   7. B   8. B   9. C   10. B

第8回

A. 字彙填空

1. half   2. dark   3. quit   4. puppy   5. narrow
6. hand   7. scarf   8. prize   9. rose   10. mirror

B. 字彙選擇

1. A   2. D   3. D   4. C   5. B
6. D   7. A   8. D   9. B   10. B

第 9 回

A. 字彙填空

1. modern　2. temperature　3. hardly
4. broadcast　5. interrupted　6. advertisement
7. message　8. video　9. foreign
10. cell phone

B. 字彙選擇

1. C　2. D　3. B　4. B　5. C
6. C　7. C　8. D　9. C　10. D

第 10 回

A. 字彙填空

1. kinds　2. send　3. yell　4. rest
5. independent　6. recover　7. overpass
8. medicine　9. lazy　10. cancer

B. 字彙選擇

1. D　2. C　3. A　4. C　5. A
6. C　7. D　8. D　9. A　10. B

第 11 回

A. 字彙填空

1. wish　2. selfish　3. child　4. handsome
5. advice　6. ghost　7. weekend　8. village
9. become　10. greedy

B. 字彙選擇

1. C　2. B　3. C　4. C　5. D
6. B　7. C　8. A　9. C　10. A

第 12 回

A. 字彙填空

1. naughty　2. waterfall　3. wide　4. insist
5. fisherman　6. waste　7. ink　8. wheel
9. well　10. backward

B. 字彙選擇

1. B　2. A　3. C　4. B　5. D
6. D　7. A　8. A　9. C　10. A

第 13 回

A. 字彙填空

1. nest　2. bee　3. considerate　4. trap
5. cloudy　6. winter　7. edge　8. faucet
9. population　10. low

B. 字彙選擇

1. A　2. B　3. B　4. C　5. B
6. C　7. D　8. C　9. C　10. C

第 14 回

A. 字彙填空

1. nervous　2. crowd　3. art　4. earn　5. plan
6. company　7. asleep　8. bathe　9. necessary
10. secretary

B. 字彙選擇

1. B　2. B　3. D　4. A　5. C
6. D　7. A　8. B　9. B　10. C

第 15 回

A. 字彙填空

1. than　2. war　3. poison　4. opinion　5. if
6. wrong　7. alarm　8. against　9. zero
10. design

B. 字彙選擇

1. C　2. B　3. C　4. A　5. D
6. B　7. D　8. A　9. D　10. D

基礎英文法養成篇

英文學很久，文法還是囧？
本書助你釐清「觀念」、抓對「重點」、舉一反三「練習」，
不用砍掉重練，也能無縫接軌、輕鬆養成英文法！

陳曉菁　編著

特色一：
條列章節重點
每章節精選普高技高必備文法重點，編排環環相扣、循序漸進。

特色二：
學習重點圖像化與表格化
將觀念與例句以圖表統整，視覺化學習組織概念，輕鬆駕馭文法重點。

特色三：
想像力學文法很不一樣
將時態比喻為「河流」，假設語氣比喻為「時光機」，顛覆枯燥文法印象。

特色四：
全面補給一次到位
「文法小精靈」適時補充說明，「文法傳送門」提供相關文法知識章節，
觸類旁通學習更全面。

特色五：
即時練習Level up!
依據文法重點設計多元題型，透過練習釐清觀念，融會貫通熟練文法。